总体国家安全观下
国家安全保障国际法研究系列
张晓君 总主编

国际法生态安全研究

张辉 著

International Law Review on Eco-security

法律出版社 LAW PRESS·CHINA
北京

图书在版编目(CIP)数据

国际法生态安全研究 / 张辉著. -- 北京 : 法律出版社, 2021
(总体国家安全观下国家安全保障国际法研究系列)
ISBN 978-7-5197-5525-6

Ⅰ. ①国… Ⅱ. ①张… Ⅲ. ①生态安全-国际法-研究 Ⅳ. ①D996.9

中国版本图书馆CIP数据核字(2021)第064485号

国际法生态安全研究
GUOJIFA SHENGTAI ANQUAN YANJIU

张 辉 著

策划编辑 陈 妮
责任编辑 陈 妮 程王刚
装帧设计 马 帅 臧晓飞

出版发行 法律出版社
编辑统筹 法治与经济出版分社
责任校对 周合芝 周诗湄 李景美
责任印制 吕亚莉
经　　销 新华书店

开本 710毫米×1000毫米 1/16
印张 15.5 **字数** 270千
版本 2021年11月第1版
印次 2021年11月第1次印刷
印刷 中煤(北京)印务有限公司

地址:北京市丰台区莲花池西里7号(100073)
网址:www.lawpress.com.cn
投稿邮箱:info@lawpress.com.cn
举报盗版邮箱:jbwq@lawpress.com.cn

销售电话:010-83938349
客服电话:010-83938350
咨询电话:010-63939796

书号:ISBN 978-7-5197-5525-6 **定价**:93.00元
凡购买本社图书,如有印装错误,我社负责退换。电话:010-83938349

总主编简介

张晓君

西南政法大学国际法学院院长，教授、博士研究生导师，中国法学会中国-东盟法律研究中心秘书长，中国法学会法治研究基地、教育部国别与区域研究备案中心和最高人民法院民四庭东盟法律研究基地负责人，最高人民法院“一带一路”司法研究中心研究员、中国国际经济贸易仲裁委员会仲裁员、中国海事仲裁委员会仲裁员、司法部国际法咨询委员会专家。入选最高人民法院涉外商事海事审判专家库、司法部全国千名涉外律师人才库、重庆市“巴渝学者”。

教育部哲学社会科学研究重大课题攻关项目首席专家，《中国-东盟法律评论》主编，“十三五”国家重点出版物出版规划项目“‘一带一路’建设中国际贸易与投资风险防控法律实务丛书”总主编。在《求是》《国际问题研究》《法学评论》《现代法学》《政治与法律》《政法论丛》《光明日报》等期（报）刊发表论文60余篇，出版法学著（编）作20余部。

作者简介

张辉

安徽桐城人，法学博士，副教授、硕士研究生导师，西南政法大学矿产资源法研究中心主任，中国法学会中国-东盟法律研究中心客座研究员、重庆市高级人民法院环境资源审判专家，美国佛蒙特法学院访问学者、德国马丁·路德大学客座讲师，中国欧美同学会会员、中国法学会会员、重庆市青联委员、重庆市渝中区政协委员、重庆仲裁委员会仲裁员。

主要研究环境法和矿产资源法。出版专著《生态环境国际法保护的理论与实践》《生物安全法律规制研究——经济法视域的解读》《美国环境法研究》等数部，发表论文20余篇，参加国家重大社会科学基金项目（A级）一项，主持并参加其他省部级纵向和横项课题多项。

总　序

国家安全战略是国家根本利益的集中表现,关系国家和民族的兴衰存亡。当前,虽然国际国内安全态势总体上相对稳定,但世界仍然很不安宁,安全威胁及挑战不时显现。为了更好地维护国家生存和发展利益,党的十八大以来,以习近平同志为核心的党中央高瞻远瞩地提出了“总体国家安全观”理论,把维护国家安全放在更加突出的位置,筑牢国家安全屏障。总体国家安全观既是对国家安全理论的重大创新,也是全面系统的安全观;既立足于国内,又放眼国际;既重视传统安全,又重视非传统安全,其鲜明提出统筹维护政治安全、国土安全、军事安全、经济安全、文化安全、社会安全、科技安全、信息安全、生态安全、资源安全、核安全等 11 个国家安全领域,强调自身安全与国际共同安全,推动树立共同、综合、合作、可持续的全球安全观,以打造国家安全和地区安全的“命运共同体”。贯彻落实总体国家安全观,要坚持政治安全、人民安全、国家利益至上有机统一,以人民安全为宗旨,以政治安全为根本,以经济安全为基础,防范化解各领域重大安全风险,走中国特色国家安全道路。发展是我党执政兴国的第一要务,国家安全则是安邦定国的重要基石。只有在国家安全保障下,社会经济才能平稳、有序、健康发展。当今世界正经历百年未有之大变局,为广大新兴市场国家和发展中国家带来了机遇和挑战。当前和今后一个时期各种可以预见和难以预见的风险因素增多。做好新时代国家安全工作，必须坚持统筹发展和安全，增强风险意识，居安思危、防患于未然，把防范化解国家安全风险摆在突出位置，提高风险预见和风险预判能力，力争把可能引发的重大风险隐患发现和处置于萌芽状态，为建设社会主义现代化国家、实现中华民族伟大复兴提供坚强保障。

在错综复杂的国际形势下，世界格局正经历深刻变革，全球治理规则和话语博弈加剧，单一国际法治模式愈显乏力。在法律价值体系中，安全是其他价值的前提，但国际法对相关国家安全领域的保障存在一定程度的缺失。鉴于此，本丛书是在总体国家安全观视域下，精准锁定国家安全体系中不同领域的风险挑战与安全威胁，从国际法层面梳理和构建相关国家安全保障的国际法规制体系，推进建立系统完备、科学规范、运行有效的国家安全制度体系，具体包括十个国家安全领域的研究：中国古代国家安全战略思想、国家海洋安全保障的国际法研究、国家生态安全保障国际法研究、国家核安全保障的国际法研究、国家贸易安全保障的国际法研究、国家数据安全的国际法保障研究、国家金融安全保障的国际法研究、国家海外投资利益保障的国际法研究、中国公民海外利益保障的国际法研究和国家军事安全保障的国际法研究。

丛书由西南政法大学国际法学院院长、中国法学会中国－东盟法律研究中心秘书长张晓君教授作为丛书责任人，丛书由各领域专家学者分别撰写。各位作者长期从事国家安全领域的国际法问题研究，对相关的国际法问题积累了一定的研究成果，并承担与国家安全法律制度相关的国家级及省部级课题，有较好的学术功底及研究能力。

“总体国家安全观下国家安全保障国际法研究系列”丛书将对总体国家安全观国际法保障机制进行系统性、基础性及前瞻性的研究，弥补当前该领域研究碎片化的不足，该丛书的编写与出版有助于健全和完善与时代相适应的国家安全法律体系，并对我国充分发挥国际法治的功能以服务于我国总体国家安全观具有重要意义。该丛书既可作为政府机关立法及制定政策的参考资料，也可作为高等教育研究机构的法学及国家安全学的教材与理论研究资料。

*

2021 年 1 月

---

* 西南政法大学国际法学院院长，教授、博士研究生导师，中国法学会中国－东盟法律研究中心秘书长。

自 序

当前国际局势的不稳定性和不确定性更加突出。2014 年 4 月 15 日，习近平总书记在中央国家安全委员会第一次会议上，以卓越的政治家和战略家的宏大视野和战略思维，高瞻远瞩地提出总体国家安全观，提前对中国可能遭遇的国家安全问题作出充分的预案。

2015 年 7 月 1 日，第十二届全国人大常委会第十五次会议通过《国家安全法》，第一次将总体国家安全观上升为法律规定，即“国家安全工作应当坚持总体国家安全观，以人民安全为宗旨，以政治安全为根本，以经济安全为基础，以军事、文化、社会安全为保障，以促进国际安全为依托，维护各领域国家安全，构建国家安全体系，走中国特色国家安全道路”。2020 年 5 月 28 日，第十三届全国人民代表大会第三次会议表决通过了全国人民代表大会《关于建立健全中国香港特别行政区维护国家安全的法律制度和执行机制的决定》，再一次在国家安全立法上迈出坚实的步伐。

习近平总书记指出，当前我国国家安全的内涵和外延比历史上任何时候都要丰富，时空领域比历史上任何时候都要宽广，内外因素比历史上任何时候都要复杂，必须既重视外部安全，又重视内部安全；既重视国土安全，又重视国民安全；既重视传统安全，又重视非传统安全。它是集政治安全、国土安全、军事安全、经济安全、文化安全、社会安全、科技安全、信息安全、生态安全、资源安全、核安全等于一体的国家安全体系。可见,生态安全是总体国家安全体系中的重要一环,加强生态安全的研究对于建立完善我国的总体国家安全观具有非常重要的作用和意义。当前,我国正处在环境法制高度发展的时期,"绿水青山就是金山银山"的生态保护理念既需要国内多方面多渠道的推动和实施,也需要防范国际层面利用生态环境保护作出危害我国国家安全的任何行为和实施相关举措。

本书共分为六章,具体包括:第一章新时代背景下的生态安全保障;第二章生态安全保障的国际法分析;第三章生态安全保障的典型制度构建;第四章生态安全国际合作的典型模式及案例;第五章生态安全国际实践中的典型法律问题;第六章生态安全国际争端解决。西南政法大学部分硕士研究生参与了资料收集、整理、观点论证以及研究,展现出了较严谨的研究态度和较强的研究能力,他们分别是常亚、邹雯柳、程然、姜晓静、鞠沂宏、许芳舟、张梦梅、原悦、李金阳、吴倩、邓怡敏、鲁伟伟。

本书作为"总体国家安全观下国家安全保障国际法研究系列"丛书中的一部,感谢西南政法大学国际法学院张晓君院长对本书写作和出版的大力支持,也感谢各位环境法教研室同事和同学的辛勤付出。

2021 年 1 月 30 日

目　录

第一章　新时代背景下的生态安全保障

第一节　生态安全是总体国家安全观的重要构成

一、生态安全直接关系国家安全

尽管传统国家安全观中没有明确提及生态安全，但是习近平总书记提出的总体国家安全观已经将国家安全上升为一系列体系化的安全架构，其间必然包含生态安全。2015 年出台的《国家安全法》明确将经济社会可持续发展纳入国家安全管理，同时该法第 30 条专门规定了生态安全保护，即国家完善生态环境保护制度体系，加大生态建设和环境保护力度，划定生态保护红线，强化生态风险的预警和防控，妥善处置突发环境事件，保障人民赖以生存发展的大气、水、土壤等自然环境和条件不受威胁和破坏，促进人与自然和谐发展。

生态安全是国家安全的重要组成部分。传统的国家安全主要包括军事安全、政治安全、经济安全、文化安全、国土安全等，但是，随着社会经济的迅速发展，人类赖以生存的生态环境遭受了严重的破坏。20 世纪中叶，全球生态环境问题日益突出，海洋污染、大气污染、臭氧层破坏、温室效应、酸雨、生物多样性减少等威胁生态安全的问题频频发生，对全球经济发展和自然生态环境造成了严重损害，国家安全面临新的挑战——生态安全的威胁。这促使人类更加关注生态安全问题，使生态安全与军事安全、政治安全、经济安全、文化安全、国土安全等一样受到了国家和国际社会的关注。1987 年联合国环境与发展委员会发表的《我们共同的未来》的报告中，将环境与安全问题联系起来，指出："传统上理解的安全的整个概念——从对国家主权的政治和军事威胁的角度来认识的概念——必须加以扩大，以便包括日益增长的环境压力的影响——地方的、全国的、区域的和全球的影响。对'环境不安全'，没有军事上的解决办法。"1992 年联合国环境与发展大会通过并签署的《21 世纪议程》中，首次将"环境安全"纳入"无害环境"的基本范围，并将推行"无害环境管理"贯穿始终。①

我国作为世界上最大的发展中国家，在经济快速发展、人民生活水平得到提高的同时，也发生了一系列生态安全问题，各类环境污染、生态破坏甚至生态灾难频发，生态安全问题逐渐进入人们的视野，并得到越来越多的关注。国内对生态安全的研究开始于 20 世纪 90 年代初期，20 世纪 90 年代中后期对生态安全的研究初具规模，自 2000 年以后则产生了较大的影响力。2000 年 12 月 29 日，国务院发布了《全国生态环境保护纲要》，首次明确提出"维护国家生态安全"的目标，这标志着一个全新的"国家生态安全"理念逐步得到重视，保障国家生态安全已经成为生态保护的首要任务。2003 年，中央提出了以生态建设为主的林业发展战略，抓住林业这个陆地生态安全的根本基础，推进国家生态安全体系建设。② 2020 年 4 月 29 日第十三届全国人民代表大会常务委员会第十七次会议第二次修订通过了最新《固体废物污染环境防治法》。该法将立法目的调整为：保护和改善生态环境，防治固体废物污染环境，保障公众健康，维护生态安全，推进生态文明建设，促进经济社会可持续发展。这表明，我国已经将维护生态安全作为立法目的写入国家法律。

2014 年，在中央国家安全委员会第一次会议中，习近平总书记指出，要"构建集政治安全、国土安全、军事安全、经济安全、文化安全、社会安全、科技安全、信息安全、生态安全、资源安全、核安全等于一体的国家安全体系"。近年来，关于生态安全的研究取得了较大进展。党的十九大报告指出："坚持人与自然和谐共生。建设生态文明是中华民族永续发展的千年大计。必须树立和践行'绿水青山就是金山银山'的理念，坚持节约资源和保护环境的基本国策，像对待生命一样对待生态环境，统筹山水林田湖草系统治理，实行最严格的生态环境保护制度，形成绿色

① 蒋明君编著：《生态安全管理学导论》，世界知识出版社 2014 年版，第 18 页。

② 吴柏海等：《生态安全的基础概念和理论体系》，载《林业经济》2016 年第 7 期。

发展方式和生活方式，坚定走生产发展、生活富裕、生态良好的文明发展道路，建设美丽中国，为人民创造良好生产生活环境，为全球生态安全作出贡献。”从生态安全的角度大力推进绿色发展，着力解决生态环境问题，努力建设美丽中国，促进人与自然的和谐发展，不仅为我国生态安全建设指明了方向，也展现了我国为全球生态安全做贡献，切实履行保障全球生态安全的自觉担当。

尽管生态安全已经上升为法律规定，但法律并没有明确生态安全的基本内涵，学术界对生态安全存在4种不同的见解。第一种解释是贯彻落实《全国生态环境保护纲要》的座谈会上崔红书博士提出的见解，认为同国防安全、经济安全一样，生态安全是国家安全的重要组成部分，而且是非常基础性的部分。由水、土、大气、森林、草地、海洋、生物组成的自然生态系统，是人类赖以生存和发展的物质基础。当一个国家所处的自然生态系统能够维持其经济、社会可持续发展时，它的生态就是安全的；反之，就不安全。① 这个概念是从各生态因子安全的角度阐述生态安全问题，也说明了生态安全与经济和社会发展的关系，但它过于笼统和原则，不便于运用到实践中。第二种解释是中科院从事环境、生态研究的马克明博士提出的，“安全是针对风险而言的，生态安全实质上是人们对生态风险忍耐力的评价标准，如果生态破坏是可以忍受的，没有威胁到人类的生存和发展，就可以称这种状态为生态安全”。② 此概念完全是从安全的相对概念——风险的角度来界定什么是生态安全，然而对生态风险却没有给出明确含义，成为循环概念解释。第三种解释是国务院研究室农村司郭玮提出的，他认为，生态安全是指生态环境能够适应经济和社会发展需要的状态，生态安全不仅仅是一个区域的经济发展问题，它与军事安全、政治安全、经济安全一样，是国家安全的重要组成部分。没有生态安全，人们生存基本条件就会受到威胁。③ 这个概念从生态安全与军事安全、政治安全和经济安全的关系角度说明生态安全的重要性，但没有谈到生态安全的生态学含义，使人不易明了“生态”的基本含义。第四种解释是国家生态安全，即使国家生存和发展所处生态环境的可持续，保持土地、水源、天然林、地下矿产、动植物种质资源、大气等“自然资本”的保值增值，使之适应国民教育水平、健康状况体现的“人力资本”和机器、工厂、建筑、水利系统、公路、铁路等体现的“创造资本”持续增长的配比要求，避免因自然资源衰竭、资源生产率下降、生态污染和退化给

① 蔡晓明编著：《生态系统生态学》，科学出版社2000年版，第33页。

② 陈茂云、马骧聪：《生态法学》，陕西人民教育出版社2000年版，第23页。

③ 陈泉生：《环境法原理》，法律出版社1997年版，第35页。

社会生活和生产造成的短期灾害和长期不良影响，甚至危及国家军事、政治和经济安全。① 此概念完全从经济学角度阐明生态因子作为“自然资本”保值增值的目的是使之适应“人力资本”和“创造资本”，从而避免危及国家安全。由于没有体现“生态”的生态学含义，因此只能作为纯经济学概念。

综合来看，当前对生态安全的认知至少包括两层基本含义：一是避免由于环境退化和资源短缺对经济发展的环境基础构成威胁，从而维护一个国家的生态对本国经济持续发展的环境支持能力；二是避免由于环境严重退化和资源短缺造成的生态难民和生态暴力冲突，从而防范生态问题对区域稳定和国家安全构成威胁。由此可见，生态安全既关系到经济安全，也关系到国民安全，从而与总体国家安全观的内涵高度一致。保证生态安全是国家安全的重要组成部分，是经济安全、政治安全和军事安全的基础。②

生态安全具有多重特征。一是整体性。生态安全并不是一个地区或者一个国家的问题，而是全球性的问题。二是综合性。影响生态安全的因素很多，这些因素相互作用、相互影响。三是动态性。生态安全会随着影响因素的发展变化而在不同时期表现出不同的状态。四是战略性。生态安全关系国计民生，关系经济社会的可持续发展。五是可控性。生态安全是可调控的，即使这个地区目前处于生态不安全的状态，人们可以采取环境保护的措施，恢复生态系统的健康，使其从不安全转化为安全。

生态安全是推进生态文明建设的重要举措，对于生态文明的发展具有举足轻重的作用。生态安全作为国家安全的重要组成部分，是一个国家赖以持续生存和健康发展的基本前提。生态安全法律价值的确立具有重要的法律意义。其一，生态安全法律价值的确立，完善了法的安全价值体系。传统意义上的安全价值，主要关注的是社会安全（包括军事与政治安全）和交易安全。在环境危机时代，当人类面临越来越多的环境威胁时，传统意义上的安全秩序受到重大挑战，人类不仅受到实质性的环境污染和环境公害事件的侵害，同时也不能免除心理上对环境危机的恐惧，便处于一种不安全的境地。生态安全价值的确立，明确了生态安全在传统安全秩序中的基础性地位，提供了人们思考法律问题的价值取向，也为立法与司法活动提供了价值指引。其二，生态安全法律价值的确立，使法律能更好地回应生态危机的现实挑战。生态安全是人类基本的需求，也是人类追求

---

① 陈泉生：《可持续发展与法律变革》，法律出版社 2000 年版，第 127 页。
② 杜婧：《国家生态安全法问题研究》，东北林业大学出版社 2003 年版，第 11～12 页。

的基本价值。人类所追求的生态安全价值必须体现在法律当中，必须得到法律有效的、持久的、稳定的保障。生态安全法律价值的确立，使人们明确了法律所应记载的价值内容，明确了立法的指导思想，有利于形成保障生态安全的法律体系。在生态安全形势严峻的今天，生态安全价值使法律更好地回应现实社会的挑战。其三，生态安全价值的确立，使人们从一个新的视角来审视传统的交易安全与社会安全，促使人们重新考虑交易安全与社会安全理论的妥当性，重新考虑其制度安排，由此形成交易安全、社会安全与生态安全相互交融的安全秩序。

二、生物安全也是生态安全

随着生物技术的高速发展，生物安全已经成为世界主要经济体国家重点关注的安全问题。正是在此背景下，我国加快了对“生物安全法”的立法工作，2020 年 10 月 17 日第十三届全国人大常委会第二十二次会议通过《生物安全法》，自 2021 年 4 月 15 日起施行。该法第 3 条明确规定，生物安全是国家安全的重要组成部分，维护国家生物安全应当贯彻总体国家安全观；要坚持中国共产党对国家生物安全工作的领导，建立健全国家生物安全领导体制，加强国家生物安全风险防控和治理体系建设，提高国家生物安全治理能力。

根据《生物多样性公约》（Convention on Biological Diversity，CBD）第 2 条的规定，广义上的生物安全，是指包括一切对生物活动可能造成人类健康与环境安全问题的预防和控制。最早的生物安全概念是与操作病原微生物相关，美国疾病控制中心将生物安全定义为在研究和使用具有潜在感染性的微生物时，实验室操作、程序、实验室设施和仪器设备的安全性。① 当代意义上的生物安全，是指在一定的时间与空间范围内，由于自然或人类活动引起外来物种迁移，外来物种在定居、建群、繁衍、扩展的一连串过程中，造成对本土物种和生态系统的威胁、危害使之衰退，甚至退化和灭绝；或由于人为因素造成环境的剧烈变化，导致生态环境的破碎化、边缘化和退化，从而对生物多样性产生影响和威胁；或滥用和掠夺生物资源，砍伐和捕捞过度，严重时会导致物种濒危或灭绝；或由于在科学研究、开发、生产和应用中造成对人类健康、生存环境和社会生活的有害影响。这个定义较为完整地说明了生物安全至少包括 3 个基本内容：一是外来物种入侵，又称为生物入侵；二是生物多样性保护；三是生物技术安全，即人类在开发和应用生物技术过程

---

① 田兴军主编：《生物多样性及其保护生物学》，化学工业出版社 2005 年版，第 134 页。

中所引发的与人类生命健康、动植物、微生物和生态环境安全有关的风险防范，包括生物技术本身的安全问题、实验室操作安全问题以及生物技术应用安全问题等。①

很多国家在进行生物安全立法时，均以保护生物多样性为目标的转基因安全作为其调整对象，据此将“生物安全”界定为一般安全意义上的“biosafety”，相应的生物安全立法无一例外地称为“Biosafety Law”。2000 年《卡塔赫纳生物安全议定书》正是基于 1992 年《生物多样性公约》而签订的。目前，从全球范围来看，已经完成生物安全专项立法的国家主要集中在非洲国家（如尼日利亚、乌干达），以及土耳其和俄罗斯等国。而在发达国家，尚未有专门的生物安全立法，分别散见于公共健康保护的法案之中。

更重要的是，英美为首的发达国家的生物安全立法研究已经摒弃单纯针对转基因技术进行生物安全立法的做法，转而将生物安全和公众健康与国家安全相关联，将控制“生物武器”（Biological Weapons）和“自然暴发的流行病”（Naturally Occurring Infectious Diseases）导致的病原性安全风险作为生物安全法的调整对象，进而将生物安全从 biosafety 升级为 biosecurity，丰富了生物安全的法律内涵。此外，联合国经济合作与发展组织也将“生物安全”界定为“针对人类、牲畜或者农作物非法使用病原体或其毒素行为的防控措施”。

除此之外，现代意义的生物安全已经延伸为国家安全层面上的集体责任和义务。斯坦福大学学者在其生物安全法律规制的研究报告中指出，生物安全是指保障公众免受病原微生物危害的社会集体责任，不管这种病原微生物是故意释放还是自然暴发。这种社会公共属性的界定，对于未来生物安全法律制度的构建和法律责任的追究尤为重要，一方面，突出公共部门和机构在生物安全监管方面的责任和义务；另一方面，强调了社会公众在病原性公共安全保障方面集体行动的一致性，社会公共属性也是法律授予公益诉讼救济的坚实基础。

三、保障生态安全是总体国家安全观的必然选择

把生态安全纳入总体国家安全观，既顺应世界历史发展大势，也是我们党对生态问题认识和实践不断深化的战略选择。总体国家安全观及其体系，集政治安全、国土安全、军事安全、经济安全、文化安全、社会安全、科技安全、信息安全、生

① 张辉：《生物安全法律规制研究——经济法视域的解读》，厦门大学出版社 2009 年版，第 10 页。

态安全、核安全于一体。

生态安全与政治安全、军事安全和经济安全一样，都事关大局，是对国家安全具有重大影响的安全领域。生态安全是其他安全的载体和基础，同时又受到其他安全的影响和制约。以国家主权为单位，内涵丰富，价值特殊，只有维护生态安全，才能使国家存续进而繁荣昌盛。当一个国家或地区所处的自然生态环境状况能够维系其经济社会的可持续发展时，它的生态就是安全的；反之，“覆巢无完卵”，生态环境一旦遭到严重破坏，生态不再安全，必然影响社会稳定，危及国家安全。

因此，将生态安全纳入国家安全体系，是推进国家治理体系和治理能力现代化、实现国家长治久安的迫切要求。

首先，生态安全是协调经济社会发展的客观要求。将生态安全纳入国家安全体系，体现了党中央对环境保护工作的高度重视，有利于促进资源与能源的高效利用，加大我国生态关键地区的保护力度，改善生态系统功能和环境质量状况，缓解经济社会开发建设活动对自然生态系统造成的压力和不利影响，促进人口资源环境相协调、经济效益和生态效益相统一。

其次，生态安全是深化国家生态安全管理的重要举措。过去，我国政府采取按生态和资源要素分工的部门管理模式，生态安全管理职能分散在各个部门。生态安全管理是一项庞大的系统工程，将生态安全纳入国家安全管理框架，有利于整合资源开发利用、环境管理、生态保护等众多领域，协调各主管部门职责与利益，建立起分工明确、协调统一的国家生态治理体系，促进生态治理现代化。目前，我国在深化生态安全管理、完善环境监督管理体制方面取得了重大成效，国务院层面按照环境保护和资源开发利用分别设立了生态环境部和自然资源部，有效地化解了过去职能部门划分不明确、权能冲突等问题。

最后，生态安全是实现民族持续发展的必然选择。生态安全是人类生存与发展的基本安全需求，维护生态安全是生态文明建设的重要内容。世界范围内生态环境变化引起的各种极端事件表明，生态灾难足以影响民族和国家的长治久安。将生态安全纳入国家安全体系，有利于让广大干部群众深刻认识自然生态环境对实现民族持续发展的基础支撑作用，有利于进一步突出生态安全保障的重要地位。

四、厘清当前生态安全领域的问题与挑战

在全球化日益发展的今天，生态安全领域出现了诸多的问题与挑战。因为存

在一些对社会稳定构成威胁的趋向,环境安全越来越受到政府部门的重视。这些潜在的威胁因素包括人口的增加、水资源的缺乏、耕地的退化、森林的减少、温室气体、物种的减少以及全球气候变化等。环境安全并不是一个十分清楚的概念,经过多年的讨论,也没有达成广泛的共识。但这些定义一般应包含两个方面:一是修复环境以满足人类生活的需求和环境自身的伦理价值;二是防止环境因人类的侵扰和滥用而被损害。环境安全反映了一个国家对环境资源贫乏、环境危险或不利的改变以及与环境有关的紧张和冲突的承受能力。在已知的问题中,旧的问题还没有解决,新的问题又不断出现,新旧问题叠加,污染机理更加复杂。所以会面临复杂多样的矛盾,制约生态安全。

1. 局部与全局不协调

生态问题往往跨越几个区域,有的地方为了获得各种资源以实现一定的增长目标,很容易展开恶性竞争,最终,生态治理主体理性的微观选择导致了非理性的宏观恶果。各部门不是从国家整体利益出发考虑和处理生态环境保护问题,而是围绕自身利益各行其是。于是就会出现都去摘果、无人栽树,每个人都贪婪地践踏公共资源的"公地悲剧"。表现在治理层面,就是人们都希望环境得到根本好转,却指望他人付出更大的努力而使自己分享到更多的成果。

2. 政策与执行存在差距

从生态安全的角度出发,我们制定了不少好政策,但政策执行经受"利益过滤",则会出现政策失真、失效。加上有些政策执行人"寻租"现象的出现,往往使一些政策难以执行。比如,对于治理环境污染,职能部门在社会主体博弈过程中难以发挥自身的作用。对企业而言,污染治理成本直接影响企业的利润和竞争力,减少这方面的支出可以大大降低成本。

负责监管的环保部门本应肩负生态"守护神"的重要使命,但从经济层面看,由于财政来源直接或间接地依赖那些"排污大户",所以存在有的环保部门板子不够重、不够狠,有时甚至落不下来的情况。

3. 利益与生态难选择

GDP 的速度崇拜往往会挤占生态决策,致使有的地方不惜"血本"上项目,而忽略了环境承载能力。个别领导基于获取经济效益的内在冲动,陶醉于通过透支生态环境换取所谓的发展成果,偏离甚至践踏自然规律,急功近利,以牺牲生态安全为代价来单纯追求经济发展速度和短期经济效益,对生态环境形势的严峻性视而不见。

4. 国际与国内双重压力

伴随着气候的恶化、资源的趋紧和各种社会力量的介入，生态问题早已超越自然科学领域，演变成为关系国家发展甚至生存的社会议题。这样一来，有关生态问题的判断便在科学认知的基础上，不断被加入社会的因素。中国作为发展中国家，发展始终是第一要务，但在生态、环保逐渐成为世界政治博弈的时代背景下，对生态问题的态度和实际举措，不仅事关中国的可持续发展，也事关中国的国际话语权和中国的国际形象。

综上所述，应对生态环境变化是当前乃至今后相当长时期内实现全球可持续发展的重大任务，探索可持续发展道路无疑将成为未来人类发展的首要选择。

五、生态安全在总体国家安全体系中的地位

总体国家安全观是集合政治安全、国土安全、军事安全、经济安全、生态安全、社会安全、文化安全、科技安全、信息安全、核安全于一体的有机整体，不同的安全相互独立，也相互依存，任何一项安全目标的实现都不能以牺牲其他安全为前提。整体来看，总体国家安全观体系有其内在的逻辑结构，可以划分为四个层次的位阶等级：

第一位阶是政治安全、国土安全和军事安全。这三大安全在总体国家安全观及其体系中具有极其重要的地位，不能牺牲这些安全去满足其他安全的需要，因为它们是关系到国家生死存亡的安全。在以前传统国家安全中，政治安全、国土安全和军事安全就是国家安全观的全部内容，只有拥有了这三个安全，其他安全才能考虑，没有这三个安全作为支撑与保障，人民流离失所，那么其他安全的保障也就没有了存在的意义。

第二位阶是经济安全、生态安全与社会安全。这三大安全在总体国家安全观及其体系中处于第二位阶的次序。这三个安全虽然在同一位阶，但在重要性上还是有所不同。2015 年 1 月 1 日起实施的《环境保护法》第一次明确将“保护优先”规定为我国环境保护法的基本原则，同时将保护环境确定为我国的基本国策。这有助于全球安全观的推进与完善，走持续发展与绿色发展的道路。

第三位阶是文化安全、科技安全。这两大安全在总体国家安全观及其体系中处于第三位阶的次序。由于文化安全代表了一定的意识形态内容，而科技安全又是新时代逐步发展起来的新型安全，所以尤其需要注重文化安全为代表的国家安全，建立以文化安全为指导的科技安全的总体国家安全观及其体系，这有助于国家保持各自的意识形态完整性与民族性，推进各国完善其国家安全体系。

第四位阶是信息安全与核安全。这两大安全在总体国家安全观及其体系中处于第四位阶的次序。由于信息安全与核安全是在科技不断发展后的产物,在科技发展的前提下才能出现信息安全与核安全,因此在一定程度上,科技安全的保障有助于推动信息安全与核安全的推行,但是这两者又有一定的差距与不同。在当今国际社会中,联合国及其他国际组织对核的开发与利用进行了严格限制,核的杀伤力、各个国家对核的惧怕程度,促使将核安全提到重要位置。要建立以核安全为核心的信息安全与科技安全的总体国家安全观及其体系,推动全球的安全与发展相协调。

生态安全,是指一定区域(如国家)或人类社会生存和发展所处的生态系统不受或少受破坏性的威胁,保持生态系统的正常功能和结构,使生态圈能够提供人类社会可持续发展所必需的物质和能量的状态,保证生态安全是国家安全的重要组成部分。其中,生态安全在国家安全体系中处于第二位阶,在进行生态安全保护的时候,不能牺牲国家的政治安全、国土安全、军事安全来维持生态安全,就是说明不能让生态安全威胁到政治安全、国土安全与军事安全。但是,在一定情况下,可以优先考虑生态安全,更好地保障生态与经济、社会协调与稳定发展。

第二节　生态安全的价值集合性与价值定位

一、生态安全的价值集合性

生态安全既是经济、社会等其他传统安全的重要组成部分,又受到其他传统安全的影响和制约。生态一旦遭到破坏,将使人们丧失大量适于生存的空间和资源,甚至由此产生“多米诺骨牌效应”。生态安全始终要以国家作为出发点和立足点。从生态安全与经济安全的关系来看,自然资源是经济系统的投入要素,环境是经济系统得以运行的必要条件,只有在经济安全得以保障的前提下,国家才有足够的资金投入生态治理、保障生态安全。从生态安全与社会安全的关系来看,近年来生态环境问题严峻,生态安全的破坏,必然影响社会稳定,危及国家安全。从生态安全与文化安全的关系来看,“竭泽而渔”既是生态危机,更是文化危机,个人主义价值观、享乐主义发展观、消费主义生活观是可持续发展观的宿敌,维护生态安全必须纠正长期以来“重经济轻生态”的观念。由此可见,生态安全与其他安全不仅相互依存、相互交织、相互渗透、相互牵制,甚至在一定条件下会相互转化。

生态安全内容丰富,是人类生存、经济发展与国家治理的基础;生态安全保障的价值是集生存价值、发展价值、治理安全价值和生态价值为一体的价值集合。

第一，生存价值是生态安全价值中的核心价值，生存价值在人类的生存和发展中起到至关重要的作用。生态安全的体系包括环境安全、资源安全、能源安全与气候安全。在生态安全的体系中，生存价值是最基本、最基础的价值，因此生存价值是维系生态安全最为重要的价值之一。

第二，生态安全是重大的经济问题，经济与生态的协调与发展对于国家生态和经济都具有重要的价值。在生态安全的基础上，发展生态价值优先，推动经济发展，实现发展价值。发展价值也是生态安全中重要的价值之一，在生态安全实现的过程中需要以发展为目标，没有发展的生态安全是没有意义的，因此，发展价值也是生态安全必不可少的价值之一。

第三，国家治理是政治领域的内容。而生态安全不仅是经济问题，也是重要的政治与社会问题，所以治理安全价值也在生态安全中占据重要地位。生态安全联系着国家和社会的良性发展，如果没有生态安全，国家与社会就会进入无序状态，因此，治理安全价值是生态安全的重要价值之一。

第四，生态价值是生态安全的本体价值。生态安全本身就包含生态的因素。保证生态安全是国家安全的重要组成部分，是经济安全、政治安全和军事安全的基础。生态安全的体系包括生态安全、环境安全、资源安全、能源安全与气候安全，没有生态价值，生态安全就没有存在的价值与方向，因此，生态价值是生态安全的重要价值和必不可少的价值之一。

如果生态安全视为法律的基础价值，生态安全应作为立法活动的重要指引，不仅如此，生态安全价值也必须客观化于法律规范之中，有关生态安全的专门立法也应该产生。从司法的角度来讲，生态安全法律价值是司法解释、法律适用必须遵循的理念，是司法解释、司法判决的重要导向，有时生态安全法律价值可起到补充法律缺位的作用。因此，生态安全法律价值的变化促成法律的修改和完善。

二、生态安全的价值定位

在上述表述中，生态安全是生存价值、发展价值、治理安全价值和生态价值一体的价值集合，可以从安全、秩序、正义 3 个角度得出生态安全的价值定位。

首先，安全是个人生存、发展的起点，是人们追求最高意义上的幸福的依据。应保存生命、维护健康，使个人所有的物和既定的相互关系免于不法的侵害和破坏。在保证私人领域安全的基础上，才能进一步维护社会整体的秩序，保护公共领域的安全，因此，社会的稳定是安全价值的终极目标。在科技飞速发展、提倡科技创新的今天，我们的社会已经进入了高风险阶段，私人领域与社会的安全均存在一些隐患，安全价值面临着前所未有的挑战。生态安全是以安全价值为核心，通过调整生态关系来稳定安全价值，对社会的安定具有促进作用。

其次，秩序是指在一定的时间和空间范围内，事物之间以及事物内部的诸要素之间所形成的相对稳定的结构状态。苏联法学家雅维茨说："法律秩序是相互关系的这样一种状态，它是法律规范和法律实际实现的结果，保证社会所有成员无阻碍地享受赋予他们的权利，并且也履行他们的法律义务。法律秩序能够被看作是法律的实现的终点。"因此，可以认为秩序是由法确立和保障的人与人相互之间井然有序的状态。生态安全就是在社会中寻求秩序，秩序价值体现在生态安全的有序的位阶上与重要程度上，因此，生态安全在秩序价值上也起到重要的作用。

最后，公平正义作为社会普遍的观念形态，对法的发展产生了深刻的影响。正义是实在法的基本原则和依据，它表现为以正义的要求作为其追求目标，并将其确定为一套可操作的行为准则，给人们提供行为模式和标准。[①] 正义是衡量法律优劣的尺度，法律是实现正义的有效手段。正义作为法律所追求的价值目标，也是法律进化的动力。正是出于对正义的不懈追求，不断推动着国家对法律制度的革新和进化，从而使得权力控制、权利保障等制度应运而生。[②] 生态安全体现了法律的公平正义，站在大多数人的利益角度来建立与完善生态安全，使人民群众得到幸福。生态安全的民本性和包容性体现了正义价值，对正义的实现具有促进作用。

综上所述，生态安全以安全价值为核心，促进并保障秩序价值与正义价值。

---

① 李龙主编：《法理学》，武汉大学出版社 1996 年版，第 42 页。

② 林惠雅：《法律的正义与秩序——反思聂树斌案》，载《群文天地》2012 年第 10 期。

第二章 生态安全保障的国际法分析

生态安全从来就不是一个孤立的问题，也不是某一个国家或地区的特定性问题，而是人类社会，全世界所有国家和民族都不可回避的普遍性问题。它直接关系每一个独立个体的人身权、财产权、环境权的享有和行使，还关系每一个国家的主权以及国家安全。由此可见，生态安全从一开始就呈现非常典型的国际法属性，生态安全问题的解决不能单独依赖于国内法的调整和规制，从某种程度上而言，国际法对于保障区域和全球生态安全更具有现实意义。

第一节 国际合作是生态安全国际保障的主要形式

英国科学家加勒特·哈丁教授(Garrett Hardin)在1968年出版的《公地悲剧》一书中，描述了这样一个场景，如果在一个村庄里设置一块公用地，所有村民都可以在这块地上自由放牧，那么村民则会优先考虑自身的利益，不加节制地放牧，慢慢地，这块地的含草量逐渐衰减，而奶牛也因吃不饱，产奶量骤减。村民为了保证自身的利益只得增加奶牛的数量，最终导致这块公用地逐渐沦为荒漠，每个人都失去了原有的利益。因此，不难看出，每个人都是理性个体，在完全自由的环境下会想方设法地使自己的利益最大化,最终却导致公共利益受损,进而反噬每一个理性个体。这也就是经济学家萨谬尔森提出来的“合成谬误理论”,即从局部看是合理且科学的,但是整合起来却出现了巨大的错误。

而从个体层面上升到国家层面,同样也存在“合成谬误”问题。当今国际社会是一个相互依赖的命运共同体。而每个国家作为一个独立且分散的权力中心,在国际社会中对公共资源、经济利益等的获得都存在竞争,为了实现本国利益的最大化,最终造成资源紧缺、生态破坏、环境污染等全球性的生态危机,如此也必将反噬每一个国家自身。然而,国际社会不同于国家本身,很容易出现无序状态。因而,我们只有通过国际合作,才能够应对各种生态环境危机,保证国家生态安全,保证国家安全。

国际合作机制与协同机制是两种完全不同的国际合作模式。协同机制仅仅强调各国间行动的一致性与协调性,而合作机制则是一种不仅要求相互行动的一致与协调,还要求相互配合、相互补充、相互承认和执行,同时,往往还具有一定的约束力。合作机制相较于协同机制而言,组织更加严密,约束力也更强,所以,国际合作在国际生态安全保障中必然是一种不可替代的重要方式。

一、生态安全视角的国际合作

随着经济的全球化发展,环境问题也伴随着经济呈现全球化的趋势。经济、技术发展水平的不同加剧了国际社会的贫富分化,从而在一定程度上也加剧了全球环境安全的不稳定性。随着人类对环境问题认识的不断深入,保护生态环境的意识不断提升,人们逐渐认识到仅仅依靠国家制定国内法并不能实现保障生态安全的目的,只有各个合作伙伴,如政府、非政府组织、企业等通力合作,通过更深层次的国际合作,才能够对其予以保障,并最终保障本国的安全与发展。

(一)生态安全视角国际合作的含义

国际合作是现代国际法的一项基本原则,也是国际环境法的一项基本原则,对于国际环境保护事业具有特别重要的意义,是国际环境法广泛而坚实的基础。①环境安全伴随着经济全球化也呈现全球化的状态,因此,保护环境不再仅仅是某个国家、某个企业的责任和义务,而成为世界各国的共同任务。而且保护全球环境,保障全球生态安全,是为了全人类的生存和可持续发展,所以,面对全球环境

---

① 林灿玲:《国际环境法》,人民出版社2004年版,第260页。

问题,亟须各国各界进行广泛而有效的国际合作。

国际合作原则最早是在1945年《联合国宪章》的宗旨中有所体现,宪章第1条第3款明文规定:"促成国际合作,以解决国际属于经济、社会、文化及人类福利性质之国际问题,且不分种族、性别、语言或宗教,增进并激励对于全体人类之人权及基本自由之尊重。"传统意义上的国际合作,是指各个国家为了实现共同的利益而在政策或者行动上所进行的一种调试行为。① 但就国际环境保护领域而言,国际合作原则突出地表现为在国际社会中为解决各类环境问题所作出的各种决议、宣言和条约,如1972年《斯德哥尔摩人类环境宣言》、1988年《保护臭氧层维也纳公约》、1992年《里约环境与发展宣言》等。而我们所定义的生态安全视角国际合作就是指各国为了保护生态环境安全,通过协议等协同方式共同采取环境保护措施的一种国际行为。

(二)生态安全视角国际合作的内容

环境问题是全球性的,在国际生态安全保障层面进行国际合作是解决全球环境问题的客观要求。通过人类几十年的努力,环境国际合作的内容已经初步完善,对于国际生态安全保障也有着重要的指导性意义,其主要包含以下几方面内容:②

1. 尊重国家环境主权及倾斜保护发展中国家

主权是一个国家固有的且神圣不可侵犯的权利,一方面包含对内的最高统领权,另一方面又包含在国际社会中独立自决的权利。而环境主权主要指任何一个国家,不论大小,不论经济发展水平的高低,都能对本国的自然资源享有永久所有权而不被他国干涉,有权自由地制定有关环境与资源保护的法律及政策,有权根据本国的需求合理开发利用自然资源,有权在环境领域独立享有最高的环境司法权;任何国家都不得侵犯他国的环境主权,不得以保护环境为名干涉别国内政,不得破坏他国环境。③ 而一些国际性文件也早已对环境主权予以规定。比如,1946年联合国大会通过的《国家权利义务宣言(草案)》中第二条规定,各国对其领土以及境内一切人与物,除国际法公认豁免者外,有行使管辖的权利。1962年联合国大会通过的《关于自然资源之永久主权宣言》中规定,各国必须根据主权平等原

① 苏长和:《全球公共问题与国际合作:一种制度的分析》,上海人民出版社2000年版,第60页。

② 林灿玲:《国际环境法》,人民出版社2004年版,第266页。

③ 同上书,第163页。

则，相互尊重，以促进各民族及各国家自由行使其对自然资源的主权。尊重国家主权既是国际合作的一项基本原则，也是生态安全保障国际合作中的一项不可缺少的重要内容。

当今世界大多数发展中国家本身经济发展水平不高，没有尖端的技术和充足的财力来支持，于是经常沦为发达国家转嫁污染或者资源剥削的对象。发达国家由于工业革命发展较早，对于环境问题的治理和预防具有较强的经济和技术能力以及较丰富的经验，因而其更应当秉持大国责任，一方面不再破坏他国环境，另一方面还应该援助发展中国家进行环境治理。

2. 保护人类共享资源

当前世界上资源的管理与所有模式主要有三种，即国家所有、多国共有、全人类所有。全人类所有的资源，主要是指位于公共空间的海洋、外层空间、南极洲等领域的公共资源。这些资源不属于某个国家所有，而由全人类所有。而多国共有的自然资源，是指由两个或者多个国家共同享有的资源，如东亚地区的澜沧江、湄公河流域的资源，则由东南亚国家共同享有。国家所有的资源包含在一国管辖内的陆域、水域中所蕴含的资源。而对于某个国家所有的或者是多国共享的资源，由于其对整个世界具有重要的生态价值，我们在承认国家环境主权的前提下，也应对其进行国际性的保护。

从资源的有限性角度来说，资源可以分为不可再生资源和可再生资源。对于不可再生资源我们如果不加节制地使用，必然会影响到后代的发展；而可再生资源从量上来看，似乎是取之不尽、用之不竭的，但是由于人类肆意破坏，从质上来看已经无法与最初的质量相比，从这点上来说，其实并不存在取之不尽、用之不竭的资源。因而，对人类共享的资源进行保护，已经成为生态安全保障国际合作的重要内容。

3. 禁止转嫁环境危机及污染他国环境

有的国家将一些高污染高耗能的产业设置在他国，甚至直接将工业垃圾投放到他国。这种行为本质上属于一种推卸环境责任的行为，甚至是一种环境霸权。在早期，就有资料指出，发达国家产生的工业废物有大概 20% 都投放到了发展中国家。也有数据表明，仅 1991 年这一年，美国就向南美洲和亚洲投放了 2 亿多磅的工业废物。

发达国家的这种不负责的转嫁环境危机的行为，不仅损害了发展中国家的环境利益，侵犯了发展中国家的环境权益，而且从长远来看也不利于其自身的发展。1992 年 6 月签署的《里约环境与发展宣言》第 14 条中就明确规定，各国应进行有效的合作，防止将有害物质迁移至他国。

4. 和平解决国际环境争端

各国在发展本国经济或者保护环境的过程中，可能会发生各种各样的环境争端，如侵犯他国的环境主权、向他国转嫁环境危机或干涉他国的内政外交。公平合理地解决这些环境争端对于国际社会的和平发展和国际生态安全的保障，都是百利而无一害的。

目前，世界上解决国际争端的方式主要有3种：一是政治方式，包括谈判、调停、斡旋等；二是法律方式，即通过国际仲裁和国际法院来解决；三是通过战争或武力威胁的方式来解决。而在经受了两次世界大战之后，越来越多的国家抛弃了第三种暴力的方式而选择以和平的方式来解决国际争端，1974年联合国大会通过的《各国经济权利和义务宪章》，就把和平解决国际争端确认为国际经济关系中的一项基本原则。因而，和平解决国际环境争端也是生态安全保障国际合作中的一项重要内容。

二、生态安全保障视角国际合作的意义

（一）国际合作对生态安全保障的价值

生态环境安全是一个全球性问题，只有通过国际合作才能实现保护生态环境的目的。从20世纪50年代开始，人类对生态环境的关注骤然上升，与之相对应的便是各种国际主体国际环境合作的盛行。在这些国际合作主体的努力下，生态环境安全才得以实现。

联合国作为政府合作组织的代表，在生态环境保护中发挥了巨大作用。首先，联合国引领世界环境保护的步伐。例如，联合国在1972年召开人类环境会议并通过了《人类环境宣言》，促使各国开始加大对环境问题的重视程度。又如，联合国在1992年的人类环境大会上，首次通过了可持续发展观，为生态环境的保护提供了新的理念。其次，联合国为世界各国的环境保护合作提供了平台与良好的磋商途径。如联合国有时会就某一种环境问题出具一份草案，由各主权国家协商讨论之后，形成一份具有强制效力的公约或协定。最后，联合国促进国际公约或协定的履行。由于主权国家的分散性，难以对其进行统一管理，再加上各个国家经济发展水平不同，履约能力也大有差异，因而共同通过的国际公约或协定就不容易被遵守和履行。而联合国通过设立监督机构，或者对贫困国家进行经济、技术、政策等方面的扶持，进而确保公约与协定能够有效履行。

20 世纪 70 年代以后,国际非政府组织迅速发展,它们通过与主权国家、国际政府组织、企业等主体进行环境合作,在国际生态安全保障中发挥了巨大作用。比如,国际环境合作组织在世界各国建立分支机构,这些分支机构在监督主权国家的环境保护行为、与其进行环境保护项目的合作等方面,均发挥着重要作用。

(二)区域性国际合作在生态安全保障中的价值——以澜沧江—湄公河流域为例

生态环境本身就具有整体性与系统性,因此对生态环境的保护也必然随之呈现国际化与区域化倾向。湄公河又有“东方多瑙河”的美称,其上游阶段在中国境内,被称为澜沧江,下游又流经缅甸、老挝、泰国、柬埔寨、越南等国家,可谓是亚洲最重要的水系。《国际河流利用规则》(也就是赫尔辛基规则)规定,跨越两个或两个以上的国家,并且在水系的分界线内的流域被称为国际河流。因此,澜沧江—湄公河作为跨越数个亚洲国家的河流是国际河流,应当依照《国际河流利用规则》进行开发与利用。

由于国际河流流经数个国家,因而在水资源的开发利用和生态环境保护等诸多方面就容易出现各种问题。正如北京大学国际关系学院的张锡镇教授所言:中国参与大湄公河次区域合作面临的矛盾,主要集中在水资源开发和利用这一领域,具体体现为 3 个方面的矛盾:一是下游国家和上游国家的矛盾;二是发展与环保的矛盾;三是大湄公河次区域同外部势力的矛盾。[①] 诚然,中国作为湄公河的上游国家,在水资源的利用上具有得天独厚的优势,澜沧江不论是水质还是水能都更加优于下游流域的几个国家。同时,中国作为最大的发展中国家,其经济发展水平高于下游国家,因此对湄公河水能的利用较之下游国家更早更充分。但是,湄公河流域的生态恶化如今已非常严重,自然灾害频发,土壤侵蚀严重,生物多样性锐减,河流污染严重等问题层出不穷。而无论是对处于上游的中国来说,还是对下游国家来说,湄公河都具有重大的意义与价值,这就催生了对湄公河流域进行保护的区域性国际合作。

1947 年,联合国经济贸易委员会建议,在湄公河下游修建大坝以提供农田灌溉和电力供应,因而成立了湄公河下游合作委员会,也就是现在的湄公河委员会的前身。随后,为了更好地开发湄公河,改名为“湄公河临时委员会”。湄公河临

---

① 张锡镇:《中国参与大湄公河次区域合作的进展、障碍与出路》,载《南洋问题研究》2007 年第 3 期。

时委员会在水资源国际合作中的作用不断增强,逐渐成为下游国家共同认可的国际水资源协商机制。但是,无论是早期的合作委员会,还是后来的临时委员会,都是以湄公河的开发利用为主要导向的,并不是我们现在所说的生态安全保护的区域性国际合作。

1995 年,湄公河下游国家签订了《湄公河流域可持续发展合作协定》,由此,新的湄公河委员会成为下游湄公河流域的主要法律机制。同时,该协定是由上游两个国家为对话国、下游 4 个国家为参与国的一种区域性政府间合作的产物,提出了全流域合作的基本理念,将可持续发展观融入其中,把对湄公河流域的开发利用与保护结合在一起。随后,湄公河委员会又陆续推出了一些重要战略计划,如《湄公河流域水资源及其相关资源一体化管理战略》《流域 2011—2015 年战略计划》等,这些都对湄公河流域的生态安全保护起到了重大作用。

三、生态安全视角国际合作的可行性分析

基于保障生态安全而进行国际合作是必然的,这是由当前生态环境的现状所决定的,而进行国际合作也具有可行性;它不仅符合国际社会的发展趋势,还具有理论、实践和法律等方面的基础。

(一)国际生态安全保障合作的必要性

环境问题由来已久,基于产生方式的不同,可以将其分为基于自然原因而产生的环境问题和基于人为原因而产生的环境问题,而真正影响国际生态安全的环境问题主要是由人类生产生活导致的,故此处也主要论述基于人为原因而产生的环境问题。生态环境在第二次世界大战以后迅速恶化,从规模上来看,逐渐由小范围内的环境问题发展为区域性、全球性的问题。而从环境污染的原因来看,逐渐由以著名的八大公害为标志的传统大气污染和水污染转变为毒气泄漏和核污染。联合国环境署在 1992 年《世界环境报告》中也指出,从 1972 年到 1992 年的 20 年间世界环境问题愈加严重,生态环境问题的紧迫性和严重性已经威胁到人类的安全,我们必须对其予以重视。

有学者指出,环境问题产生的根源主要包括人口根源、经济根源、技术根源、制度根源和思想根源。[①] 人口根源是因为随着世界人口的不断增加,人类对粮食和资源的需求量不断加大,从而导致生态环境破坏。经济根源,是指工业生产为

① 王前军:《国际环境合作问题分析》,中国环境科学出版社 2007 年版,第 11 页。

了应对人口基数的扩大和人类需求的增加,从而不加节制地使用自然资源并向环境排放污染物,最终导致资源的枯竭和环境的污染。技术根源,是指基于工业化的不断发展,人类的科学技术水平不断提高,改造自然的能力也不断加强,但是技术的进步对生态环境领域来说也可能是一种致命的危害。制度根源,主要指的是资本主义制度,即资本主义制度以追求剩余价值为主,因而就容易导致产品相对过剩的现象时常出现,这也是资源浪费的根源。思想根源,主要指在传统的人类中心主义思想的指导下,人类社会普遍认为人才是世界的中心,其他任何资源或环境都应该服务于人类。这些根源都具有一些相同的特征,如都是基于历史背景的长久积累而产生,都是一种大规模的存在,具有全球性等。因而单纯依靠某个国家的努力或者某几个国家的合作难以真正解决环境问题,这就使全球性的、大规模的国际合作在生态安全保障中具有必要性。

(二)国际生态安全保障合作的可行性

环境问题的产生与加重仅仅为国际合作提供了一种客观要求,但是各个主权国家、非政府组织、民间主体能否真正进行国际合作却还不具有确定性,还需要看各种条件是否成熟。

1. 国际合作的思想基础

随着工业革命的爆发,人类利用自然与改造自然的能力大幅度提高,人类中心主义思想也开始兴起并成为人类社会的主流思想。而随着第二次世界大战的结束,人类逐渐意识到环境问题的严重性,人类中心主义思想也开始受到很多学者的质疑。随之,生态中心主义开始流行,其主要观点是,人类并非自然的中心,而只是自然界的一部分,除人以外的自然界具有和人一样的价值和权利。

在各种思想的交流与碰撞之下,可持续发展观逐渐登上了历史舞台并最终成为人类的主导思想。1972 年在斯德哥尔摩召开了历史上第一次以生态环境保护为中心的人类环境会议,并通过了《联合国人类环境宣言》。虽然在大会上并没有明确提出可持续发展的思想,却达成了 7 项有关环境保护的共识,并摆正了人类在自然界中的位置,即既是自己环境的创造者,又是自己环境的塑造者,这也就确认了人类对环境应当具有的保护责任。1987 年世界环境与发展委员会提出了一份《我们共同的未来》文件,首次提出了我们应该寻找一条全新的发展道路,这条路就是可持续发展之路。该文件不仅第一次提出了可持续发展的思想,而且也初步明确了可持续发展的原则、目标、要求等。1992 年在里约热内卢召开了联合国环境与发展大会,并首次以文件的形式通过了可持续发展思想。随后,2002 年联合国召开了可持续发展世界首脑会议，再次确认并深化了可持续发展思想的内容。至此，可持续发展观成为引领世界环境观的主流思想，也成为生态安全国际合作的思想基础。

2. 国际合作的实践基础

随着可持续发展观的流行，各国政府、非政府组织、民间主体等都在全球范围内或者区域范围内展开了各种各样的合作，并初步达到了一定的成效。而在区域性政府合作中最具有典型性的就是欧盟的环境政策。

欧盟之所以制定环境政策，一方面，是由于各种跨国界的环境污染问题层出不穷，如德国、意大利、英国等国家每年排放大量的二氧化硫气体，直接导致西北欧几个国家酸雨特别严重，进而严重影响到森林的生长；另一方面，也是因为欧盟各国绿色政治观的流行。[①] 绿色政治观认为，各国为了发展经济才导致环境遭受破坏，因而倡导绿色的经济发展模式，改良技术，发展绿色产业。从 20 世纪 60 年代至今，欧盟的环境政策不断发展，一方面，这意味着在生态安全方面进行国际合作是可行的；另一方面，欧盟环境政策的运行又为进一步进行国际环境合作提供了经验。

3. 国际合作的法律基础

从 1979 年至今，有关生态环境保护的国际和区域性法律文件大量涌现。区域层面，如欧盟的《阿姆斯特丹条约》《欧洲联盟条约》等。全球层面，如《斯德哥尔摩人类环境宣言》《里约环境与发展宣言》《内罗毕宣言》《国际热带木材协定》《生物多样性公约》《约翰内斯堡可持续发展宣言》《京都议定书》等。这些条约或协议，已经成为各个国际主体进行生态安全国际合作的重要依据。

第二节　国际生态安全保障之政府间合作

政府作为国际环境合作的主要参与者，在生态文明建设中需要承担最主要的责任。生态安全是一个全球性的问题，是各国政府共同面临的问题，关系到人类生存和可持续发展的问题，因而国际生态安全保障需要政府间的合作。当今政府间合作常见，如各国政府联合缔结条约、组成同盟来应对生态环境问题。政府间合作在保障国际生态安全中发挥了重要作用，不仅有助于共同应对国际生态安全问题，还有利于发展环境外交、创新合作形式。政府间合作的主要形式有：在国内

① 王前军：《国际环境合作问题分析》，中国环境科学出版社 2007 年版，第 74 页。

成立专门处理国际环境合作问题的机构、发起全球性环境会议来谈判具体实施细则、签署国际环境公约等一系列活动。

一、政府间的合作机制

考察国际生态安全保障中的政府间合作历史进程，有助于总结分析国际生态安全保障政府间合作的发展轨迹。国际生态安全保障政府间合作经历了实践—原则—机制 3 个阶段。根据生态安全的内涵，政府间的合作机制必须符合国际法的原则，同时不得违反相关的规则，它也是一种借鉴世界范围内以强制性手段和经济刺激手段相结合的合作机制。国际生态安全保障中的政府间合作机制，包括生态安全利益协调机制、生态安全资源共享机制以及国际区域环境合作机制，这些机制使政府间的合作更加顺畅，解决问题更加有力。

(一)生态安全利益协调机制

此处所指的利益协调机制，主要是协调发达国家和发展中国家的利益，协调与危害生态安全相关的国家之间的利益关系。建立生态安全利益协调机制，要以已有的国家间的权利义务规范为宗旨，兼顾各个国家的利益，在责任分配方面落实共同但有区别的责任。这一责任在发达国家和发展中国家中存在差异，一方面，发达国家要担当起保护生态安全的重任；另一方面，也要给予发展中国家财政援助，照顾相对落后的国家和地区。每个国家间的利益存在区别与矛盾，在世界范围内，发展中国家和发达国家处于不同的工业阶段，它们在对待环境和发展的关系问题上也各不相同。但生态安全是一个全球化的问题，需要每个国家共同面对和解决，为此需要利益协调机制进行协调。以 1992 年通过的《联合国气候变化框架公约》为例，该公约对发达国家和发展中国家规定的义务和程序有所不同。基于共同但有区别原则，对温室气体排放大户的发达国家，采取具体措施限制温室气体的排放，同时向发展中国家提供资金来支付它们履行公约义务所需费用；而发展中国家，不承担限控义务，只承担提供温室气体源和温室气体汇的国家清单的义务。这样一种生态安全利益协调机制，是在共同但有区别原则、公平原则、各自能力原则以及可持续发展原则基础上建立起来的。此外，生态安全利益协调机制也不仅限于气候方面，在其他许多方面也体现了利益协调的内容，如 1985 年《保护臭氧层维也纳公约》中特别提到“考虑到发展中国家的情况和特殊需要”；1992 年《生物多样性公约》申明：“进一步承认有必要订立特别规定，以满足发展中国家的需要，包括提供新的和额外的资金和适当取得有关的技术。”这些公约都含有关于协调发展中国家利益问题的内容。[1]

(二)生态安全资源共享机制

资源是生态安全中最为宝贵的财富,任何国家和地区都不能脱离生态环境而存在,大气、水等资源是一个整体,各国除了位于本国领土(包括领陆、内水、领海、领空)主权之外,还有海洋、南极洲和外层空间共同的自然资源。这些资源必须赋予其"人类共同遗产"或"人类共同财富"的地位,它们既是各国的财富,也要求各国采取多种方式如国际合作来保护它们,这也是对生态安全加以保护的重要内容。

例如,在海洋资源保护方面,海洋生态系统和海洋环境在维持全球的气候和生态平衡方面发挥着积极的作用。同时,海洋还具有丰富的海洋生物和海洋鱼类资源。随着人口工业的发展、人口的增长、航海业的增多,越来越多的废弃物进入海洋,造成海洋污染严重和沿海生态环境的破坏。此外,人们对海洋生物的过度捕捞也导致海洋资源和海洋生态遭受到了极大的破坏。正因如此,各国政府渐渐开始对海洋生态安全高度关注,在1982年联合国通过的《联合国海洋法公约》中规定了一些一般性的原则,如各国有保护和保全海洋环境的义务、各国应为保护和保全海洋环境进行合作等。同时,公约要求各国制定法律和规章,以防止、减少和控制污染,还要求各国至少在区域一级协调国内法,国内的法律、规章和措施的效力不应低于国际规则、标准和程序。除了通过了各种公约以外,还成立了专门的国际海事组织。该组织成立于1948年,最初名称是"国际海事协商组织",其职责是促进在国际商业海运技术规则和惯例层面的国际合作。近几十年来,由于海洋环境问题的突出,该组织主要是针对海洋环境污染而进行活动的。正是在该组织的倡议下,一些重要的防止海洋环境污染的国际公约、油污损害责任和海洋环境保护方面的公约才得以产生,如1971年《设立国际油污损害赔偿基金公约》、1978年《关于培训海员、颁发证书及值班标准的公约》以及1990年《国际油污防备、反应与合作公约》等。

(三)国际区域环境合作机制

除了全世界范围内的合作和全球性的组织以外,在世界各地还存在一些地区和国家的一般性、区域性的合作,组建了区域性的合作组织。较为成熟的区域性

---

① 蔡守秋、常纪文主编:《国际环境法学》,法律出版社2004年版,第88页。

组织，可以说，在环保利益上更具可协调性和凝聚力，并已成为国际环境合作的一种重要途径。[①] 区域性国际组织从维护本区域的利益出发，保护和改善区域内的生态环境，并为此举办各种会议，通过各种决议和条约，这不仅有助于区域生态环境改善、维护区域生态安全，对于国际生态安全立法、生态安全的保护也具有重要的作用。下面简要介绍国际区域环境合作中较为典型的区域性一般国际组织：

1. 东南亚国家联盟

东南亚国家联盟，简称东盟，于 1967 年 8 月 8 日成立于泰国曼谷，现在有 10 个成员国：文莱、柬埔寨、印度尼西亚、老挝、马来西亚、缅甸、菲律宾、新加坡、泰国、越南。东盟的宗旨为平等与合作精神，共同促进本地区经济增长、社会进步和文化发展，为建立一个繁荣、和平的东南亚国家共同体奠定基础，以促进本地区的和平与稳定。根据这一宗旨，东盟开展了一系列环境保护、维护生态安全的活动。环境部长会议在 2010 年的时候制定了环境保护蓝图，同时明确了优先领域：应对全球环境问题；处理和预防跨境污染（烟霾、有害废料的转移）；通过教育和公众参与来促进可持续发展；促进环境技术的发展；提高城市人口生活质量；统一环境政策和数据库；促进海岸和海洋环境的可持续利用；促进有效的自然资源管理和生物多样性；维持淡水资源；应对气候变化及其影响。[②] 同年，我国环境保护部组建成立中国－东盟环境保护合作中心，加强区域环境合作，共同应对环境问题，为建设资源节约型和环境友好型的东亚共同努力。

2. 欧洲联盟

欧洲联盟简称欧盟，成立于 1993 年，其前身是欧洲共同体，它是一个具有高度一体化的区域政治、经济组织，与其他国际组织相比，更容易达成一致意见和采取一致行动，这也是它在环境生态保护等许多方面走在世界前列的重要原因之一。[③] 环境政策的立法在欧共体时代就已经展开了，欧共体制定了 4 项环境行动规划，开始在环境领域展开立法活动，并由欧洲法院保证实施。欧共体不仅是所有重要国际环境保护公约的缔约方，而且它将环保条款也写进它与非洲、加勒比地区及太平洋国家间的洛美协定中。1987 年《单一欧洲法》明确授权欧共体在环境领域采取行动，1992 年《欧洲联盟条约》将推动可持续发展和保护环境列为其主要目标之一，同时也在欧盟其他政策的制度和执行中规定纳入环境保护的要求。欧盟不

① 黄菊：《国际视野下生态安全政府层面合作机制建设研究》，载《湘潮》2008 年第 7 期。

② 彭宾等编著：《亚太区域环境合作政策与实践》，中国环境出版社 2016 年版，第 137 页。

③ 黄锡生、曾文革：《国际环境法新论》，重庆大学出版社 2005 年版，第 56 页。

仅在法律文件中贯彻环境保护，还鼓励各成员国在国家一级采取比联盟更严格的措施和行动。欧盟在环境保护的进程当中，走过了从各成员国自行负责到形成共同的法律和行动，从工业污染为主到全面的生态环境保护，从治理污染到主动预防，欧盟在全球环境保护中的作用也愈加突出。

二、政府间合作存在的问题

（一）缺乏统一的事务组织协调政府间合作

在国家和政府之上，缺乏一个统一的、具有权威性的事务组织来协调政府间合作。首先，虽然各个国家都意识到了全球生态安全问题，但它们都是从本国出发制定环境政策和签订相关条约，各政策和条约之间存在差异，导致保护环境和生态安全的条约很难统一实行；其次，许多国家的传统主权意识强烈，认为对本国的环境问题有着绝对的权力，任何国家和组织不得干涉，不愿有统一的事务组织进行协调与干涉；最后，政府间合作是每个国家和政府的自愿行为，没有约束机制，不要求全球所有国家参与，所以很容易受到部分国家不遵守协定或条约的影响，导致相关协定难以继续进行。

以《京都议定书》为例，在 1997 年的京都会议 8 年之后，《京都议定书》才在 2005 年生效。① 为了制定该议定书，国际社会举行了多次谈判，但由于减排、限排温室气体等问题直接涉及各国的经济发展，各国迟迟未能达成统一意见。在气候公约的谈判中，主要形成了三大集团，即欧盟、“伞形集团”、“77 国集团加中国”，各个集团针锋相对，都有自己不同的观点。多数发展中国家不愿现在立即采取减排、限排的措施，不希望阻碍自身的发展；而像欧盟各国，拥有先进的环保技术和清洁能源，它们便要求采取比较激进的减排、限排温室气体的措施。国际缺乏统一的事务组织，各国利益难以协调，导致目前还有一些问题存在分歧，难以达成统一的决议。这在《联合国气候变化框架公约》中也有体现。早在 1896 年，就有科学家警告二氧化碳排放量可能导致气候变暖，直到 1952 年爆发了严重的伦敦烟雾事件，才引起全球的广泛关注，但在 1979 年才召开第一次全球世界气候大会。《联合国气候变化框架公约》谈判的过程异常艰难，在最后，宣言也没有制订任何国际减排目标。

不难看出，缺乏强有力的上位组织协调和管理，以及国家之间的主权意识强

① 王前军：《国际环境合作问题分析》，中国环境科学出版社 2007 年版，第 111 页。

烈,都导致生态环境保护进程缓慢、延迟。

(二)发达国家和发展中国家的分歧

政府间合作中一项重大的阻碍便是,世界各国不能在生态安全方面形成统一的认识。这主要表现在发达国家和发展中国家在生态安全和环境保护的意识、目标及其与经济发展的关系等方面有所不同。

发达国家早在19世纪中叶和20世纪五六十年代,就已经爆发过严重的生态环境危机,造成了严重的损害,因而,近几十年来,人们的环境保护意识较强,有关环境的立法走在世界的前列。发达国家希望有更加严格的国际环境标准和国际环境法律法规来应对全球生态安全问题。

而对于发展中国家而言,首先,一部分发展中国家将发展放在首要位置,认为生态安全问题的解决是一个公众认识水平不断提高的过程,也是一个制度构建和科技创新的过程。而在发展初期,是很难避免生态环境问题的,所以保护生态环境可能在次要的位置上。其次,发展中国家认为,生态安全问题和环境问题是一个责任和权利的问题。发达国家以1/4的人口消耗了世界资源的3/4,并且排放了世界一半以上的污染,是当今环境问题的主要制造者,因此,发展中国家认为,发达国家应当承担主要责任。最后,发展中国家的环境生态问题有一大部分原因是发达国家转嫁生态污染造成的。一方面,由于发达国家的环境标准严格,它们便将污染严重、资源消耗严重的企业转移到发展中国家,对发展中国家的环境造成严重的污染,剥削其资源。另一方面,对于一些危险废弃物,发达国家的处置场所稀缺以及成本不断提高,发达国家便将危险废弃物转移到对环境要求不那么严格的发展中国家,既转移了危险废弃物可能产生的危险,也节约了大笔资金。

(三)各国政府尚缺乏生态安全合作意识

在政府间合作中,还存在一个重要的问题——各国政府尚缺乏生态安全合作意识,致使它们没有意识到合作解决问题的重要性或不愿合作。有些是由于有的政府对生态安全重视程度不够,不了解生态安全对国家的重要性;有些是因为国家之间存在利益冲突,双方或多方不愿进行或无法进行合作;还有一些国家之间的关系比较紧张,尤其表现在发达国家和发展中国家之间,它们对生态安全的看法分歧很大,导致政府间合作阻碍重重。政府间尚缺乏生态安全合作方面意识,主要体现在以下3个方面:

一是在国际合作中,“搭便车”的现象普遍存在。由于生态环境问题的全球性、广泛性和外溢性，生态安全问题的应对和环境问题的治理通常具有正外部性，有些国家没有参与生态安全问题的解决和应对，仍能够从其他国家治理生态环境中受益，这便是“搭便车”的现象。有些国家在生态安全问题和环境问题的解决上，一直存在“搭便车”的心理，在国际谈判和签订国际条约时，不愿意主动参与环境治理来应对生态安全危机，而坐等其他国家的治理来惠及本国，所以逐渐变得消极，从而阻碍政府间合作。国家间的生态环境合作，是一种各国政府的自愿行为，没有强制要求，政府间的合作协定往往要经历长时间的洽谈，最终也会被要求遵守一些规定和承担一些义务。但有些国家不愿花费时间、精力，也不愿承担所达成的国际义务，这对国家间的合作产生了较大影响，也可能会削弱为了控制生态环境恶化而作出的努力。

二是许多国家被动参与国家生态环境的协商合作，对于已达成的合作协议也较为消极，具有不稳定性。国家参与生态环境国际合作，大多都是被动进行合作的，或是迫于生态安全问题和环境污染问题的紧急性，或是受到经济或政治因素的驱使，而很少有国家单单为了生态环境问题而主动进行合作。对于一些不发达国家甚至还处于社会动荡或战乱的国家而言，它们本身的政治、经济和社会问题还得不到解决，更无暇顾及环境问题。这些国家对待自然资源往往采取“杀鸡取卵”的开发利用方式，对地区环境造成严重破坏，甚至威胁国际生态安全，但它们仍然不会参与国际环境合作。也有些发达国家，参与国际生态环境合作是出于其他目的。所以国家间在进行环境保护的协商谈判中，往往出于多种目的的考量，一旦协议达不到相应的目的，便会放弃参与协定，从而导致协定难以达成。

三是各国的主权问题制约着国际合作和环境保护。一方面，各个国家为了保护自身主权，主张不得干预国家主权等，往往导致生态安全和环境问题被各个国家割裂，相关的资料得不到共享，生态安全合作所需要的信息也不能被提供，使跨界的生态环境问题难以得到解决；另一方面，有些国家以“主权让渡”的形式，在国际合作中不恰当地干预别国主权，尤其是对发展中国家的干涉越来越严重，导致很多国家不愿意参与国际合作，国际生态安全问题得不到解决。

三、政府间合作在国际生态安全保障中的作用

政府间合作是国际生态安全保障的主力军，它不仅在应对生态安全问题上具有不可或缺的作用，还能推进和平外交，创新和发展国际合作形式等，具体体现在：

（一）有利于各国积极应对国际生态安全问题

国际生态安全具有整体性，国际生态安全问题是一个全球性的问题，关乎每个受影响的国家，因而需要各国共同应对。政府间合作有利于各国积极应对生态安全问题，联起手来解决生态安全问题，保障国际生态安全。

首先，政府间合作能够使各国政府共同应对生态问题，减少摩擦和冲突，更高效地解决生态安全和生态环境问题。各国政府在应对生态安全问题时，各自有着不同的态度和解决办法，不可避免会产生矛盾和冲突。政府间合作，搭建一个沟通交流的平台，有助于统筹意见、达成共识，制定科学、合理、可行的政策措施，从而统一行动解决生态安全问题。这样可以减少政府间的摩擦和矛盾，让它们直面生态安全问题，从而提高解决问题的效能。

其次，政府间合作有利于解决跨界生态安全问题。大气、水、土壤、能源等诸如此类的跨界生态问题都不是单单出现在一个国家，也不是凭借一个国家的努力便可解决的。这些问题需要各国政府共同应对，而政府间合作有助于共同应对此类问题，集思广益，更有效地解决问题。例如，我国政府在跨界水生态环境问题上积极开展国际合作，在 1991 年由联合国牵头，中国、日本、韩国、俄罗斯 4 国政府共同发起了“西北太平洋行动计划”，有效地保护了沿岸海洋环境，控制了海岸和海洋环境污染，保护了海洋资源。在 2006 年和 2008 年，中国与俄罗斯分别签署了《关于中俄两国跨界水体水质联合监测的谅解备忘录》《关于中俄建立跨界突发环境事件通报和信息交换机制的备忘录》，使相关流域的生态问题得到重视及解决。

最后，政府间合作有助于打破信息壁垒，进行信息交流，更好地解决生态安全问题。政府在合作的时候，必然会进行信息的交流沟通，这有助于打破各国单独掌握生态安全信息的局面，全面认识生态安全问题，如此才能更有效地构建相应的制度、采取相应的措施来应对。有效的政府间合作能够畅通信息交流，综合利用各方力量，制定统一的规划，对公共资源进行有效的配置，从而实现各方利益最大化。

（二）有利于推进和平发展的环境外交

政府在生态安全保障方面进行的交流合作，往往经历了一个从矛盾冲突甚至对立的状态，逐渐到相互理解认同、最后达成和平协议的过程。这个过程有助于加强各方政府的相互交流，推进和平发展的环境外交。政府间生态安全合作，一是能够提高各国生态安全的意识，就生态安全问题形成统一的认识和观念；二是可以通过多种形式的合作方式，保障相关合作协议的履行；三是有利于促进相关生态安全目标的实现。因此，生态安全合作不仅能够提高生态安全意识、保障协议履行、达成生态安全目标等，也有助于各国推进和平发展外交政策。

推行和平发展的外交，能够在一定程度上减轻发展中国家与发达国家的冲突。对于发展中国家而言，它们在这当中能够认识到不能走发达国家“先污染后治理”的老路，认识到经济发展和环境保护的密切关系，要将经济发展同环境生态保护结合起来，在发展经济的同时也要注重生态环境保护，提高环境保护意识，调动参与全球生态安全和环境保护的积极性。发达国家由于经历过生态环境危机，受到过生态环境问题的影响，就会采取一种谨慎的态度对待生态环境问题。这有助于它们将民间的生态环境保护需求上升到政府计划，在政府层面注重环境问题，从而继续在政府间合作中承担肩负的责任。政府间合作不仅能促进发展中国家和发达国家相互理解，有助于建立良好的合作机制，也能够更好地推行和平发展的环境外交。

人们对善和美的追求只能在国际合作中进行，政府间的合作和推行和平环境政策也使公众的生态安全意识得以提高，使之积极参与到生态环境的保护中来。各国政府不仅在环境方面加强沟通，有一系列的环境外交政策，也促进了各国人民的交流，建立了良好的合作交流的纽带，使各国人民达成共识，从而推动生态安全保障措施、战略的实行。各国人民积极沟通交流，能更好地应对生态安全问题，让各国人民共同分享生态安全治理带来的成果，使保障生态安全具有更加坚实的群众基础。

(三)有利于实现可持续发展

政府间在生态安全方面的合作，不仅有助于构建合理的人才交流机制，促进生态科学技术方面的合作交流，拓宽合作领域，创新和发展国际合作形式，也符合可持续发展的要求。可持续发展不仅仅是经济方面不断发展，在生态安全方面、人与自然和谐共处方面也要实现可持续发展。政府间合作表明：各国政府选择了可持续发展的道路，共同应对环境问题。

近年来工业化的发展，产生了大量的生态危机，如森林锐减、气候变暖、臭氧层空洞的出现、海平面上升等，这些全球性的问题给人类一次又一次地敲响了警钟。生态环境问题与人口数量、经济活动、资源消耗以及资源利用效率等因素息息相关，其中资源消耗和利用效率这二者在生态环境问题中起着极其重要的作用。而对于有的发展中国家而言,在资源利用方面的技术和管理水平都比较欠缺,消耗的能源、资源量大,排放污染物严重,对环境的损害也比较大,它们的经济增长方式粗放,资源的开发利用和保护工作还远远不尽如人意,因而更容易造成生态环境问题。但政府间生态安全方面的合作,在人才交流方面,构建了合理的人才交流机制,有利于发展中国家引进先进人才,进行人才交流;在生态科学技术方面,借鉴国际先进的技术经验,增强发展中国家技术创新能力,进行科技交流;在参与保护积极性上,也调动各方参与环境保护的积极性,拓宽了国家间的合作领域,在经济、科技、环境等多方面都有合作;同时,也创新和发展了国际合作形式,通过多种形式进行合作,最终提高发展中国家应对环境问题的能力,共同应对生态安全问题,促进环境可持续发展。

可持续发展包括发展和可持续两个概念,在 1987 年世界环境和发展委员会发表的《我们共同的未来》中,将可持续发展定义为:"既满足当代人的需求,又不危及后代人满足其需求能力的发展。"1992 年世界环境和发展委员会在《里约宣言》中将可持续发展原则进一步阐述为,人类应享有以自然和谐的方式过健康而富有成果的生活的权利,并公平地满足今世后代在发展和环境方面的需要,求取发展的权利必须实现。① 从可持续发展的含义可以总结出,可持续发展体现了公平性原则、持续性原则以及共同性原则,而政府间合作也刚好契合可持续发展原则。政府间合作中,倾斜保护发展中国家,尊重和保护各国主权,体现了公平性的原则;政府间合作应对生态安全问题,防止生态环境恶化,体现了持续性的原则;各国政府共同应对环境问题,和平解决国际争端,体现了共同性的原则。因此,政府间合作满足了可持续发展的要求,有利于可持续发展。

第三节　非政府组织在生态安全国际保障中的作用

传统国际法只承认国家是国际法上唯一的法律人格者,国际法规则是通过作为国家间关系产物的习惯、条约和仲裁裁决等形成的。但在进入 20 世纪以后,既非民间团体也非国家的政府间国际组织,已逐渐被承认在一定条件下具有国际法律人格,可成为国际法的主体。② 除了政府间国际组织以外,国际关系活动中还存在大量重要的非政府间国际组织(Non-Governmental Organizations, NGOs),它们

---

① 周敬宣主编:《环境与可持续发展》,华中科技大学出版社 2009 年版,第 5 页。

② 梁西主编:《国际法》,武汉大学出版社 2001 年版,第 30 页。

在国际社会中扮演着非常重要的角色。由于非政府组织日益广泛地参与国际事务,已经有越来越多的国家和政府间国际组织承认某些非政府组织的国际法主体地位。1986年4月24日签订的《关于承认国际非政府间组织的法律人格的欧洲公约》,第一次以公约形式确定了非政府组织的国际法律人格地位。

在生态环境保护领域,也活跃着一些非常有影响力的非政府国际组织,具有代表性的有世界自然保护联盟(International Union for Conservation of Nature, IUCN)、世界自然基金会(World Wildlife Fund, WWF)、绿色和平组织(Greenpeace, GDID)等。

1. 世界自然保护联盟

世界自然保护联盟于1948年成立于法国,是世界上规模最大、历史最悠久的全球性非营利环保机构,也是自然环境保护与可持续发展领域唯一作为联合国大会永久观察员的国际组织。它的成员众多,来自140多个国家;涉及的范围广泛,其宗旨是采用科学措施促进合理利用和保护可再生自然资源,维持生态平衡,以便为人类目前和未来的利益服务;其组织严密,有最高权力机构、常设机构以及执行机构。世界自然保护联盟自成立以来,开展了广泛的生态环境保护活动,为国际生态安全的保障作出了巨大贡献,参与起草了多项自然保护的国际性法律文件,如《世界自然资源保护大纲》等。

世界自然保护联盟一直致力于保护生物多样性,参与"生物多样性公约"的起草和执行。它通过在全球、区域和国家各级的政策工作,为"公约"缔约方会议的各项决定提供支持,帮助确保这些决定尽可能有效地实现"生物多样性公约"的各项目标。此外,关于一些问题,缔约方会议和"公约"的技术机构——科学、技术机构和技术咨询附属机构(科技咨询附属机构)——已明确呼吁与世界自然保护联盟合作。世界自然保护联盟秘书处一直参与和支持"生物多样性公约"进程,利用"生物多样性公约"作为促进世界自然保护联盟政策和技术经验的渠道,与其成员合作,促进行动。迄今为止,世界自然保护联盟为"生物多样性公约"会议编写了若干政策文件和背景文件,涉及其方案、区域办事处和越来越多的成员。①

2. 世界自然基金会

世界自然基金会于1961年成立于瑞士,是在全球享有盛誉的、最大的独立性非政府环境保护组织之一,在全世界100多个国家有办公室,拥有5000名全职员

---

① 《全球政策》,载IUCN官网2020年4月20日,https://www.iucn.org/theme/global-policy/our-work/convention-biological-diversity-cbd。

工,并有超过500万名志愿者。它主要从事全球生物多样性的保护、拯救野生生物及保护其生存环境的工作,以保护相关的生态安全。其宗旨是致力于保护大自然,保护地球上生物生存必不可少的自然资源和生态系统,防止珍稀物种灭绝。①世界自然基金会能够通过各种渠道筹集资金,资助各种自然保护事业,为全世界的自然保护提供资金,保障生物多样性的生态安全。它呼吁拯救森林,提出海洋必须清洁的口号,同时作为世界自然保护联盟的永久伙伴,在编制《世界自然资源保护大纲》《保护地球》等文件和规划中,也作出了重要贡献。

世界自然基金会为保障国际生态安全作了诸多努力,在森林、食物、气候与能源、海洋、野生动物、淡水等多个领域都有所成就。由于世界自然基金会的工作,墨西哥近一半的水得到保护,为4500万人提供了今后几代人的供水,并保护该国一些丰富的自然财富。此外,世界自然基金会与《拉姆萨尔公约》合作,共同保护人类的自然湿地,保障了世界的湿地安全。②

3. 绿色和平组织

绿色和平组织简称“绿色和平”,于1971年成立于加拿大,主要致力于阻止气候变化、拯救海洋、保护原始森林、防止核武器试验以及核威胁和核污染、鼓励可持续贸易等。绿色和平组织的使命在于“保护地球、环境及其各种生物的安全及持续性发展,并以行动作出积极的改变”,其核心宗旨在于促进实现一个更为绿色、和平和可持续发展的未来。它在全球41个国家设有办事处,在全球的成员超过350万名,活动地点遍及美洲、欧洲、亚洲和太平洋地区。它独立存在,不接受任何政府或公司的捐助。它也是一个为保护环境而奋斗的民间监督机构,经常对有关国家违反环境义务的行为进行揭露和批判,发起了一系列的环保运动,如揭露“洋垃圾”从英国出口到中国,揭露欧洲木材企业进口来自天堂雨林的非法木材等。

一、非政府组织的正面作用及成果

(一)非政府组织与国际环境立法

传统上,国际环境立法主要由主权国家或政府间组织主导制定,但非政府组织在国际环境立法中的作用也不能忽视。主权国家和政府间组织在面对跨界生

① 林灿铃:《国际环境法》,人民出版社2004年版,第115页。

② 参见WWF官网2020年4月20日,https://wwf.panda.org/?referer=wwforg。

态环境问题时,往往会受国家主权的影响,而不利于跨界生态安全问题的解决。而非政府组织基于其灵活性、公益性和专业性的特点,在解决跨界环境问题时能力突出且更有优势。

实际上,现代国际环境立法很多都是在非政府组织的推动下完成的。首先,非政府组织参与国际环境外交,传播生态环境安全保护理念。非政府组织利用其专业性和广泛性对生态信息进行搜集、加工和处理,积极宣传生态安全和环境保护的理念,加深各国对气候变化、水污染、臭氧层空洞、土地荒漠化、森林锐减等环境问题的认识,从而提高各国和人民生态环境保护的意识,推动将环境问题纳入国际环境谈判的议程中去。其次,非政府组织会参与国际环境谈判,推动谈判的进程。国际谈判的进程是复杂而艰难的,往往会经历一个很长的过程,非政府组织往往对一些生态环境问题具有专业性,能够突破狭隘的国家利益,为国际谈判提供新的思路。而且,非政府组织往往可以通过多种间接性的渠道和手段,如结成国际环境非政府组织联盟,增加力量和影响力;对谈判情况实时跟踪报道;和联合国下属负责环境保护的机构建立"天然的盟友"关系等,来促进国际环境谈判。以湄公河生态环境保护为例,在过去的 2 年里,乐施会、大自然保护协会、世界自然基金会和透明国际等非政府组织,协助国际水电行业协会重新修订了水电可持续发展指南,并在湄公河地区召开了 3 次广泛的咨询会议。[①] 最后,非政府组织影响和支持政府间国际组织的决策,向会议提交草案。每当联合国秘书处刚刚开始着手一个新议题时,非政府组织就会准备一份权威的报告,优化议题和决策的科学合理性。尽管非政府组织不具有表决权,但它们通过提交草案,作为观察员或是政府的代表团等,尽最大努力,最大限度参与决策,扩大自身的话语权。

总的来看,非政府组织影响环境法律规则的形成,主要通过以下方式:创设议题,影响全球环境保护立法议程;提出新的提案,开展环保运动或提起环境诉讼,就某一环境问题向本国政府施加压力,要求其采取更积极的立场;在交涉会议召开前提出公约草案;向交涉会议施加压力等。[②] 通过这些方式,影响和参与国际环境的立法,弥补现行国际法的漏洞,为国际法的立法提供技术支撑和意见。

(二)非政府组织与国际环境法的实施

国际生态安全问题的解决,一般是通过合作协议和协商程序来进行的,具有

---

① 参见吕星等:《非政府组织在国际环境问题中的作用——以大湄公河次区域为例》,载李一平、刘稚主编:《东南亚地区研究学术研讨会论文集》,厦门大学出版社 2011 年版,第 380 页。

② 蔡守秋主编:《欧盟环境政策法律研究》,武汉大学出版社 2002 年版,第 94 页。

非强制性，环境协议本身可能不利于政府或企业的短期利益，政府和企业没有很强的遵守动力，因此在国际环境法实施的过程中常常面临困境。此时，需要一个第三方主体推动相关协议和法律的实施，因此，非政府组织在参与和监督国际环境法实施方面发挥了重要作用。

在国际法层面，非政府组织通过多种方式参与和监督国际环境法的实施。一方面，非政府组织作为观察员积极参与环境条约的缔约方大会（Conference of Parties，COPs），参与和回顾审议条约的实施情况。例如，参加《联合国防治沙漠化公约》《联合国气候变化框架公约》《控制危险废物越境转移及其处置巴塞尔公约》等众多重要的国际环境缔约方大会，并在其中扮演着“压力集团”的角色，参与和监督相关条约的实施情况，督促相关组织对条约进行适应性的调整和修改。同时，它们还会与公约的秘书处建立联系，向秘书处提交缔约国履行公约的义务情况。另一方面，非政府组织会在相关案件中，向法庭提交书面意见。1998 年欧洲经济委员会出台的《在环境问题上获得信息、公众参与决策和诉诸法律的公约》，更进一步规定和确立了非政府组织在环境问题上获得信息、参与决策和诉诸法律的权利。[①] 1998 年，非政府组织在 WTO 专家组审理的印度、马来西亚、巴基斯坦和泰国诉美国的海龟案中，世界自然基金会等非政府组织参与诉讼，提交了相关的材料与报告并提出相关建议，最终 WTO 上诉机构在裁决报告中采纳了非政府组织的意见。

在国内法层面，越来越多的国家重视非政府组织的作用，给予非政府组织获取信息、监督国家环境法实施的权利。非政府组织在各个国家积极开展环境保护知识方面的培训，宣传生态安全知识，提高人们的环境保护意识。同时，通过自身参与环境问题的决策、监督环境法律和协定的执行，用实际行动保护生态环境，从而改变各个国家国民环境偏好，增强生态环境保护的需求，从而有助于国际环境法在各个国家的实施。在 20 世纪 80 年代，世界自然基金会就同中国建立了良好的合作关系，在森林保护和利用、物种保护以及海洋资源保护等多方面开展了保护工作。世界自然保护联盟也与中国政府在生物安全和生物多样性以及生态保护等多个领域开展合作，并从 2001 年起与当时的国家环保总局签署了合作备忘录，促进《生物多样性公约》在中国的执行，保护中国的生态环境。

---

① 王彦志：《非政府组织参与全球环境治理——一个国际法学与国际关系理论的跨学科视角》，载《当代法学》2012 年第 1 期。

（三）非政府组织与全球环境治理

生态环境问题具有广泛性和全球性的特点，需要多方主体共同治理。非政府组织不仅在全球环境立法和实施方面发挥重要作用，也与主权国家、政府间组织和企业不断互动合作，在全球环境治理中贡献自己的力量。

在非政府组织与主权国家互动合作方面，主权国家在全球环境治理中一直占有主导地位。但近年来，非政府组织的作用越来越大，从帮助主权国家立法，到监督法律实施，再到环境的治理，其重要性不容忽视，促进了全球环境治理的民主化。如世界自然基金会在中国 8 个城市建立了办公室，多次举办“保护水鸟”“低碳转型”等相关的论坛活动，在物种多样性、野生动物贸易保护、气候变化、能源、淡水等多个方面参与环境保护治理。又如，2010 年，韩国最大的非政府组织韩国环境运动联合会与中日两国民间智库机构发起了第一届东亚气候论坛，治理气候环境，推动韩国绿色转型发展。

在非政府组织与政府间组织互动合作方面，主要是与联合国的合作。非政府组织与联合国的联系紧密，是天然的盟友关系。《联合国宪章》第 17 条规定，要与非政府组织会商有关理事会职权范围内的事项，联合国同意非政府组织以观察员的身份参加联合国大会，更广范围进行全球环境的保护监督和治理。非政府组织也在全球范围内进行调查，发现最迫切、最严重的环境问题，并将有关的信息提供给联合国大会。

在非政府组织与企业互动合作方面，非政府组织推动企业尤其是跨国公司遵守环境保护的标准和价值，履行绿色发展的社会责任。在非政府组织下，企业不断坚持技术革新、清洁生产，不断提高绿色产业的标准。如国际标准化组织（International Organization for Standardization，ISO），在制定和研究国际标准方面作出了巨大贡献，为想要实施环境管理体系的组织提供了自愿性的国际环境标准。尤其是 ISO 14000 环境管理系列标准，被广泛用于第三方环境认证，被世界上 80 多个国家的企业、事业单位和政府部门作为认证标准。[①] 又如，1993 年成立的森林管理委员会（Forest Stewardship Council，FSC），它负责开发实施可供第三方认证机构认证的全球可持续的森林管理原则与标准，目前越来越多的国家、地区的企业采纳了该标准。同时，还有一些绿色和平组织的环保技术也被许多企业采用；通过它们的努力，企业减少了有毒化学品的使用。此外，国际非政府组织还扮演着

---

① 黄锡生、曾文革：《国际环境法新论》，重庆大学出版社 2009 年版，第 61 页。

监督企业、跨国公司的角色，通过披露和媒体宣传的方式，推动企业作出承诺、不断改进，督促企业转变生产经营模式，实现更加绿色化的生产。

二、非政府组织对国际生态安全保障的负面效应及其抑制

非政府组织已经成为一股新兴力量活跃在国际生态安全的保护中，它的力量不容小觑。其在国际环境法的立法、实施以及全球环境的治理等多方面发挥了重要作用，这些作用是为人们所认可的。但对非政府组织的影响也不免又有所争议，它在发挥积极作用的同时，也伴随产生一些负面影响。由于非政府组织本身的性质，它既没有主权国家的国家权力，也没有跨国企业的经济实力，这决定了非政府组织发挥的作用是有限的。

(一)非政府组织对国际生态安全保障的负面效应

1. 挑战现有的国际法律和贸易秩序，缺乏独立性

目前，大多数学者认为，国家和国际组织是国际环境法的主体，而非政府组织和个人并不是真正意义上的国际环境法的主体。近年来，随着非政府组织的不断发展壮大以及对国际环境法的巨大贡献，非政府组织已经成为一个“准国际环境法主体”。但是，国际社会至今并没有任何国际公约或法律对非政府组织的作用和地位作出统一的规定，也没有相应的习惯法，这势必会给当前的国际环境法的秩序造成一定的冲击。此外，非政府组织近年来在人权、环保等事项方面对国家管辖范围内的事项施加影响，这会使主权国家的行动受到影响，令其在制定和实施法律方面受到干涉。主权国家虽然能根据本国主权原则抵抗其他主权国家的干涉，却难以抵抗非政府组织的侵蚀，这对国家法律和民主主权也是一种挑战。

在国际环境的保护和治理中，非政府组织也很难保持自身的独立性，容易受到政府和企业的干扰和控制。非政府组织所进行的活动都是带有公益性质的，而且有些非政府组织也宣称不接受政府和企业的捐助，但非政府的活动需要大量的资金。它们常常在资金问题上捉襟见肘，这成为阻碍其发展的“瓶颈”。基于此，越来越多的非政府组织开始接受企业和政府的捐助，如1991年世界自然基金会接受雪佛龙和埃克森这两大石油公司各5万美元的捐助。在这类情况下，非政府组织很难保持自身的独立性和自主性，容易成为某些国家或企业的项目执行者；还有些非政府组织可能会借环保项目之名，为企业活动，打压它们的竞争对手，破坏原有的法律和贸易秩序。另外，非政府组织过多依附于政府间组织，缺乏独立行动能力。一方面，非政府组织与联合国联系紧密，从诞生之初便一直依附于联合

国的行动来参与国际环境的保护。另一方面,联合国为非政府组织提供援助和经费,解决非政府组织资金不足的问题。所以,非政府组织很容易依附于相关的政府间组织,难以独立行动。

当前国际社会对非政府组织的地位和作用还是持包容和乐观的态度,非政府组织的行动必须在合理的法律框架内进行,保持其自主性和独立性。资金短缺的问题也不是一朝一夕就能解决的,应建立一套良性机制,保持资金的供给,使非政府组织真正地为人类的生态安全作出贡献。

2. 内部存在分歧,缺乏统一的监管机制

非政府组织由于代表的利益不同、成立的时期不同以及每个非政府组织的宗旨不同,内部往往存在分歧。另外,非政府组织由于组织比较分散,很难在内部建立一个有效的监管机制,这对于非政府组织的行动产生了一定的影响。

一方面,非政府组织内部存在分歧,易引发冲突,不利于在全球环境治理中进行有效的合作。一是非政府组织自身对待具体的生态安全问题时,往往会有不同的看法和解决思路;与其他非政府组织之间,也会存在意见不合、发生冲突的情形。有时不同非政府组织坚持己见,不愿妥协,这不利于非政府组织之间的有效合作以及国际生态安全问题的解决。如在 1993 年的北美自由贸易协定谈判中,美国环境团体形成了两个派别,分别是以美国野生生物联合会和世界自然基金为代表的温和派,以绿色和平组织、国际地球之友、塞拉俱乐部为代表的反对派。两派主张不一,互相批评对方扭曲事实,因而产生裂痕。① 二是不同时期人们对于环境的态度不同,不同时期的非政府组织背后有不同理论的支撑,它们的诉求和宗旨不同,在解决具体问题时容易引发分歧。三是非政府组织治理全球生态安全问题的代表性失衡。目前,世界上大部分非政府组织都由发达国家发起设立;发展中国家的非政府组织不仅数量较少,而且普遍存在缺乏资金的问题,在国际社会中影响较小。因此,非政府组织可能会更多代表发达国家的利益,存在代表性失衡的问题,容易引起冲突和矛盾。虽然非政府组织的多样化和不同观点是它们灵活性和活力的体现,但是这也可能导致杂乱无章、机构松散。如果非政府组织不能在重大生态安全问题上达成一致意见,这必然会削弱它们的影响力,使治理生态安全问题的成效大打折扣。

另一方面,非政府组织内部分散,缺乏有效的监管系统,它们在决策、执行、监

① 张海滨:《环境与国际关系——全球环境问题的理性思考》,上海人民出版社 2008 年版,第 128 页。

管时,容易产生莽撞、失序的行为,从而走向混乱、无序。非政府组织是自发组成的社会团体,欠缺像政府机构一样的完整严格的管理体系,这使非政府组织内部在认识和解决问题时存在矛盾,在某些行动中存在鲁莽的行为。一是有些非政府组织会通过游行示威、绝食、卧轨和暴力对抗等激进的方式来表达它们的诉求,抗议一些国家、公司和国际组织破坏环境的行为。如典型的国际环境非政府组织——绿色和平组织,近年来主张"非暴力直接行动",引发了多方争议。绿色和平组织的示威者曾用铁链将自己与雀巢公司的货车锁在一起,这无疑扰乱了社会治安和企业的正常经营秩序。此外,2006 年在印度尼西亚雅加达,绿色和平组织的成员用木板钉住了印度尼西亚林业部的大门,同时还把自己与木板拴住,以此对政府纵容毁林行为表示抗议。这些行动无疑过于鲁莽,有时可能造成更大的伤害,对问题的解决起到相反的作用。二是非政府组织在向公众传达环保信息时,没有统一的标准和要求。有些非政府组织为了达到它们的目的,会故意渲染和夸大不良后果,借助媒体炒作。如由于非政府组织的渲染夸大,1983 年欧洲议会在压力下宣布禁止幼豹皮在欧洲出售,引发整个幼豹皮市场的崩溃。虽然非政府组织有时并不能全面意识到自己行为的其他后果,但它们如果更加谨慎行为,就能避免其他不利后果的发生。

(二)对非政府组织的国际生态安全保障负面效应的抑制措施

为了减轻非政府组织的负面效应,可以考虑采取以下措施进行抑制:一是加强自身建设。环境非政府组织的发展既需要外力因素的推进,更需要自身不断加强自身建设,加强内部的改革与创新,不断应对时代变化的新要求。加强自身建设,可以从两方面入手:一方面,要坚持自身的独立性。非政府组织在活动中,可以接受相关企业或政府的资金或技术支持,但它的独立性不能丧失。另一方面,要加强自身能力建设,加强专业能力、组织能力、经济能力等,为非政府组织的发展提供不竭的动力。① 二是完善国际环境非政府组织落地注册机制。非政府组织落地注册机制,是由联合国等国际权威机构出台标准化注册和备案的指导文件,鼓励各国完善符合国情的准入标准。规范非政府组织的落地注册机制,规范合理的准入备案机制,使非政府组织在各个国家内获得合法资格的门槛变高,有助于对非政府组织的活动更好地进行监督和指导,使其明确责任。三是设立针对性的主管机构或监管部门,即联合国经社理事会设立专门机构和专员,协调国际环境

① 刘晓曼:《环境非政府组织的基本作用与发展策略再探讨》,载《法制与社会》2018 年第 9 期。

非政府组织在相关事务中的行动,并且协助各成员国补充、完善相应的主管部门。应进一步在行政层面明确环境非政府组织的“观察员”角色,以便对其擅自“越权”、滥用有限国际环境权的行为作出快速反应和有效处理,①弥补非政府组织内部松散、缺乏监管的负面作用。

第四节 国际投资和贸易中的生态安全保障

一、生态安全保障在国际投资与贸易中的困境及其成因分析

人为环境问题,也就是次生环境问题与贸易总是相伴相生、互为影响的。世界贸易主要经历了 3 个重要的阶段:第一个阶段是 15 世纪到 17 世纪的地理大发现阶段,在这一阶段中,人们眼中的世界成为真正完整的世界,并且为贸易全球化奠定了地理基础。第二个阶段是 18 世纪的工业革命阶段,在这一阶段中,技术的改进和人们对生活资料的迫切需求,促使世界贸易迅速发展。第三个阶段是始于 20 世纪的以世界贸易组织成立为标志的经济全球化阶段,在这一阶段中,不论是贸易的规模,还是世界各国联系的紧密程度,都得以迅速地发展。可以说,任何一个国家如果不紧跟经济全球化的步伐,不对外进行投资与贸易,就难以在国际社会立足。

而环境问题也与贸易息息相关。资本主义国家在发展初期为了增加资本原始积累,不断地剥夺落后国家的劳动力、自然资源、市场等要素,并将多余的资本投入再生产环节,最终促使人类社会的技术不断地更新与改进。技术的进步,一方面推动了人类社会的发展,另一方面又大大地提高了人类对生态环境的破坏能力,这就使环境污染与生态破坏的问题愈演愈烈。环境污染逐步从单一的以生活污染为主转变为严重的工业污染,污染范围也从局部污染不断地向区域化和全球化污染转变。

随着生态环境问题的加重和各国对国际贸易投资需求的增加,人类也逐渐认识到环境与贸易之间相生相克的关系,因而开始订立各种各样的多边环境协议来促使二者趋于平衡。比如,联合国在 1992 年出台的《里约宣言》《21 世纪议程》《联合国气候变化框架公约》《生物多样性公约》等,都规定了相应的限制贸易条款。同时,在一些区域性或者全球性的贸易协定中也规定了很多绿色条款。比

---

① 王定力、张亮:《非政府组织在国际环境保护中的地位和作用》,载《社会科学家》2018 年第 2 期。

如,《农产品协议》《补贴与反补贴协议》《服务贸易总协定》《与贸易有关的知识产权协议》等,都规定了有关生态环境保护方面的内容。尽管在国际上或者区域间或多或少都规定了很多有利于环境保护的贸易协定或者多边环境协定,但是在国际生态环境保障的过程中仍存在诸多困境亟须解决。

(一)国际生态安全保障在国际贸易与投资中面临的困境

保护生态安全与促进贸易之间虽然有着天然的冲突,但是二者却殊途同归,有着共同的目的,即促进人类的生存与发展。因而,国际社会倘若能协调好保护环境与国际贸易的关系,就能够促使该目的早日实现。但是,国际社会在协调二者关系的过程中还存在诸多问题。

1.“污染避难所”困境

“污染避难所”假说是经济学家科普兰德(Copeland)和泰勒(Taylor)针对国际投资与贸易提出的,是指在一个自由的国际贸易环境中,基于市场的作用,所有产品在各个国家的价格都趋于一致,因而决定企业生产成本的因素就只有环境成本。发达国家基于其本身较高的经济发展水平和科学技术水平,其所制定的环境政策或者环境标准都较为严格,而发展中国家为了引进外资发展本国经济,往往给予投资者更宽松的环境政策,这就使一些污染性企业流入发展中国家或地区,最终导致发展中国家或地区沦为高污染企业的“污染避难所”。

该假说的前提,是绝对自由的国际贸易环境。但是,在国际贸易中贸易保护主义仍频频发生,而且,将环境成本作为企业选择产业流向的唯一标准,也令人怀疑,所以该假说从诞生之初就饱受学界争议。尽管如此,“污染避难所”假说仍能在一定程度上反映出高污染、高耗能产业的流向问题。在实践中,也确实有许多高污染企业流向了发展中国家,并对发展中国家的环境与社会造成了严重的破坏。比如,在尼日利亚,民众因为油气跨国公司过度开采自然资源对他们造成了环境损害而进行抗议,然而跨国公司竟然暗中勾结政府机构,支持政府以暴力手段镇压民众,最终导致了极端的恶性事件。

另外,高污染高耗能企业流向发展中国家,又会给发展中国家带来严重的生态环境危机。一方面,会导致发展中国家资源骤减,丧失经济利益。发达国家为了保护本国的自然资源,通常会加大征税力度甚至设置严格的利用资质,这就使高污染高耗能企业大量流向发展中国家,并以较低的价格使用发展中国家的自然资源,经过加工改造之后,又以成倍的价格出口到发展中国家,从中谋取高额利润。而发展中国家却因与发达国家在产品结构中的差异很难从中获益,最终无法获得充足的资金用以保护生态环境。另一方面,还会让发展中国家承担本不该其承担的环境污染和治理重任。首先,高污染高耗能企业会将其在生产环节造成的环境污染转嫁给发展中国家;其次,在产品运输过程中产生的能源消耗以及环境污染,也由发展中国家承受;最后,高污染高耗能企业还会将产品在流通、消费环节中产生的固体废弃物的处理问题抛给发展中国家。

总之,"污染避难所"假说,既反映了当前产品出口格局的不合理,也体现了当今世界经济利益分配的不平衡;既反映了发达国家转嫁污染不负责的态度,也体现了发展中国家对环境与资源保护意识不强。

2. 绿色壁垒困境

世界各国经常采取各种各样的贸易保护措施来保护本国市场,从而保证本国经济的稳定增长,但是,这样就容易导致世界经济秩序的混乱和世界经济格局的不平衡。这些贸易保护措施的实施大体分为 3 个阶段:第一个阶段,第二次世界大战结束后到关贸总协定制定前,各国主要是通过较高的关税来达到保护本国市场的目的;第二个阶段,关贸总协定制定后到 20 世纪 90 年代前,各国主要通过设立数量限制、海关检疫、许可制、技术限制等非关税壁垒来保护本国贸易;第三个阶段,20 世纪 90 年代至今,一些发达国家开始通过采取绿色技术标准、绿色包装、绿色卫生检疫、绿色补贴等措施来达到保护本国市场的目的,此即绿色壁垒。

绿色壁垒的出现,无论是对国际经济贸易的发展,还是对国际生态安全的保障,都是一个大难题。首先,从理念上来看,绿色壁垒以生态环境保护为噱头,发达国家总是以发展中国家的产品不符合绿色标准或者产品生产方式破坏了生态环境为由,对发展中国家的企业设置壁垒,这从形式上来看,确实符合近几年来倡导的环境保护主义潮流;其次,从制度层面来看,无论是当前的多边环境协定,还是多边贸易协定,都制定了许多有关环境保护的条款,这就为绿色壁垒提供了制度层面的合理性;最后,从手段上来看,绿色壁垒往往具有隐蔽性,我们难以考究发达国家设置绿色标准的目的到底是保护环境还是保护本国经济,并且绿色壁垒的手段也并不像提高关税或者设置许可证那样容易显露出来。

绿色壁垒从表面上来看,具有合理性、合法性,但是实质上是一种新型的贸易歧视,并且这种贸易歧视很难被发现并进行取证,这就为发展中国家在国际社会中维权造成了重重障碍。如此就会使发展中国家的产品基于绿色壁垒难以进入发达国家,而发达国家的产品却很容易进入发展中国家,最终发展中国家难以在国际贸易中获得足够的利益,进而没有充足的资金投入绿色市场及生态环境保护之中。

3. 环境争端解决机制的困境

当前国际环境争端的解决方式主要包含4种:第一种是国内私法诉讼,也就是通过在东道国或者在投资者母国提起诉讼来解决国际环境争端;第二种是通过非对抗性的磋商机制解决国际环境争端;第三种是通过国际公法争端解决机制解决国际环境争端;第四种是通过国际投资仲裁解决国际环境争端。这4种方式并不相互排斥,有时候也可以同时适用。

国内私法诉讼虽然具有诸多优势,但是其弊端也是显而易见的。其一,国内私法诉讼解决的争端范围有限,即仅限于解决跨国公司在东道国境内发生的环境损害赔偿纠纷,并且只能适用民事责任。其二,环境纠纷的诉因不明确。目前,世界上大多数国家的环境法都属于公法,但是在许多欧美国家,环境损害赔偿纠纷诉讼却经常适用传统私法来予以解决,这就使环境诉讼的请求权基础难以确定。其三,国际环境争端在不同国家通过私法诉讼方式解决的结果也大不相同。有些国家的法律偏向于对投资者进行保护,这样就会使遭受损害的东道国难以获得该有的赔偿。①

而通过国际投资仲裁解决国际环境争端也存在弊端,主要表现在:一是基于国际投资法碎片化的现状,经常会出现裁决结果不同甚至裁决错误的情况,这就使国际社会对投资仲裁的正当性颇为怀疑;二是基于保护投资者利益的需要,国际商事仲裁一般奉行保密性原则,但是在国际环境争端中还牵涉东道国的公共利益,因此,我们无法得知国际仲裁委员会在进行仲裁时对东道国公共利益考虑的程度到底有多少;三是国际投资仲裁更偏向于对投资者进行保护。仲裁庭经常直接宣称它们的唯一目的就是保护投资者的利益。

(二)困境成因分析

这种困境产生的根源在于国际投资与贸易的发展和生态环境保护之间的冲突,有些东道国和出口国不惜制定各种牺牲本国环境或者转嫁本国环境危机的政策来发展本国经济,加之,有些企业的社会责任缺失,加剧了国际生态安全保障在投资与贸易中的困境。

---

① 杨树明主编:《生态环境保护法制研究——兼论重庆市生态法制建设》,西南师范大学出版社2006年版,第120页。

1. 多边环境协定与多边贸易体制的矛盾[①]

多边环境协定的主要目的是保护生态环境,对贸易进行限制只是它的一种政策性手段。而多边贸易体制则是以保护公平贸易、促进世界经济稳定增长为目的,虽然它也制定了许多绿色条款,但是这些绿色条款基于本身存在的漏洞难以发挥保护生态环境的作用。因而,多边环境协定与多边贸易体制之间就存在很多冲突。

第一,多边环境协定与多边贸易体制的基本原则相冲突。一方面,一些发展中国家的企业由于其本身经济技术水平有限,在生产的过程中难以达到保护生态环境的要求,因而国家就会给予其优惠的政策支持或者资金支持。但这种支持往往被认为与公平贸易原则相违背。另一方面,发达国家基于保护环境的需求,往往会制定较高的绿色标准或严格的环境保护政策,但是发展中国家的企业难以达到这种高标准,导致与最惠国待遇原则相违背。

第二,多边环境协定的规定与多边贸易体制的绿色条款存在差异。虽然多边环境条款中制定了许多绿色条款,但是这些绿色条款或多或少都存在漏洞,尤其是一些基本概念并没有明确界定。比如,对于"情况相同""不公正的""变相限制"等言辞都缺乏谨慎的衡量与界定标准。这就导致多边贸易体制中的绿色条款与多边环境协定的规定在语词上不可避免地存在冲突。而在多边贸易体制中,由专家组成的争端解决小组和上诉机构在解决争端时更加偏向于从保护贸易的角度出发,这也和多边环境协定的宗旨相背离。

第三,多边环境协定与多边贸易体制在产品生产方法标准上存在冲突。产品的生产方法和生产过程是否应当作为基于保护环境而限制贸易的标准,在多边环境协定与多边贸易体制中存在不同的理解。在多边贸易体制中,一般否定根据生产方法限制贸易的做法,其认为,如果生产方法或者生产过程并未改变产品特性,却实施贸易限制,则是对公平贸易原则的违背。而多边环境协定一般认可将生产方法和生产过程纳入限制贸易的标准,其认为,虽然产品的生产方法或生产过程并未改变产品特性,但是基于保护环境的目的,仍应该采取禁止和限制进口的措施。比如,在《实施动植物卫生检疫措施的协议》《技术性贸易壁垒协议》中都有相关的规定。

第四,多边环境协定与多边贸易体制在管辖权问题上存在冲突。在多边环境协定中,有些明确规定了环境争端解决机制,但是有些根本没有规定。而在多边

---

① 刘恩媛:《跨境环境损害防治的国际法律问题研究》,知识产权出版社2018年版,第248页。

贸易体制中却非常详尽具体地规定了国际贸易争端的解决机制。一方面,多边贸易体制认为,即便是因国际贸易而引发的国际环境争端,也应由其管辖;另一方面,多边环境协定也规定,有关国际环境争端应当由其争端解决机制解决,因而就出现了管辖权冲突。

2. 东道国与出口国的不良政策导向

东道国为了引进外资、鼓励发展本国经济,往往制定了较为宽松的环境政策,即便是一些外企破坏了本国的生态环境,有时也会"睁一只眼闭一只眼"对其予以较轻的环境处罚。这样的环境政策无疑就宣示了一种"经济发展优先,环境保护次之"的政策导向。如此,就会纵容外企更加不加节制地掠夺本国资源,加重对本国环境的污染与破坏。

一方面,出口国因为其本国具有较大的资源需求量与消耗量,通常会制定严格的环境政策、环境标准等方式来鼓励、支持本国企业到其他国家,尤其是到欠发达国家或地区获取资源,如此就会造成发展中国家的资源含有量迅速降低,发展中国家和发达国家产品出口格局不平衡等问题,并最终严重影响发展中国家的国家安全。另一方面,许多出口国并没有一套完备的海外投资环境政策来指导企业进行绿色投资与贸易。

3. 南北经济发展差异较大,国际经济秩序不平等

第二次世界大战结束以来形成的国际经济秩序,本身就是强权者主导的国际经济秩序,存在较大的不平等性。发达国家人口比例小,却拥有世界上绝大多数的财富和话语权,因而其能够通过财富及强权从发展中国家中压榨丰富的自然资源,投放大量难以被处理的污染物。如此,由国际经济秩序的不平等,进而引发了资源开发与利用上的不平等。而许多稀有资源又是核心技术的重要组成部分,发达国家不加节制地盗取发展中国家的稀缺资源用以发展自身的科学技术,然后以高价将成品出售给发展中国家并从中攫取高额利润,这就又导致了技术与分配的不平等。而发展中国家因为发展的迫切需要与在国际上话语权的弱势,只能忍受这些诸多不平等。

发展中国家不仅在资源利用方面,也在生态环境保护方面遭受不平等。发达国家在工业革命时期就开始步入工业化时代,其大生产给环境带来了巨大的破坏,比如20世纪70年代的日本环境污染事件。发展中国家基本都是在近几十年才开始步入工业化时代,它们和发达国家一样都享有平等的发展权,过分强调发展中国家的环境保护义务其实也是一种不公平的表现。

4. 企业社会责任的缺失

美国学者阿齐·卡罗尔认为,企业的社会责任就是企业主动承担与其利益相关人有关的责任或义务,其利益相关人主要包括公司股东、员工、消费者、供应商、政府部门等。企业的社会责任主要分为 4 个层次:最底层是经济责任,然后是法律责任、道德责任,最后是由企业自主决定是否予以承担的责任。[①] 企业社会责任概念的产生,是在企业、社会、政府等主体的共同作用下产生的。目前,在国际社会上已有相关的立法,如 20 世纪 70 年代经济合作发展组织制定的《跨国公司行为准则》、2000 年在前联合国秘书长安南的推动下启动的"全球契约"计划等都有相关的规定。

而随着人类环境保护意识的不断提升,企业的环境责任也逐渐成为企业社会责任的一部分,一方面是因为一些不具社会责任的企业导致的生态破坏、环境污染等恶性事件频频发生,另一方面也是基于企业自身谋利的客观需求。现代一些涉外企业在整个国际社会中,不论是在经济领域还是环境领域,都能产生非常重大的影响,尤其是一些跨国公司的经济实力甚至都超过了很多主权国家,这就导致很多经济落后的国家在面对经济实力较强的跨国公司时更加被动。例如,美国的一家跨国公司——德士古公司就在厄瓜多尔以开采油气营利。从表面来看,厄瓜多尔通过对德士古公司征税等方式来行使国家主权,但实际上开采油气的几个核心技术都掌握在德士古公司手中,厄瓜多尔因不具备核心技术而被德士古公司要挟降低税收或者实行其环境标准。

从 20 世纪 60 年代开始至今,因为一些跨国公司不履行企业的社会责任而造成的恶性环境事件比比皆是。比如,1976 年的塞维索化学灾害事件、1978 年的艾莫科迪凯斯游轮漏油事件、1984 年联合碳化物公司在印度博帕尔发生的化学灾难事件等,都使国际社会为之震惊。而一开始,国际社会都希冀由跨国公司的母国对跨国公司的环境污染行为进行预防与规制,但并未取得良好效果。如美国并未着重强调企业的环境责任,这也与其在国际生态安全保护中的立场相符合,因为美国至今都不是《京都议定书》的签字方,并且于 2019 年宣布退出《巴黎气候协定》。

二、对外投资与贸易在国际生态安全保障中的促进作用

企业在对外贸易与投资的过程中,对环境造成的影响具有两面性:一是一些

---

① 参见潘永建:《跨国公司环境责任的法律规制研究——以企业社会责任原则为视角》,上海交通大学 2015 年博士学位论文,第 39 页。

不具有社会责任的企业可能会无节制地使用别国的自然资源或者破坏别国的生态环境，导致他国资源枯竭、环境污染；二是一些发达国家的企业通过对外贸易将一些科学技术与较高的环境标准引入发展中国家，从而促使发展中国家整个行业的进步，最终达到保护环境的作用。

（一）促进发展中国家产业结构升级

改革开放40多年来，外资投资几乎遍布中国各个地理区域和行业领域，对我国产业结构的优化起到了至关重要的作用。改革开放使我国成为最好的投资场所和跨国公司全球布局的最优目的地。工业企业尤其是制造业外资企业，随着国际产业转移最早进入中国，它们抓住了改革开放发展机遇，在中国投资建厂，并通过增资扩股、整体并购等途径不断扩大投资规模，实现了营业收入的持续增长。根据中国商务部统计，截至2019年，《财富》500强公司中已有约490家在华投资，占总体数量的98%。剔除上榜的129家中国企业，已有约360家《财富》500强外资企业入驻中国。随着外商投资的增长，一些领域的外资企业市场占有率不断提高。在电子、汽车、机械、仪表等行业，外商投资企业所生产的产品已占据中国国内1/3以上的市场份额。①

随着改革开放的不断深入，国际国内竞争形势的不断变化，我国从2013年8月开始设立自贸区，以开放促进改革提速，以开放促进政府和市场的深入融合，以开放促进国内产业结构进一步优化。截至2020年，全国已经设立21个自贸试验区，改革开放试验田作用充分显现；海南自由贸易港建设总体方案出台，中国特色自由贸易港扬帆起航；共建“一带一路”走深走实，中国同138个国家和30个国际组织签署200份合作文件，共同开展2000多个合作项目；外贸新业态新模式蓬勃发展，跨境电商综合试验区增加到105个。②

以苏州工业园区为例。该园区2020年上半年新增的117个外资项目中，战略性新兴产业项目占比约75%，而这些新项目中跨国企业的研发基地、总部和服务业项目比比皆是，但少有劳动密集型项目落户。截至2019年年底，三星集团在华累计投资超400亿美元，近年来对高尖端产业投资近300亿美元，占总投资比重从2012年的13%一跃提升到了72%，三星集团用实际行动证明了其对中国实体经

---

① 张彩云等：《外商投资企业在华收益、经验及启示》，载《国际贸易》2020年第3期。

② 姜微等：《海纳百川共扬帆——党的十九大以来以习近平同志为核心的党中央引领中国高水平对外开放纪实》，载《人民日报》2020年11月4日，第1版。

济向中高端迈进的信心和支持。①

（二）提高东道国的环境标准及环境管理水平

戈爱晶和张世秋通过比较跨国公司和本土企业绿色管理的开展领域，发现跨国公司在污染物末端治理、有毒有害物质管理、生产过程的废物管理等领域均比本土企业开展得更加深入。同时，他们通过对比跨国公司和本土企业的环境管理发现，跨国公司在ISO 1400系列、节能降废减污、全面环境质量管理等方面都比本土企业更为严格且更加全面。比如，我国重庆市规定废气排放浓度的最高标准为30毫克/标立方米，而在重庆的拉法基工厂的废气排放量远远低于这一标准。②

一些跨国企业为发展中国家带来更高的行业标准和更严格的环境管理制度，如此便会促进东道国整个行业绿色标准的发展方向与发展水平走向更高层次，也会在市场竞争的作用下使行业内本土企业为了得到更好的商业信誉，学习与追赶环境管理水平较高的企业，最终使东道国本土企业的环境标准与环境管理水平得以提高，生态环境可以更好地受到保护。

（三）促进东道国上下游供应链绿色化

随着经济全球化的不断发展，跨国公司逐渐意识到，只要其上游企业或者下游企业对环境造成恶性影响，都可能会受到社会公众的抵制，影响正常生产经营活动。因此，仅凭借自己的经营能力并不能在国际市场上立足，即便其在整个生产经营环节中严格遵循环境保护的要求。比如，耐克公司的上游公司就因为水污染事件严重影响公司的正常经营活动，并且其苦心经营的负责任的企业形象也备受质疑。因此，对于跨国公司来说，必须要将这种绿色标准或要求传递给它的上下游产业链，如此才能实现真正的共赢。

一般来说，跨国公司是基于母国利益相关者、东道国利益相关者和一些国际组织的压力，被迫提高并遵循绿色标准的，然后再将这种压力传输给来自世界各国的产业链，这种产业链一般都属于买家主导型商品链。这就意味着，跨国公司在其上下游产业链中占据主导地位，有着更多的话语权，这也是跨国公司能够对上下游企业施加压力并要求其遵循绿色标准的根本原因。例如，在咖啡产业中，

---

① 成仲：《透过三星，看外企在中国的变革之路》，载《企业观察家》2020年第10期。

② 戈爱晶、张世秋：《跨国公司的环境管理现状及影响因素分析》，载《中国环境科学》2006年第1期。

主要的跨国公司在全球也就只有几家，而上游生产商在全世界却数不胜数，这些生产商都主要依靠像雀巢、星巴克这类的大型跨国公司来销售，因此，它们只有符合这些跨国公司的绿色标准要求，才能使其咖啡获得销路。如此，跨国公司就能通过这种压力传导，促使东道国的上下游产业链绿色化。

三、国际投资领域生态安全保障的国际合作——以跨境金融为例

对生态安全进行保护，如果只单纯地依靠某个企业来完成是根本无法做到的，因为高标准、低排放就意味着成本的增加，而在产品价格相同的情况下，成本高就意味着竞争力弱，容易被市场竞争淘汰。而只有严格的绿色标准被全行业采纳时，才能促使市场步入良性竞争，避免出现劣货驱逐良货的不正常现象。

近几年，随着绿色金融理念的不断发展与深入，各种各样的金融机构都开始采取措施保障生态安全，促进金融产业的绿色化发展。比如，世界银行出台的环境战略、国际金融公司作出的《可持续性框架》、“赤道原则”的诞生等，都是绿色金融理念发展的产物。

(一)世界银行

世界银行成立于1944年，总部设在美国华盛顿特区，由国际复兴开发银行、国际开发协会、国际金融公司、多边投资担保机构、国际投资争端解决机构五大机构组成，其制订的到2030年的目标是终结极度贫困和促进共享繁荣。因此，世界银行从成立之初起，就向发展中国家提供各种低息甚至无息贷款用以资助教育、卫生、基础设施等领域的建设。同时，世界银行的分支机构——环境和自然资源全球实践机构，通过向发展中国家提供资金、技术等援助，促使发展中国家在土地、海洋、淡水等自然资源的利用问题上走可持续发展道路。2001年7月，世界银行通过了《作出可持续承诺:世界银行的环境战略》，这标志着其对环境政策有了更进一步的认识，即环境政策不仅可以保护生态环境，防止环境恶化，还能为人类创造一种优质的生活环境，进而提升人类的生活质量。①

世界银行采取的各种绿色措施在世界范围内也产生了明显成效。比如，我国在过去的20年间通过与世界银行的合作，淘汰了几十万吨被证明与气候恶化有一定关系的臭氧消耗物质。世界银行还支持埃塞俄比亚实施一个政府计划，而

---

① 中国人民大学重阳金融研究院、中国人民大学生态金融研究中心:《绿色金融与“一带一路”》，中国金融出版社2017年版，第25页。

这个计划不仅保障了几千万人的生计,也促使了1500万公顷的土地得以有效利用。

(二)国际金融公司

国际金融公司成立于1956年,是世界银行的附属机构,也是全球最大的为发展中国家私营部门提供资金支持的多边金融机构。其战略重点,不仅包含金融方面,而且也包含解决环境与可持续发展层面。其出台的《可持续性框架》描述了对可持续发展战略的承诺,对发展起到积极影响,主要包含4个方面的内容:《环境和社会可持续性政策》《绩效标准》《信息使用政策》《环境和社会分类》。在《环境和社会可持续性政策》中,国际金融公司明确定义了其应当承担的环境责任及可持续发展的承诺;在《绩效标准》中,则规定了其客户应当根据各种标准承担它们的环境与社会风险责任;在《信息使用政策》中,国际金融公司则承诺在机构运营过程中保持信息公开与透明度。①《环境和社会分类》主要针对拟提交项目的潜在社会和环境的影响及风险程度进行分类。其中,A类指的是对社会和环境有潜在重大不利并/或涉及多样的、不可逆的或前所未的有影响的项目;B类指的是对社会和环境可能造成不利的程度有限和/或数量较少,而影响一般局限于特定地点,且大部分可逆并易于通过减缓措施加以解决的项目;C类指的是对社会和环境影响轻微或无不利风险和/或影响的项目。

"赤道原则"就是在国际金融公司的主导下建立的,是目前世界范围内较为权威的环境与社会风险评估体系,是一种自愿的绿色信贷规则。各国银行只要宣布采纳"赤道原则",该银行即为赤道银行。"赤道原则"不仅能够帮助赤道银行规避项目带来的环境与社会风险,而且还能够对需要融资的项目进行严格筛选,从而确保赤道银行所投资的项目更加优益,如此就能促使企业采取充分的措施防范环境与社会风险。在我国,继兴业银行在2008年宣布采纳"赤道原则"以来,江苏银行和湖州银行也相继宣布采纳"赤道原则",近些年,"赤道原则"已经成为金融行业发展的新趋势。

(三)泛美开发银行

泛美开发银行通常被认为成立于1959年,是由美洲国家和非美洲国家组成的

---

① 中国人民大学重阳金融研究院、中国人民大学生态金融研究中心:《绿色金融与"一带一路"》,中国金融出版社2017年版,第29页。

为拉丁美洲国家提供贷款的联合性区域金融机构,其总部设立在华盛顿。泛美开发银行是最早引入绿色条款的银行,早在1979年就制定了环境保护政策;其又较早支持并接受了可持续发展原则。我国于2009年正式加入泛美开发银行,成为其第48个成员国。

泛美开发银行在促进生态安全保障与可持续发展方面起到了重大作用。例如,在2005年泛美开发银行批准了减少温室气体的行动计划并成立了蓝丝带环境委员会,该委员会在“怎样实现可持续发展”这一问题上为泛美开发银行提供了有效建议。在2015年,泛美开发银行对绿色气候基金予以认证,通过了包含能源、环境、气候变化等内容在内的6个部门框架文件,并为下属国家建立了国家灾害风险档案。

四、国际贸易领域生态安全保障的国际合作——以渔业行业为例

近年来,随着人类对渔业市场需求量的不断增加,渔业过度捕捞的问题层出不穷,严重影响全球生物多样性的稳定,对生态环境安全也造成了重大的威胁,因此人类也逐渐意识到保护渔业资源的重要性。而基于流域的整体性和跨区域性特征,流域内各国只有进行有效的国际合作,才能够切实保护流域内资源的可持续利用。

(一)国际性渔业合作在生态安全保障中的作用

联合国在渔业资源保护方面起着举足轻重的作用。1982年通过的《联合国海洋法公约》就对全球的海洋生物资源养护及海洋动物保护问题作出了规定。从1997年起,联合国秘书长每年都会在联合国大会上提出“海洋和海洋法”报告。同时,联合国大会还会单独对某一海洋生物资源保护问题作出决议,如1989年和1990年联合国均通过决议号召限制、禁止公海大型流刺网作业,以保护公海渔业资源。

联合国粮食与农业组织下设置了渔业委员会,其自从建立开始就从事于全球渔业资源的保护,并出台了诸多关于渔业资源保护的宣言、协定、决议文件、行动计划及技术标准等,如《坎昆宣言》《促进公海渔船遵守国际养护和管理措施的协定》《负责任渔业行为守则》《关于海洋生态系统负责任渔业的雷克雅未克宣言》等。

联合国环境规划署也是一个重要生态环境保护部门,其出台的有关海洋渔业资源保护的国际公约主要有:《生物多样性公约》《保护、管理和开发东非地区海洋及沿海环境公约》《保护地中海海洋环境和沿海地区公约》《合作保护及开发西非

和中非地区海洋及沿海环境公约》《保护和开发大加勒比地区海洋环境公约》等。

(二)区域性渔业合作在生态安全保障中的作用

1. 南海区域渔业合作

南海海域面积辽阔,富含渔业资源、珊瑚礁、海草床、红树林等多种生物资源,被喻为“海洋生物多样性的中心”。但是,近几年随着亚太地区工业化与旅游行业的蓬勃发展,南海海洋环境与海洋资源都受到了严重的破坏。比如,周边国家不加节制地向南海排放含营养盐的工业废水,使南海富营养化越来越严重,并经常发生赤潮等环境问题。同时,随着市场对渔业资源需求的增加,大量的滥捕、偷捕现象频发,导致渔业资源总量和多样性骤减。

2. 中日韩渔业行业协会合作

中国渔业协会、韩国水产会在 2004 年签订了《中韩民间渔业安全作业协议书》,而在 2007 年,中国渔业协会、日本水产会又签署了《中日民间渔业安全作业协议书》。中国与日、韩两国签订的《民间渔业安全作业协议书》,从性质上来看,并不是国际条约也不是国际法,而是中国与该两国的渔业协会所签署的一种民间协定,其宗旨即为建立和维护良好的渔业产业秩序以及保护渔业资源,其主要内容包含鱿鱼资源养护、虎网捕捞作业问题、海上安全预防性合作等。①

虽说政府间双边或多边渔业协定的签订往往具有一定的弊端,比如签订时间较长、规定较为原则、不够灵活等,但中日韩签订的《民间渔业安全作业协议书》却能很好地规避这种问题,其优点主要包括签署程序相对简易,内容也更为具体并且具有更强的可操作性。因此,所签订的协议书虽然不具有法律的强制效力,但也并不影响其基于各种优势对中日韩渔业资源保护发挥的重要作用。

第五节 “一带一路”倡议下的国际生态安全保障

2013 年,习近平主席提出了“一带一路”倡议,即建设“新丝绸之路经济带”和“21 世纪海上丝绸之路”。“一带一路”路线横跨亚非欧三大洲,起源于中国,途经东南亚、西亚、南亚、中亚、北非、欧洲等地区,目前沿线包括 66 个国家和地区。陆上丝绸之路的线路包括 3 条,即从中国出发途经中亚、俄罗斯一直到欧洲;从中国

① 相京佐、王颖等:《中日韩民间渔业安全作业协议书对依法治渔的影响》,载《沈阳农业大学学报(社会科学版)》2019 年第 2 期。

出发途经中亚、西亚至波斯湾、地中海；从中国出发到东南亚、南亚、印度洋。海上丝绸之路主要包括两条：一条从中国港口经过南海到印度洋，直达欧洲；另一条从中国港口经过南海再到南太平洋。“一带一路”不仅仅涉及经济领域，还包括政治、文化、环境、安全等多个领域的合作。因此，“一带一路”已然是目前世界上跨度最大的经济发展带，也是最具有发展空间的发展带。

一、“一带一路”区域生态环境现状

2016年，中国社会科学院通过对“一带一路”沿线国家工业化水平进行研究比较之后，发布《工业化蓝皮书：“一带一路”沿线国家工业化进程报告》，并指出沿线66个国家和地区工业化发展水平差异较大，绝大多数国家都处于工业化发展的中后期。[①] 也就是说，虽然沿线各国的GDP总和约为世界的1/3，但是大多数国家经济发展水平都较低，仍属于粗放型发展模式，人均GDP不到世界平均水平的一半。沿线国家国内的生态环境本身就较为脆弱，加之不适当的发展就给该地区的生态环境造成了严重影响。

（一）陆上丝绸之路生态环境的现状

陆上丝绸之路主要包括中亚、西亚、欧洲、东南亚、南亚等地区，这些地区生态环境较为脆弱，面临着水资源紧缺、土地荒漠化、大气污染等诸多环境问题，再加上本国粗放型的经济发展模式，更加剧了生态环境的恶化。

沿线区域自然资源浪费十分严重。“一带一路”沿线地区自然资源含有量是非常丰富的。就森林资源来说，俄罗斯是世界上森林资源含有量最大的国家，其森林资源占据全世界的20%以上，而南亚和东南亚由于得天独厚的气候条件，森林资源也非常丰富。就油气资源来说，西亚、中东、波斯湾等地区拥有丰富的油气资源，中东地区的油气资源几乎是全球油气资源的一半。[②] 但是，据相关数据表明，“一带一路”沿线国家一次能源的消费量就达到了全球的一半，无论是资源消费量还是污染物的排放量，都远远高于世界平均水平。也就是说，虽然沿线地区资源含有量较高，但是资源消耗量也很大。而且，由于各国经济发展水平不高，对生态环境的保护技术和措施相应受限，就导致该地区资源浪费和环境污染问题相

---

① 参见中国人民大学重阳金融研究院、中国人民大学生态金融研究中心：《绿色金融与“一带一路”》，中国金融出版社2017年版，第63页。

② 参见中国人民大学重阳金融研究院、中国人民大学生态金融研究中心：《绿色金融与“一带一路”》，中国金融出版社2017年版，第70页。

对严重。

水资源短缺问题严重。中亚和东亚大多数地区属于温带大陆性气候，年降水量较少，且季节性降水分明，哈萨克斯坦、伊朗等地区主要是荒漠和半荒漠，地下水含量极低；南亚地区即便河流资源丰富，但是由于人口密度较大，人均水资源占有量非常少；喜马拉雅山虽然蕴含大量的淡水资源，但是基于近几年全球气候变暖，喜马拉雅山上的冰川较之以前，已大面积减少。

中亚、西亚、北非等地区水土流失、土地沙化问题严重。我国新疆地区有1/3的土地是沙漠；哈萨克斯坦绿地退化也非常严重，有关资料表明，已经超过60%的绿地都正在退化；而乌兹别克斯坦由于过度放牧与不节制的用水灌溉，土地沙化和盐渍化现象突出，盐渍化土地已经达到总灌溉面积的一半以上。

另外，沿线区域大气污染也十分严重。"一带一路"沿线66个国家和地区基本都为欠发达地区，产业结构大多属于第二产业主导型模式，发展较为粗放，不仅浪费了自然资源，还导致了较为严重环境污染。据悉，仅2006年一年，在俄罗斯的欧洲部分，来自中西亚各国的硫氧化物的总沉降量就达到51.7万吨，占该地总沉降量的43%。①

（二）海上丝绸之路生态环境的现状

海上丝绸之路主要经过我国的南海、印度洋、南太平洋等海域，沿线国家基本都是发展中国家，其中的印度、巴基斯坦、孟加拉国等国家又都属于世界人口大国，因此海上丝绸之路沿线的生态安全所面临的压力较大。

一方面，随着全球气候变暖，海平面慢慢上升，一些沿海的城市或者岛屿就会逐渐被海水吞没，如斯里兰卡、马尔代夫等国家就面临这种危险；另一方面，陆源海洋污染也十分严重。据相关研究表明，陆源性污染基本在海洋污染中占据了70%～80%，特别是一些封闭性或半封闭性海域的污染尤为严重，如鹿特丹、卡拉奇等港口的海洋污染。

二、"一带一路"区域生态安全合作的意义

我国政府高度重视"一带一路"建设，并致力于打造"绿色丝绸之路"，希冀沿线国家及区域不仅在经济、政治、文化等领域实现互通，在生态安全保障方面也进

① 中国人民大学重阳金融研究院、中国人民大学生态金融研究中心：《绿色金融与"一带一路"》，中国金融出版社2017年版，第68页。

行国际合作,从而实现保障生态安全的目的。

首先,“一带一路”区域生态安全合作有利于促进我国产业结构的升级,减小我国东西部经济发展水平的差异。西部从整体上看经济较为落后,其主要依靠国家的政策扶持和资金支持得以发展。通过丝绸之路,我国西部就成为连接中亚、西亚、欧洲的必经之路与桥梁,能够通过与各国的贸易往来促使其经济水平的提高。也只有如此,才能够保障有充足的资金与技术投入生态环境的保护之中。

其次,“一带一路”区域生态安全合作有利于促进各国共同应对生态环境危机,实现共赢。丝绸之路沿线区域生态环境本身就比较脆弱,历史上已有许多古国因为生态环境破坏而遭受毁灭。近年来,随着人口基数的不断增大,工业化发展水平的不断提高,导致了水资源、森林资源等迅速衰减,土地荒漠化现象和海洋污染现象逐渐加重,生物多样性受到严重威胁。因此,沿线各国面临一个共同问题,即环境安全威胁。而“环境安全威胁”本身就是一种区域性的甚至是全球性的生态安全问题,只有合作才能共同抵制这种威胁。一方面,沿线各国基本都是发展中国家,甚至还有许多国家是最不发达国家,要促进本国经济的发展就必须“走出去”,因此通过与我国建立双边关系或多边关系,积极参与丝绸之路,能够促进沿线欠发达国家和地区的经济迅速发展。另一方面,我国一直强调打造“绿色丝绸之路”,也就是说,各国在合作的过程中要尽量避免对生态环境造成进一步的破坏,同时还要通过磋商共同治理既有的环境问题。“众人拾柴火焰高”,环境安全问题只有在多国共同的参与之下才能予以解决。

“一带一路”倡议符合时代发展潮流,在如今全球化的时代,合作与发展本身就是国际社会的主题,而随着环境问题的日益突出,对生态安全进行国际保护也逐渐成为世界发展的潮流。“一带一路”倡议的适时提出,无疑是中国在面对国际国内各种形势下所采取的重要举措,不仅是新时期我国顺应对外开放战略的新发展,也是促进世界各国共同合作、相互交流的有力保障。丝绸之路不仅是国际合作之路,同时也是绿色发展之路,其必然不走“先污染后治理”的老路,而是将生态安全问题放于重要地位予以考量。

三、“一带一路”区域生态安全合作的具体表现

我国提出的“一带一路”倡议不局限于沿线各国的经济政治领域,还强调要建设“绿色丝绸之路”,也就是说,要与沿线60多个国家和地区共同进行生态环境保障方面的合作。

(一)陆上丝绸之路的生态安全合作

丝绸之路是中国以双边关系为基础推动建立的一种全球公共产品,目前不存在沿线各个国家共同制定并参与的环境合作机制,因此对各个国家的环境合作进行规制的法律依据,主要有全球性公约、区域性公约、中国与各个国家建立的双边协定等。虽然当前的"一带一路"倡议在生态安全保障方面具有一定的优势,但也存在许多亟须解决的问题。

1."一带"沿线各国生态安全合作的立法现状

首先,基于环境问题的全球性与紧迫性,"一带"沿线大多数国家都参与了全球性的环境保护合作,沿线绝大多数国家都是《保护世界文化和自然遗产公约》《保护臭氧层维也纳公约》《生物多样性公约》《联合国气候变化框架公约》等公约的缔约方。而在这些全球性公约的约束下,也有利于推进各国建设绿色丝绸之路。比如,俄罗斯、乌克兰、克罗地亚、捷克等沿线国家为了履行《京都议定书》所规定的减排义务,纷纷开展联合履约机制。

其次,沿线国家积极推动了区域环境合作。在上海合作组织、独立国家联合体、欧亚经济联盟、中亚区域经济合作机制、南亚合作环境规划署等区域性合作机制中,都有关于环境合作的内容。例如,上海合作组织历年来出台的组织宪章、元首宣言、联合公报等文件中均对生态环境保护问题有所提及,并以多边关系为基础,在生物多样性保护、环保教育宣传、环境监测等方面进行了深入的区域性合作,取得了良好的效果。

最后,由于"一带一路"是中国以双边关系为基础和沿线各国开展的一种全球性合作,所以中国与各国签订的双边条约或协定也理所当然成为沿线各国建设"绿色丝绸之路"的法律基础。在所有的双边条约中,中国与俄罗斯签订的条约最为典型。我国与俄罗斯早在20世纪90年代就开始了环境保护方面的合作,合作领域主要涉及跨界生物多样性保护、跨界水体水质监测、中俄边界污染防治与环境灾害应急等方面。① 所签署的双边协定,包括《中华人民共和国政府和俄罗斯联邦政府环境保护合作协定》《中华人民共和国政府与俄罗斯联邦政府关于兴凯湖自然保护区协定》《中华人民共和国政府和俄罗斯联邦政府关于合理利用和保护跨界水的协定》《中俄联合声明》等。

---

① 参见刘恩媛:《跨境环境损害防治的国际法律问题研究》,知识产权出版社2018年版,第228页。

2.“一带”沿线各国生态安全合作存在的问题

沿线国家中既有发达国家,如爱沙尼亚、拉脱维亚、捷克等国;也有发展中国家,如中国、印度、哈萨克斯坦、伊拉克等国;还包括一些人口基数较大或者长期战乱的最不发达国家,如阿富汗、叙利亚、孟加拉国、尼泊尔等国。沿线各国的经济发展水平、地理人文环境差异较大。各个国家的地理位置不同,所面临的环境问题以及对生态环境进行保护的紧迫程度也大不相同,加之各国的宗教文化差异,对环境问题的看法不一。“一带一路”沿线各国仍需进一步加强沟通合作,以形成统一的区域性环境保护机制。

沿线国家中有些国家因为环境问题暴露较早,对环境问题的解决也有着迫切的需求,因此国内关于环境保护方面的立法较为完善,如我国就已经初步形成了完善的环境法律体系。但是有些国家的国内环境立法几乎处于起步阶段,比如,文莱只制定了《环境保护与管理法案》,除此之外几乎全是政策或指南。简言之,各国在环境法制方面差异较大,区域合作基础较为薄弱。各国虽然都逐渐认识到国际环境合作的必要性,但是在进行合作之前,要求各国的经济、法制、理念与诉求相近,否则冒昧地开展国际合作必然会出现“搭便车”的情况。

“一带”沿线仅有5个发达国家,其他大多数为发展中国家,甚至还有一些国家仍处于解决饥饱问题的边缘,因此,无论是经济发展水平还是解决生态环境问题的能力都比较落后,都主要依赖于他国的资金与技术援助。这就导致沿线各国由于经济发展水平、科学技术水平较大的差异,尚未真正地落实“共同但有区别的责任”①。

(二)海上丝绸之路的生态安全合作

“21世纪海上丝绸之路”沿线各国的环境合作相较于“新丝绸之路经济带”沿线各国的环境合作更加成熟,“一路”沿线的环境合作主要指东南亚各国及中国与东南亚国家的环境合作,不仅包括双边、多边环境合作,还包括东盟这一区域性的环境合作。虽然海上丝绸之路在生态安全合作方面比较成熟并且已经取得了许多成效,但是也存在诸多问题值得思考。

1.“一路”沿线各国生态安全合作现状

东南亚各国的双边与多边环境合作非常活跃,如新加坡与马来西亚、印度尼西亚等国建立了双边联系并着重解决环境纠纷;文莱也同新加坡签订了双边环境

---

① 刘恩媛:《跨境环境损害防治的国际法律问题研究》,知识产权出版社2018年版,第232页。

协定,致力于解决水资源保护、固体废物处理、空气污染防治等环境问题;印度尼西亚、马来西亚、菲律宾、文莱4国也展开了多边环境合作,致力于生态环境的可持续发展研究、清洁生产、阻止气候变化、跨国界解决环境问题等。

在区域层面上,东南亚各国几乎都参与了东盟环境保护合作。东盟初步建立起多层次环境保护机制,对外有“10+1”“10+3”模式,而对内又有环境部长会议、环境高官会议、具体议题合作制度等。同时,东盟还出台了许多文件,如《东盟环境倡议行动计划》《东盟跨境污染防治计划》《关于环境和发展的雅加达宣言》等。

中国作为“一带一路”倡议的发起国,同样与东盟建立了不同领域的环境保护合作。中国-东盟的环境保护合作主要是在“10+1”模式和“10+3”模式这两个层面展开。其中,“10+1”模式是指中国与东盟建立的一种合作机制,即中国是东盟的一个对话伙伴国;而“10+3”模式主要是指东盟和中日韩三国建立的一种多边合作机制。目前,中国-东盟已经展开了诸多环境合作,包括共同发布合作倡议,如《中国-东盟环境保护合作战略2009—2015》《中国-东盟环境合作行动计划2011—2013》《中国-东盟环境展望:共同迈向绿色发展》等,还包括建立高层对话机制、定期召开环境部长会议、成立中国-东盟环境保护合作中心用以促进环境合作倡议的落实,设立供中国与东盟展开环境政策高层对话以及实务沟通交流的合作论坛等。

2.“一路”沿线各国生态安全合作存在的问题

虽然“一路”沿线国家的环境合作较为活跃并相对成熟,但是东南亚地区的生态环境破坏问题却未有好转。森林资源仍然大范围减少,陆源性海洋污染问题也并没有减轻,所以目前在“一路”沿线的环境合作仍然存在各种问题。

一是东南亚地区的环境合作主要以非正式化的磋商为主,因而解决环境问题的效率低下。政府间合作本身就容易出现效率低下的问题,而一味地通过协商来进行环境合作就会使解决跨境环境问题的效率更低,很难深入展开。比如,在湄公河流域的保护与开发问题上,流域内4个国家共同签订了《湄公河流域可持续发展合作协议》,但因为该协议规定较为原则,在实际适用的时候产生了非常大的分歧,上游国家主张其可以自由建立水坝,而下游国家却认为上游国家建立水坝的权利应当受限。一旦遇到分歧,东南亚国家本着避免冲突的原则就会把分歧搁置,如此不利于环境问题的真正解决。

二是在东南亚国家的环境合作机制中缺乏监督与惩戒机制。东南亚各国地理位置相邻,经济结构类似,经济发展水平及发展速度也基本同步,因此彼此之间既是竞争关系,又是合作伙伴关系。在这种关系中,各个国家既不想受到限制,又不想发生冲突,因而就形成了这种以协商为主的环境合作机制。在这样的环境合作机制中所出台的文件几乎都属于“软法”,不具有强制性的法律效力。这种合作机制也基本没有建立责任制度与监督制度,如此就难以保证东南亚各国环境合作机制能够正常且顺利地运行。

三是东南亚各国的环境合作机制以充分尊重各国主权为基础,东南亚各国在环境合作机制中保留了相当大的主权,从而使环境部长会议、东盟秘书处等权力过小,各国可以使用本国主权对抗合作机制的权力,使一些环境合作政策在落实的过程中遭受阻力。

四是东南亚各国的环境合作政策执行能力不强,这也严重影响了各国环境合作效果。一方面,东南亚各国的法治思想主要以权力制衡为主,许多国家在机构的设置上十分复杂,这直接导致了在环境合作政策执行过程中不尽如人意;另一方面,东南亚各国基本都是发展中国家,环境治理能力不强,人口密度大,这也是各国环境执法能力不强的一个重要原因。

第三章　生态安全保障的典型制度构建

国际法层面的生态安全保障不能仅仅停留在原则性探讨和趋势性判断之上,高质量法的实施离不开良好的法律制度设计和制度运行保障,生态安全的国际保障需要建立体系化的基本制度。对于已经为国内法所确立的生态安全法律制度,如环境标准制度、环境影响评价制度、公众参与制度以及环境信息公开制度等,不仅仅要强化其国内法的约束力和执行效力,更要在国际法层面上赋予其规范效力。因此,生态安全保障的国际法制度一方面需要建立专门的国际生态安全法律制度,如国际合作制度;另一方面更需要将一些在国内法中普遍适用的生态法律制度国际化。

第一节　环境标准制度

环境标准(Environmental Standards)是国家或地区为防治污染、保护生态环境和人类健康对行为主体设定的环境规范条件和要求,也是世界经历过工业化时期的环境危机后各个国家和地区用于防治污染的措施。行为主体在某一国家或地区开展活动,就须达到该国家或地区的环境标准。根据不同依据,环境标准可分为不同种类。以环境要素划分,环境标准可分为水环境标准、大气环境标准、土壤环境标准等;以环境保护类别划分,环境标准可分为产品环境标准(Product Environmental Standards)和产品生产过程和方法环境标准(Processing and Production Methods,PPMs)。随着环境保护运动的兴起和人类环境权利意识的增强,当国际双边或多边条约、协定中关于环境标准的规定无法约束和控制环境污染形势时,环境标准法律化便呼之欲出,将形成环境标准制度,各个国家和地区通过立法来限制行为主体的环境污染行为,使环境标准成为强制性规范。

一、当前国家或地区环境标准制度的现状

从世界范围来看,环境标准制度是世界各国环境法中重要的组成部分,在防止环境污染和保护生态环境中发挥着重要作用。在新时代总体安全观下,生态安全已成为全球或部分区域全面发展的关键一环,其中环境标准制度通过为各个国家各行业设定生态环境保护所需的技术规范和技术标准来维护国际和国内生态安全。鉴于当前国际并无统一适用的环境标准制度,且各个国家和地区的制度设计存在差异,将通过分析典型国家和区域环境标准制度的现状,总结经验,从而进一步明确国际生态安全的发展方向,促进生态环境与世界经济、技术和文化等产业的良性循环。

(一)美国

经历过工业化和两次世界大战的美国,率先面临因环境污染引发的公共健康与环境危机。20世纪40年代发生的几起典型的空气污染事件,引起美国联邦政府对环境保护的重视。为了缓解日益严峻的环境污染、保障公众健康,美国提出建立以保障人群健康为核心的标准与政策,并在部分领域采用“环境标准”一词,例如,1948年美国国会颁布的《联邦水污染控制法》(Federal Water Pollution Control Act,FWPCA)中就提出以水质标准来控制水污染,并要求州政府实施该法案,尽管该法案在实践中收效甚微,却为之后环境标准制度在美国的确立明确了方向。随着世界掀起环境保护的热潮,美国颁布和修订了一系列环境保护法律。1970年修订的《清洁空气法》(Clean Air Act,CAA)通过设置二级空气质量标准①来限制空气污染物的排放,并要求各州政府制定严于联邦标准的排放标准并予以

---

① 根据保护对象制定基准空气污染物的环境空气质量标准,一级标准(Primary Standards)是为了保护公众健康,包括保护哮喘患者、儿童和老人等敏感人群的健康;二级标准(Secondary Standards)是为了保护社会物质财富,包括对作物、植被和建筑物等的保护。

执行,同时附带相应的达标计划(State Implementation Plan,SIP),此法案的修订标志着环境标准制度在美国的正式确立。1977 年,《清洁水法》在《联邦水污染控制法》基础上修改,强调以工业点源类型来设定处理技术和排放标准,对于不能达到水质标准的点源实施"个别控制战略",不考虑排放点河流的流量、流速和自净能力,也不考虑其他源排放的情况。此外,美国还在《固体废物处置法》中设置固体废物处置技术和标准。综合美国现有的环境标准法律规定,可以看出美国环境标准制度具备以下特点:

1. 制定依据由保护环境向公共健康过渡

经历过长期工业发展阶段的美国,吸取了"先污染后治理"的经验教训,是世界范围内环境保护意识觉醒较早的国家之一。自 20 世纪 40 年代起,美国迅速制定和出台多部环境保护法律,重视环境法律体系建设,注重环境污染防治和生态安全;尽管美国环境保护实现联邦法律和联邦法规共同规制的局面,但经 10 年之久,美国环境改善仍不明显,形势依旧严峻。鉴于此,美国不断研究和探索,逐步将有关科学共识转化为可执行的环境标准,将各种环境保护政策和规则进一步细化成环境技术规范。经过多年变化,尤其是在洛杉矶光化学烟雾事件等世界公害事件的催化下,健康因素逐步进入环境保护的视野,美国联邦政府意识到环境污染问题在改变城市外观的同时还严重威胁着公众健康,因而出于健康损害考虑,将环境标准制定的依据由保护环境转变为公共健康。以上转变的原因在于工业化发展遗留的环境污染问题具备潜在性,单纯以保护环境制定的环境标准不仅缺少可靠数据和科学技术来确定责任者,还容易忽视环境污染对公众优美居住权和良好健康权的侵犯。当然这一转变并非一蹴而就,在以保障公众健康为核心的环境标准法律出台以前,早在 1954 年,艾森豪威尔总统就下令健康、教育与福利部设立跨部门空气污染委员会,以帮助各州和教育机构进行空气污染的健康问题研究。[①] 直至 1963 年才首次确立以保障公众健康的空气污染标准法律——《清洁空气法》。1967 年《空气质量法案》则直接以空气污染对健康的影响为依据来制定空气质量标准,即排放标准,随后《清洁水法》《固体废物处置法》等法律中也以保护公众健康为依据来制定水污染排放标准和土地治理标准。

2. 分行业制定环境标准

从美国环境法律规制情况,便可以看出其分行业制定环境标准的特点。众所

---

① 吕忠梅、杨诗鸣:《控制环境与健康风险:美国环境标准制度功能借鉴》,载《中国环境管理》2017 年第 1 期。

周知，在世界各国中不同环境法律是基于不同环境因素之间的差异而制定的，美国亦不例外，国会根据不同环境要素的存在形态、特点、性质等内容制定不同领域的环境法律，如《清洁水法》的环境标准分为环境水质标准和水污染物排放标准，两者的依据不同，前者是以保护水生生物和人体健康为依托制定水质基准，由美国环保局（U. S. Environmental Protection Agency，EPA）发布《国家推荐的水质基准》，各州须在此基础上结合对应水体功能和流域具体情况制定详细的水环境质量标准，经 EPA 批准生效；后者是以技术为依据的，根据不同工业行业的工艺技术、污染物产生量水平、处理技术等因素确定各种污染物排放限值，[①]以此进一步确定水污染物排放标准。将环境标准制度纳入法律中是明示环境标准的国家强制性，而国家采用分行业制定环境标准是出于对环境标准的执行性考虑。既然环境标准用于防止各行业环境污染、维护生态平衡，那么就需具备可实现性，若国家对环境要素不加区分地制定环境标准，则易导致环境标准与污染物性质、浓度、数量等不匹配，而使环境保护效果不佳。而且一套环境标准适用于多环境领域，不利于污染物重点源管理，因为不同污染物中污染源不同。如大气污染物中的主要污染源是二氧化硫（SO_2）、一氧化碳（CO）、氮氧化合物等，而水污染物中的主要污染源则是有毒污染物、放射性污染物、病原体等，因此，美国分行业制定环境标准是在综合考虑不同环境因素特性后设置的，针对不同污染物对象制定不同环境标准，并将具体技术标准和执行标准写入法律条文中，以便联邦和各州机构顺利执行。

3. 联邦与地方权限分工明确

美国环境标准制度确立以来取得了令人瞩目的效果，保障了经济发展、公众健康与环境保护齐头并进。以上成果不仅得益于环境标准制度的法律化，还得益于美国联邦与地方各州在环境标准制度执行中的明确分工。以美国《清洁空气法》为例，其在联邦层面构建一个约束地方各州的大气环境质量标准体系，同时以各州的客观环境与发展程度为前提，赋予各州政府一系列的大气环境质量目标，各州政府需要在自身的权限范围内采取行动，从而为这一系列目标向联邦负责。[②]当然，此处的分工不仅指行政管理上的，还指法律规范层面上的，法律层面的具体分工：首先，联邦制定不同环境保护法律，并针对不同环境污染物规定不同技术标

---

① 王轩萱：《中美水环境标准制度比较研究》，载《今日湖北》2013 年第 7 期。

② 姜渊：《美国〈清洁空气法〉中的环境质量达标制度研究——以联邦与地方的权限为视角》，载《中国环境管理》2018 年第 4 期。

准和排放标准，同时通过详细规定制定机构、行业分类、技术依据等来解释某一环境标准的制定。除此之外，还规定环境标准制度的执行与落实，即相应的环境质量达标计划、措施和监督，以及各个环节中的配套措施。其次，各州在联邦法律规定范围内，结合各州实际环境情况和执行能力，制定相应的环境质量达标法规。再次，各州政府将环境质量达标法规交由联邦批准后生效。最后，各州政府根据自己制订的达标计划、措施实现环境质量目标。以上分工在保障美国联邦对地方各州环境标准制度指导和实施的同时，极大地保障了地方各州的立法权和执法权，打破了以往的“上制定下执行”模式，减少了地方执法的阻力。

（二）欧盟

欧盟环境标准制度是为解决区域范围内的限制发展和环境污染而制定的，其主要以指令和条例为载体。欧盟环境标准体系形成之前，散见于部分环境保护指令中，如1967年《有关危险物质的分类、包装和标签指令》（67/548/EEC）、1970年《有关机动车允许噪声和排气系统指令》（70/157/EEC）。[①] 随着欧盟环境指令的增多，环境标准体系逐步形成，总体上依旧采用分行业制定环境标准的模式，具体可分为大气、水、固体废物、噪声、野生动物保护、化学制品与转基因制品、核安全与放射性废物标准及基础标准。鉴于欧盟是“超国家”团体，因此欧盟环境标准制度不同于其他国家，其独特性在于：

1. 法律效力

尽管欧盟是多个国家组成的团体，但其制定的环境条约、指令和条例对范围内的各成员国均具有约束力。1993年《马斯特里赫特条约》生效时，欧盟就已经是经济政治实体，即各成员国同时发展共同外交及安全政策，并加强司法及内政事务上的合作。欧盟环境标准的法律效力主要表现在以下两个方面：

（1）直接适用效力

欧盟环境指令或条例的效力对象是各成员国，而非成员国内的各个主体，即其不具备直接适用的效力；一般认为，只有当成员国将指令或条例的目标与规定转化成国内法律时才对国内的个人产生约束力。但欧盟法院判例却打破了这一国际惯例，认为，既然欧盟环境指令或条例可以约束成员国，而个体属于成员国的一部分，那么当成员国未在法定期限内完成相关指令或条例的义务时，成员国的个体就应直接代替成员国履行相关义务，即遵守二级指令法律，且在必要时，欧盟

① 胡必彬：《欧洲联盟环境标准体系及其分析》，载《化工环保》2005年第3期。

环境指令或条例可在成员国内强制执行。该做法不仅开启了国际法在国内直接适用的先例,还消除了国际条约、协定等国际性文件不具备强制执行力的顾虑。

(2)优先适用效力

通过了解欧盟环境标准立法体系,可知欧盟分为欧盟层面立法和成员国层面立法。一般情况下,是成员国将欧盟层面的环境指令或条例转化为国内法律后再予以实施和执行,但亦有特殊情况,即上述提及的直接适用情形,此时成员国内欧盟层面法律与国内法律同时存在,当发生效力冲突时,优先适用欧盟层面法律,该做法简称为环境指令优先原则。之所以采用环境指令优先原则,可能是出于以下考虑:(a)避免成员国将国内法律当作推脱履行环境义务的挡箭牌;(b)监督成员国在欧盟环境标准之上制定环境标准指标,所谓可严不可轻;(c)直接表明环境指令或条例的法律效力等级。

当然,环境指令优先原则并非成文法规定,其是通过欧盟法院的判例予以确立的。具体而言,该原则包含两部分含义:一是在欧盟层面法律公布之前就已公布的成员国国内法律中,凡是和欧盟层面法律发生冲突的,内容立即失效;二是在欧盟层面法律公布之后公布的成员国国内法律中,如有和欧盟层面法律相冲突的内容,则该内容无效。[①] 欧盟的环境指令优先原则既直接回答了国际法与国内法冲突时谁优先适用的难题,也直接表明欧盟不必遵循国际以往做法,即直接优先适用欧盟层面法律。

2. 环境标准的实施方式

同其他国际组织和团体一样,欧盟制定的环境指令或条例是从整体上规定环境目标,各成员国需根据各国实际环境情况和能力范围制订达标计划和各项具体环保措施。欧盟环境标准在实施阶段分为形式执行和实际执行。形式执行是指欧盟要求各成员国需在环境指令或条例规定的期限内(通常是5年)将其转化为国内环境立法或参照欧盟层面法律执行,一般情形下,只有转化后的环境指令才在国内发生效力;例外情形是成员国未在规定期限内转化环境指令或条例的规定时,环境指令或条例可在成员国内强制执行。实际执行是成员国在完成转化后,还必须保证环境指令或条例目标的实现。

成员国关于环境指令的转化,欧盟也有严格的要求,概括而言,须达到以下几点标准:(1)保证指令内容对第三者适用。成员国是根据环境指令的目标予以转化,因转化后的国内法不仅包含要实现的目标与计划,还包含具体的环境保护措

① 胡必彬:《欧洲联盟环境标准体系及其分析》,载《化工环保》2005年第3期。

施、技术标准及监测方法等内容,所以环境指令成功转化为国内法的标准是环境指令内容对第三者适用。(2)保障第三者法律知情权。其实,转化后的国内法是在传达环境指令的目标,既然转化后的国内法要求第三者履行相关义务,并对其产生约束力,那么根据权利与义务的对应性,也应让第三者知晓其在环境指令和国内法项下享有的权利,因此须通过特定的形式将转化后的国内法予以公开。(3)环境指令效力达到第三者。无论是环境指令还是转化后的国内法都应是保护第三者权益的,因为指令目标实现的前提是个人权益得到充分保障,而非单纯的行政命令。因此,转化后的国内法须将环境指令的效力传达给第三者,即明确第三者享有的司法保障。

(三)日本

日本环境立法工作的突飞猛进,得益于20世纪60年代日本的四大公害事件,正是因为此系列事件引发了政府、产业界和科学家们的反思,促使其不断探索和研究公害事件背后的真相,最终确定了导致公害事件的直接原因是大气污染。在日本政府明确环境污染与人体健康之间的关联后,其率先制定环境标准,同时将环境标准纳入国家政策体系,最显著的成果是1967年颁布的《公害对策基本法》,其第9条第1款直接规定,"政府应就保护人体健康和维护生活环境所必需维持的有关大气、水质和土壤的污染以及噪声的环境标准作出规定"。[①] 该规定不仅确定了日本环境保护的目标,还奠定了环境标准在日本的法律地位。此外,《公害对策基本法》中还设有环境标准专节,对环境标准的制定、修改和废除作出严格且统一的限制标准。通过对日本环境标准制度的学习,我们可以总结出其取得成效的几点经验:

1. 明确环境社会责任

在查阅和了解日本工业化进程时发现,四大公害事件并不是日本最早发生的公害事件,其实早在19世纪末期,日本就已经产生公害问题。据历史记载,日本最早的公害事件是足尾铜矿矿毒事件[②],只是当时处于工业化发展的集中时期且未直接损害人体健康,便未引起足够的重视。后续随着公害事件的增多,各种环境污染使公众怨声载道,公众自发组织的示威游行甚至影响到了正常的社会秩序,

---

① 康树华:《日本的〈公海对策基本法〉》,载《法学研究》1982年第2期。

② 日本足尾铜矿矿毒事件发生于1877年,因足尾铜矿山的铜矿毒水流入了发源于足尾群山的渡良濑河,污染的河水给沿岸农牧渔产业造成严重损失。

政府迫于社会压力才开始探求环境污染的解决对策，此后四大公害事件的集中爆发又进一步点醒了日本政府，让其意识到环境污染引发的人体损害已影响到国内经济产业发展，亟须解决环境污染问题。起初，日本试图通过技术手段解决，但在实践中却发现技术手段仅能治理污染后的环境，无法从源头上控制和约束各类社会主体的排污行为，继而考虑采用"法律 + 技术"手段来处理环境问题，将保护人体健康和维护生活环境的国家意志通过法律条文表现出来，设立专门环境保护机构，制定环境保护法规来防范和治理环境污染。在此之前，日本也曾制定过各种公害防治条例，但大多效果不佳。这次的立法之所以能引发连串的社会效应，是因为其转变了环境保护目标，且后续的修订直接将"经济兼顾"删除，把追求经济利益优先转变为保护人体健康和生活环境优先，由单纯的经济责任转变为兼顾社会责任。①

2. 系统的环境标准法律体系

自 1970 年《公害对策基本法》修改后，日本便以其为基点，多措并举地完善环境标准制度，首先在《公害对策基本法》相关环境标准的规定指导下，制定各环境领域的环境标准法律，如《大气污染防治法》中规定的大气污染物排放标准和《水污染防治法》中规定的排水标准。若要说日本环境标准法律体系的独特之处，便在于其系统性，因为分析日本环境保护立法后发现，日本各环境领域的环境标准均可独立形成系统的环境标准体系，且各自特点不同。以大气污染物排放标准体系为例，其不仅区分了国家排放标准和地方排放标准，还采用了排放总量控制和排放浓度指标；根据《大气污染防治法》，将大气污染物分为固定源②和移动源③，并综合运用以上方法控制各类大气污染物排放。

3. 科学的环境标准阈值

日本环境标准制度的先进之处，不仅在于其完备的环境标准法律体系，还在于其科学的环境标准阈值。四大公害事件之后，科学家对背后的原因展开了紧锣密鼓的调查研究，调查公害污染的各项数据，撰写相应的公害报告，并提交给日本政府，在此基础上日本政府组织环境标准科学家委员会商讨确定阈值，并听取社会各界意见，最终确定某一污染物的环境标准。此时便发现了日本环境标准与其

---

① 冯丹阳：《环境标准制定过程中的政府责任与科学家角色——以四日市公害为例》，载《科学与社会》2014 年第 4 期。

② 固定源是指具有固定工作场所的工厂或企业等排放的粉尘、烟气和有害大气污染物等特定物质（具体可参见日本固定源排放的大气污染物防治要求，即各类大气污染物清单）。

③ 移动源是指机动车排放的污染物，即一氧化碳、悬浮颗粒物和碳氢化合物等尾气污染物。

他国家和地区环境标准之间的不同,其环境标准阈值的确定并非单纯依据概念和环境标准现状,而是在充分考究和分析污染物特性和产业性质基础之上,以调查数据和事实为依据得出其科学阈值。以日本二氧化硫环境标准的制定为例,首先,由二氧化硫环境标准专家委员会调查,分别调查二氧化硫测量方法及其对人体的医学影响;其次,科学家结合流行病学四原则分析调查数据,并得出二氧化硫的阈值,当然此处的阈值并非最终的阈值;再次,科学家将根据上述阈值调查收集不同地区的二氧化硫污染物数据,然后分析各地区数据,将分析结果予以综合,找出最科学、靠谱的主要依据,再适当参考和对比其他国家和地区的环境基准值,得出确定阈值;最后,科学家将得出的阈值提交给厚生省公害审议会,由厚生省提交给政府内阁,再由内阁发表最终标准值。① 尽管日本环境标准制定方法和程序较为烦琐,但不得不承认其科学论证之必要性,不管是从人体健康保护角度而言,还是从可持续发展角度而言,其科学且严格的环境标准阈值都值得国际社会借鉴。

二、现有涉及环境标准制度的国际条约和多边条约

介绍完以上典型国家或地区的环境标准制度,我们了解了环境标准制度的立法、执法、司法等过程中的特点。现将关注视角转向国际社会,一直以来,环境标准与国际贸易密切相关,既具有严格保护环境、激活市场竞争的积极作用,也可能具有为某些国家所滥用,潜在破坏国际市场规则的消极作用。因此,各国和国际组织或机构都极力学习和研究相关国际文件中关于环境标准的规定,争取在抓住国际贸易发展机遇的同时,又警惕贸易保护主义者对环境标准的滥用。国际环境标准主要涉及产品环境标准与生产和加工的环境标准两个类别,故此处将着重介绍涉及以上两个方面的重要条约或协定。

(一)多边环境协议(Multilateral Environmental Agreements,MEAs)中关于环境标准的规定

20世纪中期集中爆发的环境污染事件不断引发世界各国和国际社会的广泛关注,人们意识到环境污染、生态破坏等问题已影响人类发展进程。从《人类环境宣言》《里约宣言》等文件可以看出国际社会对环境问题认识的转变,并确定可持续发展的思路;从后续多部MEAs中可以看到许多关于环境标准的规定。

① 冯丹阳:《环境标准制定过程中的政府责任与科学家角色——以四日市公害为例》,载《科学与社会》2014年第4期。

1.《卫生与植物卫生检疫措施协议》(Agreement of Sanitary and Phytosanitary Measures,SPS 协议)

SPS 协议第 2 条规定关于“基本权利和义务”的内容中强调:“各成员有权采取为保护人类、动物或植物的生命或健康所必需的卫生与植物卫生措施。”该条规定可理解为当进口国认为有必要为保护健康或动植物卫生而采用相应的 PPMs 标准时,可以采用与产品有关的 PPMs 来限制有关动植物产品的进口。①

2.《濒危野生动植物物种国际贸易公约》

该公约是通过限制濒危野生动植物的进口与出口来维持野生动植物的正常交易,保护野生动植物物种的延续,其中涉及环境标准的内容是其第 2 条基本原则中规定的附录一、附录二、附录三的限制物种,即禁止各成员就以上附录所列物种标本进行交易,防止交易有灭绝危险的物种。此外,进出口野生动植物,还应当接受管理部门认可,并且只在取得进口或出口许可证前提下才能交易。

3.《关于消耗臭氧层的蒙特利尔协定书》

《关于消耗臭氧层的蒙特利尔议定书》(以下简称《蒙特利尔协定书》)第 4 条第 4 款规定:“缔约国应确定是否禁止或限制从非本议定书缔约国的国家进口在生产过程中使用附件 A/B 所列控制物质但不含有此种物质的产品。”根据该规定,可知,若进口国认为,成员国在生产产品过程中未使用附件 A/B 中所列控制物质,进口国可以以 PPMs 标准为由禁止或拒绝进口,即使最终产品并不影响使用。

除以上国际条约和协定外,还有《联合国海洋法公约》《生物多样性公约》《斯德哥尔摩公约》等其他多边国际环境条约规定环境标准的内容。

(二)WTO 框架中关于环境标准的规定

随着经济全球化趋势的不断增强,环境保护与经济发展的冲突日益凸显,特别是在当前环境形势严峻的情况下,如何统筹协调经济利益与环境保护之间的关系成为国际社会或组织探讨的核心。既不能阻碍人类发展的脚步,又不能以牺牲环境为代价,即使是以贸易自由化为目标的 WTO 协议,也为了顺应环境保护的趋势而改变贸易规制,将可持续发展与贸易自由化相协调,提倡世界各国(发达国家和发展中国家)力所能及地提高标准、改进技术,并用实际行动实现可持续发展。

---

① 牛忠志、华洪波:《国际条约中 PPMs 标准带来的挑战与应对策略》,载《温州大学学报(自然科学版)》2010 年第 4 期。

1.《关税及贸易总协定》

众所周知，WTO 的前身是《关税及贸易总协定》（General Agreement on Tariffs and Trade，GATT）。现在用可持续发展理念回顾 GATT 发现，其中就不乏对环境保护和环境标准的规定，最集中的体现是 GATT 第 20 条的例外规则："只要不在情形相同的国家之间构成任意或不合理的歧视或者构成对国际贸易的变相限制，缔约方有权采取以下措施……（b）为保护人类、动物或植物的生命或健康所必需的措施……"国际贸易中许多进出口限制都是根据这个例外设立的，如一国通过设立环境技术标准和检验检疫措施规范使相关产品无法被进口。

2.《技术性贸易壁垒协议》

《技术性贸易壁垒协议》（Agreement on Technical Barriers to Trade，TBT 协议）是 WTO 协议项下重要的贸易措施协定，其中关于环境标准的内容是在 GATT 第 20 条的例外规则基础之上延伸的，具体内容集中体现在第 2 条和第 5 条上，二者核心要义是实现保护人类健康或安全、保护动物或植物的生命或健康及保护环境的合法目标，成员可以制定相应的技术法规和环保标准，但不得超过必需的限度。

3. 其他

此外，WTO 框架下的《补贴与反补贴措施协定》、《与贸易有关的知识产权协定》（Agreement on Trade-Related Aspect of Intellectual Property Rights，TRIPs）、《农业协定》也均有 PPMs 标准的规定。

（三）区域环境条约中关于环境标准的规定

在环境标准上升为国际环境保护措施之前，最早运用环境标准协调经济贸易的是区域经济组织，最典型的区域组织就是欧盟，它允许各成员国在遵守区域环境标准的前提下制定严于区域标准的国内标准。其实在区域环境标准另一个典范中，我们能看到更细致的规定，即北美自由贸易区。1993 年，美国、加拿大和墨西哥三国签署了《北美环境合作协定》，该协定规定各成员国有权选择各自认为合适的环境保护水平和相应的环境标准，并努力促进环境标准向较高程度国家看齐，鼓励各国提高本国的环境标准，甚至采用比国际标准更为严格的环境标准。同时，该协定禁止成员国降低环境标准或放松环境标准的有效实施，以维持或吸引外国投资，并且设立了一个专门的管理机构（环境合作委员会）以更好地实施环境合作协定。实践证明，北美自由贸易区的环境标准协调不仅有力地推动了北美自由贸易区的贸易自由,而且有效阻止了污染物的跨国转移。①

三、环境标准制度国际适用实践

自环境标准为国际公约或多边协议所规定之后,世界各国通常便引用涉及环境标准的条款来保护自身的环境权益,原因在于,当前世界发达国家与发展中国家存在较大环境保护水平差异和环境标准差异,各国可以进口产品或生产工艺、技术不符合本国规定的环境标准为由禁止进口。当然,并非每一种申诉理由都成立,因为禁止进口也可能是出于保护本国贸易的动机。因此,我们将通过分析国际现有的环境标准适用案例来了解环境标准制度在国际上的适用情形、理由和结果。

(一)美国汽油标准案

美国1990年修改《清洁空气法》后,新确定两项计划,用以保证燃烧汽油的排放不超过1990年的水平。美国汽油标准案的案情就是美国对1990年经营6个月以上的国内炼油商适用了企业单独基准,而对1990年经营不足6个月的国内炼油商、外国炼油商或无法使用第一种方法设定基准的混合加工商或进口商适用了法定基准,基于此,巴西和委内瑞拉认为美国设定的“两种基准”违反了GATT第3条(国民待遇),导致两国企业受到损失,同时认为美国设定“两种基准”行为并不属于GATT第20条规定的例外情形,而美国则抗辩,称其行为符合GATT第20条(b)、(g)项的规定,是出于保护人类、动植物安全和自然资源的动机,因此本案的争议焦点就在于美国分情况适用的“两种基准”是否构成GATT第20条规定的一般例外。关于本案,专家组的分析思路是先确定“汽油规则”②给进口汽油的待遇是否低于给国产汽油的待遇,然后再判断美国的措施是否符合GATT第20条规定的例外,最终专家组认定美国违反了GATT第3条第4款的规定,理由是美国直接剥夺了外国炼油商提供企业数据的机会,汽油本身是一种产品,不可能再区分出不同产品,因此不符合国民待遇原则,同时认定“汽油规则”不符合GATT第20条(b)、(g)项的规定。此后,美国基于专家组认定“汽油规则”的基准设定方法不符合GATT和对第20条(g)项作了错误的解释提出上诉。上诉机构经审查认为,

---

① 郑鹏程、刘长云:《论环境标准的国际外部性及其内在化》,载《吉首大学学报(社会科学版)》2006年第6期。

② 汽油规则是美国为执行两项计划,由美国环境保护局于1993年12月15日制定并发布的汽油与汽油添加剂规则——改良汽油与普通汽油标准。

首先,专家组的审理应当围绕基准措施本身是否符合 GATT 第 20 条展开,而非待遇差异;其次,不仅要审查美国实行的“两种基准”措施是否属于 GATT 第 20 条的一般例外情形,还要审查这一措施是否符合 GATT 第 20 条引言的规定,即“不在情形相同的国家之间构成任意或不合理歧视的手段或构成对国际贸易的变相限制”;最后,美国设定“两种基准”的行为符合 GATT 第 20 条(g)项情形,但该措施不符合 GATT 第 20 条引言规定,原因是美国实行的差异标准属于变相的差别待遇,即引言部分所禁止的变相限制。从本案中可以看出,专家组和上诉机构审查环境标准条款适用的严格性与严谨性。

(二)欧盟石棉案

欧盟石棉案,全称是加拿大诉欧盟限制石棉产品进口措施案,本案起因是 1996 年法国政府为保护民众身体健康而颁布的一项禁止在法国使用石棉的法令(《第 96 - 1133 号法令》),该法令禁止使用所有种类的石棉纤维和含有石棉纤维的产品。法国禁用石棉物质的法令会给加拿大采矿业和温石棉出口业带来严重的经济损失,加拿大为避免欧盟其他国家和发展中国家作出类似禁止措施,于是向 WTO 提出请求,理由有 3 点:一是认为该禁令违反了 TBT 协议中的相关规定;二是该禁令作为一项措施,违反了 GATT 中的国民待遇原则的规定;三是根据 GATT 第 23 条第 1 款(b)项的规定,该禁令的实施抵销或损害了加拿大在 GATT 下的期待利益。欧盟代表法国政府进行诉讼,其抗辩理由是该禁令并不在 TBT 协议的调整范围之内;即使该法令受 TBT 协议调整,也遵守了 TBT 协议的相关规定。另外,欧盟认为,该法令没有违反 GATT 国民待遇的规定;即使该法令违反了 GATT 国民待遇的规定,也能证明法国是为了保护民众健康和生命而采取了必要措施。

专家组作出的裁定认为,法国法令中禁止石棉产品使用的部分不是技术法规,不受 TBT 协议调整;法国禁令中禁止使用的石棉产品和允许在其国内使用的替代产品是相同产品。因此,法国禁止加拿大石棉产品的销售违反了 GATT 的国民待遇原则,最终专家组承认加拿大基于 GATT 第 23 条第 1 款(b)项提起赔偿诉讼的权利,但是没有支持加拿大要求赔偿的实体权利。裁定作出后,加拿大和欧盟均对裁定不服,提起上诉。上诉机构审查后作出裁定认为,法国该法令作为一个整体,是一项技术法规,受 TBT 协议的调整,但是没有对加拿大认为法国违反了 TBT 协议相关规定的请求进行裁定;法国禁止使用的石棉产品和允许在法国使用的相关产品对人类健康的危害是不同的,所以不是相同产品,因此法国法令没有违反国民待遇原则;对于 GATT 第 20 条(b)项以及第 23 条第 1 款(b)项的解释和适用,与专家组意见一致。

(三)泰国香烟案

泰国香烟案是 1990 年美国诉泰国对外国香烟的进口限制和国内税收案的简称。根据泰国《1966 年烟草法案》第 27 条,泰国政府不允许进口香烟及其配料,但允许销售国产香烟,而且对香烟征收各种税费。美国提出该限制进口措施与 GATT 第 11 条第 1 款规定的条款内容相违背,而且根据第 20 条(b)项和第 11 条第 2 款(c)项证明其合理性也缺乏依据。在磋商没有结果之后,美国向专家组提出请求,认定泰国政府采取的限制进口措施违背了第 3 条第 2 款。而泰国则声称,根据 GATT 第 20 条(b)项中的"为保护人类的生命或健康"的相关规定,其采取进口限制措施是合理合法的,它的解释是,要使本国政府采取的控制吸烟的措施产生效果,只有采取禁止进口香烟的手段。并且,泰国政府认为,美国香烟含有更多的有害物质,危害更大。

1990 年 11 月,专家组作出下列裁决:泰国政府对香烟采取的相关税收措施符合 GATT 第 3 条第 2 款,然而,依据第 11 条第 1 款,其采取的限制香烟进口措施是错误的;并且根据第 11 条第 2 款(c)项证明其采取措施的合理性也缺乏理由。专家组还根据第 20 条(b)项,论证泰国政府采取的相关措施是否正当。世界卫生组织(World Health Organization,WHO)的专家意见也被专家组采纳了。吸烟严重威胁人类的健康,在这一点上,专家组和争端当事方以及 WHO 的专家都是持赞同态度的。所以,采取相关措施来减少对香烟的消费是符合第 20 条(b)项的。但是专家组也裁定:泰国政府允许本国香烟的生产和出售,却不允许香烟进口的限制措施,与 GATT 第 20 条(b)项"所必需的"的规定不相符合。对于香烟进口限制,需要符合两个方面的条件才能被认定为是 GATT 第 20 条(b)项规定的"所必需的"的法律内涵,即不存在合理地期望援用方采取的既能实现其健康政策目标,又与 GATT 基本义务相一致的替代措施,或不存在对 GATT 基本义务违反程度更低的措施。[①] 因此,专家组作出的最终报告指出,泰国政府采取的相关措施不符合 GATT 第 11 条第 1 款,且以第 20 条(b)项证明其正当也缺乏依据。

---

① 殷菲菲:《WTO 环境保护例外条款的解读》,载《法制与社会》2010 年第 3 期。

四、生态安全保障背景下环境标准制度的发展方向

环境标准制度经历半个世纪的发展，已在各个国家和国际社会中形成规范体系，不管是技术规范，还是法律文件规范，都极具规模。伴随国际生态安全的区域性和一体化趋势，环境标准制度的作用也从一国环境污染控制发展到国际或区域环境约束。尽管当前世界环境标准体系较为成熟，但仍不可忽略环境标准的国别差异、外部性影响和贸易限制，尤其是在国际生态安全保护意识兴起的当下，需在抓住环境标准带来的国际贸易机遇的同时补齐环境标准的短板。

（一）加强协调保障生态安全的国际环境标准

各个国家和地区针对各自不同的环境保护现状制定了不同的环境标准，其规制侧重点或为控制污染、保护环境，或为保护人体健康和动植物安全，且严格程度各不相同，正是这种国别差异在国际交往中呈现的标准严格与宽松差异，易导致国家间争议。高标准的国家会出于环境保护的目的禁止或抵制低标准国家的产品，尤其是发达国家和发展中国家之间。国家间环境标准的差异是政治、经济、技术等方方面面的原因造成的，但不管何种原因导致，都不能任由环境标准差异继续扩大，毕竟新时代生态安全观下保护环境已不再是某一国或某一地区的责任，其需要各个国家和国际社会的共同努力，因此，要加强协调保障生态安全的国际环境标准，缩小国家间的环境标准差异，使环境利益保护和国际贸易都能顺利开展。

从公平、正义角度来看，协调国际环境标准的职责应当由区域环境组织或国际环境组织承担，因为通常是由相应的组织管理环境事务，与各国对接工作，所以其具有召集各国平等对话、交流协商的优势。在协调国际环境标准的过程中，组织应当从保障生态安全与促进经济可持续发展出发，尽可能地缩小国家间的环境标准差异，尤其是产品环境标准差异和生产、技术环境标准差异，因为环境标准影响最大的是国际贸易。若一味地统一成高标准，则不利于原低标准国家的经济发展；若一味地统一成低标准，则不利于生态环境保护。此外，各个国家还应当积极参与环境标准的协调工作，充分表达本国经济利益保护诉求和环境利益保护诉求，避免贸易壁垒的形成。

（二）重视环境标准制度的国际外部性影响

通常，环境标准是国家或区域用以防止污染、保护环境所制定的，其实施效果

不限于国家或区域范围内,还会影响其他国家产品的进出口和贸易战略的调整。环境标准制度所产生的国际外部性影响包含正外部性影响和负外部性影响。正外部性影响,意指某一国家和地区制定的环境标准会间接地促使向该国或地区出口产品的国家不断提高生产技术和创新能力,以及影响其他国家或地区的环境标准水平。负外部性影响,意指因某一国或地区的环境标准较为严格而产生的连锁反应。如直接导致国内企业或工厂的生产成本增加,而企业为了自身利益就会选择向环境标准宽松的国家转移污染密集型产业。又如,典型的环境污染转移,某些国家将自己国家不符合环境标准的、淘汰的生产技术、设备,以及生产垃圾等通过国际贸易的方式转移到其他国家。20 世纪 90 年代,发达国家为实现环境标准化生产,便将淘汰后的机械设备卖到中国和印度,既能实现其经济价值最大化,还能避免环境垃圾处理成本。

(三)警惕以环境标准为由的贸易保护主义抬头

随着世界生态环境局势逐渐紧张,各国环境意识不断增强,环境标准的制定与实施也将越来越严格。从不同国家或地区之间的国际环境争端,我们也见识到各国掩藏在环境标准适用背后的各种动机,其多半是为保护本国贸易市场,抵制国外低价产品对本国高价产品的冲击,从而影响国内的产业链。未来,在“一带一路”和贸易全球化的影响下,各个国家或多边国家间的贸易往来会更密切,并形成利益共同体。同样,不容忽视的是,只要环境标准的国别差异和环境标准与贸易标准的差异存在,其背后的贸易争夺就不会停止,因此这样的经济真相告诉我们,必须警惕以环境标准为由的贸易保护主义,在遵守环境标准国际条约的同时防止不合理的滥用。

第二节　环境影响评价制度

环境影响评价,是部分发达国家基于工业革命无限度开采自然资源引发的环境污染和以牺牲生态环境为代价的经验教训而提出的保护措施。为确保环境影响评价的落实,各国相继在立法中予以制度化,环境影响评价制度是拟对影响人类环境或可能存在生态环境风险的行动或项目运用环境标准予以评估和考量,通过事先预防评估,将经济开发利用建设项目中的环境影响最小化,以保障生态环境安全。

一、当前国家或地区环境影响评价制度的建立情况

(一)美国

1969年美国《国家环境政策法》(National Environmental Policy Act,NEPA)率先将环境影响评价予以制度化规定,并根据NEPA设立环境质量委员会(Council on Environmental Quality),为保障环境影响评价制度的实施,美国又相继出台了《清洁空气法》、《国家环境政策法实施条例》(Implementation of Procedures on the National Environmental Policy Act)和《国家环境政策法和评估EPA行动对国外环境影响的实施程序》(Procedures for Implementing the National Policy Act and Assessing the Environmental Effects Abroad of EPA Actions)等规定,进一步明确了环境影响评价制度的管理机制、主要内容、实施程序和技术标准,以及公众参与。同时各州需根据国家环境质量委员会要求,制定与上述立法文件一致的环境影响评价实施办法,建立符合各州具体情况的环境影响评价制度,各联邦机构亦需制定NEPA的实施规定,明确各部门在环境影响评价中的职能和责任。

1. 环境影响评价制度的目的

美国环境影响评价制度的目的在于预防并努力减少对生物、环境的有害影响,促使人与环境和谐、可持续发展,让公众认识自然资源和生态系统对国家的重要性、对人类健康的重大价值。①

2. 环境影响评价制度的管理机构

当前,环境质量委员会和环境保护署是美国联邦主要的环境影响评价职能机构。其中环境质量委员会是根据《国家环境政策法》《国家环境政策法实施条例》等规定对联邦政府的计划和活动进行评估,适应美国社会经济、科学艺术和文化利益的发展需要,制定或提出国家政策,促进环境质量的提高。环境质量委员会在环境影响评价制度中具体负责:(1)实施《国家环境政策法》第102条关于环境影响评价报告声明的指导,向下指导各州、各联邦机构的环境影响评价工作;(2)统筹研究,为国会准备年度环境质量报告,并审查环境影响评价报告声明;(3)负责调解有关州之间针对特定重要问题的环境分析争议。环境保护署接受环

---

① 孙巍、于淼淼:《中美环境影响评价法律制度比较与借鉴研究》,载《北方经贸》2017年第11期。

境质量委员会的指定,作为环境影响评价报告声明的主要审查部门,环保署长官直接对联邦行动办公室负责。具体审查内容包括:(1)提出的议案、立法和法规;(2)相关行动或项目的环境影响;(3)不同版本环境影响声明报告(最初版和最终版);(4)审查牵头机构提出的议案是否应当作出环境影响声明报告,若环境保护署认为牵头机构应当作出而没有作出,而该行动又对环境具有重要影响,可以要求其作出环境影响声明报告。

3. 实施程序

美国环境影响评价的具体流程是由环境质量委员会安排的,其根据《国家环境政策法》制定《国家环境政策法和评估 EPA 行动对国外环境影响的实施程序》。大致可分为 7 个步骤:(1)判断是否需要环境影响评价。对拟开展的活动进行法律适用性选择,若相关法律规定拟议活动是免环评项目,则无须进行环境影响评价;若无豁免规定,则须开展环境评价。(2)提议活动需要环评的,则须编制环境影响声明报告,通过在《联邦公报》上发表意图公告,召集联邦政府和机构、地方各州级政府和机构、社会组织和公众等参与确定环境影响评价范围、编制任务、期限、报告书规模的讨论。(3)根据上述讨论,确定环境影响评价的主管部门。(4)编写环境影响声明报告书初稿,在实践操作中,提议行动的相关部门都是可以撰写环境影响声明报告初稿的,如发起部门、下级政府机构等。(5)通过对环境影响声明报告初稿公开讨论、征求意见后,由拟议行动的主管部门编制环境影响报告初稿。(6)将初稿公布于《联邦公报》,举办公开听证会,征求各方意见后,修改、补充初稿中不足的部分。(7)主管部门公布最终稿,并将最终稿分发给各单位、部门、公众,再次征求各方意见后,作出批准或否决的决议。

4. 主要内容

根据《国家环境政策法实施条例》的规定,环境影响评价报告的主要内容包括:(1)拟议活动概况及其他情况(环境现状、活动范围和规划等)、行动目的和意义;(2)各种建议可行的活动方案,对可能产生的环境影响评估、分析和预测,以及将采取的相应环境保护措施或设备;(3)替代方案和补救措施,为应对环境发展的不确定性,作出的备选方案;(4)环境影响评价结论及相关部门的意见。

5. 环境影响评价制度的公众参与

《国家环境政策法》和《情报自由法》(Freedom of Information Act)是明确要求将环境影响评价报告予以对外公开的,前者还提出应征求相关部门、机构、各州政府意见。同时,《国家环境政策法实施条例》对环境影响评价公众参与的程序作出了规定。在美国,不仅环境影响评价公众参与的规定更细致,而且公众参与的权利保障也更充分,公众甚至可以要求联邦政府就拟议活动“无重大影响”认定作出回应。

(二)加拿大

环境影响评价在加拿大最先是以一项政府环境管理制度存在的,直到1988年《加拿大环境保护法》才正式确立其法律地位。1992年出台的《加拿大环境评价法》对环境影响评价的管理机构、适用情形和阶段、实施程序及采用方式等作出规定,该法于2012年修改并生效。新法细化了环境影响评价项目范围,明确指定哪些项目需要进行环境影响评估,哪些项目不需要,并附有包含清单和禁止清单。除此之外,加拿大还针对不同领域制定了环境影响评价规则,如《加拿大港口管理局环境评价规则》《加拿大境外项目环境评价规则》《原住民石油天然气环境评价规则》《联邦授权的合作项目的环境评价程序和要求规则》等。

其实,加拿大早在1964年国际环境质量评价会议上即提出环境影响评价,但受到广泛关注是在美国环境影响评价制度确立和1974年加拿大输气管道项目争议后。加拿大环境影响评价中的替代方案、缓解措施和后续计划、公众参与等内容就是借鉴美国环境影响评价制度,但其独特性在于:

1. 程序细致,分工明确

如前文所述,加拿大环境影响评价在立法上较为完善,其中就包含对实施程序的规定,从拟议项目的概况到环境影响评估,再到预防或缓解措施,最后到环境影响评价结论都有细致规定。另外,加拿大为将环境影响评价落到实处,还将各个环节任务分配到具体责任部门或具体责任人。在政府管理制度层面,加拿大环境部长直接领导环境影响评价工作,各执行部长负责各分管领域环境影响评价工作;在环境影响评价法律层面,加拿大环境评价署全面负责环境影响评价工作,其他联邦机构负责提供信息和建议。环境评价署负责执行环境评价程序以及提升加拿大全国环境影响评价的整体性及协调性,环境部长专门负责环境影响评价报告的审核以及与其他部门或其他省进行环评沟通的工作;审查小组及责任机关,在各自负责的环评报告审核中也有着非常重要的分工及责任。

2. 指定项目环境评估

加拿大环境影响评价制度并非适用于所有影响环境的项目,而是适用于各类指定的项目。根据《加拿大环境保护法》的规定,指定项目可分为3类:第一类是2012年《加拿大环境评价法》第15条第(a)-(c)项的规定,可知核安全相关项目、国家能源相关项目、联邦政府授权的项目及环境评价署的相关项目均须进行环境影响评价；第二类是环境部长指定的项目，但为了避免行政权力滥用，设置了两个条件——拟议项目可能造成重大环境影响和公众对拟议活动的环境影响的意见，足以引起环境部长制定环境影响评价的指令；第三类是清单规则中所包含的某些项目，如水下建设项目对鱼类、水生生物等有影响。

3. 评价对象范围扩展

随着生态安全全球化和可持续发展拓展化，加拿大环境影响评价对象由指定项目逐渐向地区居民、群体、社会发展等方面拓展，从单一的建设项目环境评估到立法政策规划和社会发展环境评估、再到居民和弱势群体生活环境影响，以及生物多样性影响程度等。尽管加拿大是对指定项目进行环境评估，但从其环境影响评价立法和环境评价管理政策来看，其涉及的评价对象越来越广，大到政策法案，小到居民生活，更多地保障了居民享有良好生态环境的权利。

（三）欧盟

因欧盟组成范围特殊，所以其环境影响评价体系也较为特殊。欧盟环境影响评价体系是分级分类的，其包含最高层级的国际条约、欧盟层级的基本条约、成员国层级的国内法。1985 年欧共体在《环境影响评价指令》（85/337/EC）中正式确立环境影响评价制度，规定对环境可能产生影响的公共或个人建设项目需要进行环境评价，该指令最近一次修订是 2014 年。欧盟环境影响评价法律体系下，不同层级的法律功能是不同的，国际条约和欧盟基本条约是明确环境影响评价制度地位的，环境行动计划是提供环境影响评价的目标和指导思想的，环境指令是展现具体环境问题的，是欧盟最具执行性的法律文件；各成员国国内法是在欧盟《环境影响评价指令》（85/337/EC）设置的关于建设项目环境影响评价筛选、实施和程序等最低标准基础之上，详细规定环境影响评价的实施程序、具体操作和解决措施的，如《联邦德国环境影响评价法》在指令基础上进一步明确环境影响评价的概念、原则和具体程序，同时还结合德国原有机构设置有针对性地规定环境评价工作的开展。欧盟环境影响评价制度的优势在于：

1. 跨界环境影响评价制度

基于生态环境一体化和经济发展全球化，跨界环境影响评价在国际合作中的作用日益凸显，因为其不仅涉及减少跨界环境污染、防止生态破坏，还涉及国家间环境争端的解决。该制度有助于国家间在跨界项目合作意向阶段优先评估和预测潜在的环境风险，并在项目实施阶段及时采取预防措施，也有助于明确国际环境合作中各个主体的环境责任。欧盟 1997 年加入《埃斯波公约》,正式确立了跨界环境影响评价制度在欧盟的地位。一般而言,跨界环境影响评价的大致程序是:制订项目开发计划→跨界影响预评估→启动跨界环境影响评价→编制环境影响评价报告→通知受影响国→开展事先磋商→作出项目开发的最后决定→开展项目实施后的跟踪评价/调整或终止项目情况下的利益救济。①

2. 环境影响评价监督机制

在欧盟环境影响评价法律体系下,鉴于环境影响评价机构与具体措施执行机构区分,欧盟提出环境影响评价的目标和要求,各成员国负责落实环境影响评价的具体工作。根据《环境影响评价指令》(85/337/EC)和《战略环境影响评价指令》(2001/42/EC)的规定,欧盟可对指令执行情况加以阶段性审查,检验各成员国落实指令的实际效果,获得成员国信息反馈,以便及时提出针对性建议。欧盟此种环境监督机制不仅可以督促部分成员国的项目实施,还可以及时发现问题;避免在环境影响评价中既当“裁判员”又当“运动员”的尴尬局面。

3. “强制 + 自愿”模式

该模式用于确认拟议项目是否需要进行环境影响评价,也称为筛选。现有的欧盟《环境影响评价指令》(85/337/EC)将项目环境影响评价分为两种:一种是强制性环境影响评价项目。另一种是由成员国自己决定项目是否需要环境影响评价,根据指令中附带的筛选标准来确定项目的环境影响程度,其主要包含以下几个标准:(1)项目特点,即建设项目规模、范围等基本情况,建设项目是否具有危险性,是否会对自然资源和生态环境产生影响;(2)项目地点,即建设项目是否会对选址地的气候、地形、水文等地理环境造成影响,是否会破坏地质结构,是否考虑环境自身承载能力;(3)环境影响要素,即拟议项目会或可能会影响哪些环境要素,如水资源、大气资源和生物多样性等。在欧盟层面“强制 + 自愿”模式下,各成员国的具体规定也有所不同。

二、环境影响评价制度司法适用实践

自 20 世纪 60 年代提出环境影响评价概念以来,各个国家和地区都不同程度采用和发展了环境影响评价制度,经历了从观念引用到政府环境管理制度,再到法律制度的演变过程,实现了从他国借鉴到各国自主发展的转变,逐步从单一建设项目环境影响评价拓展到国际条约、战略部署和公民生活影响的环境影响评

---

① 何艳梅:《国际河流环境影响评价中的国家利益衡平》,载《太平洋学报》2020 年第 8 期。

价。自各个国家和地区环境影响评价制度建立以来,其作用和效果已不仅限于各自管辖范围之内,还惠及本国和地区管辖范围以外的国家和区域,下文将通过介绍环境影响评价制度的国际司法实践来总结跨界环境影响评价制度的发展经验。

(一)乌拉圭纸浆厂案

乌拉圭纸浆厂案,不仅表明了国际社会和国际法院对跨界环境污染案件处理态度的转变,还起到了影响和指引他国和跨界实践的作用。

本案中涉及环境影响评价标准的部分是,阿根廷认为乌拉圭违反了《乌拉圭河规约》,未按照《埃斯波公约》和《环境影响评价的目标和原则》对纸浆厂建设和运营展开全面环境影响评价,将严重影响乌拉圭河的生态环境,同时还存在损害沿岸人民健康和破坏周边动植物的风险,甚至损害阿根廷人对乌拉圭河的观光权益,于是请求国际法院确认乌拉圭违反了跨界环境影响评价责任的义务。2010 年国际法院针对该项请求作出了判决,国际法院认定乌拉圭需按照《乌拉圭河规约》第 41 条规定承担保护乌拉圭河及周边环境的实体义务,应该在批准纸浆厂建立和运营之前开展环境影响评价,但国际法院审查后认为,乌拉圭并未违反该实体义务,原因是乌拉圭在许可纸浆厂建立和运营前已根据国内法程序进行环境影响评价并向阿根廷提交环境影响评价报告,而双方争议的环境影响评价范围和内容并未约定在《乌拉圭河规约》中。另外,双方非《埃斯波公约》缔约国,故可不受其约束,同时《环境影响评价的目标和原则》也不具有法律约束力。该案从实体上确认了跨界环境影响评价的义务,强调各个国家在开发共享资源时,须按照国际法上的一般规定对可能造成跨境环境影响的行为活动实施环境影响评价,尽到环境谨慎义务和风险预防义务。

(二)圣胡安河沿岸道路修建案

圣胡安河沿岸道路修建案(以下简称圣胡安河案)是尼加拉瓜和哥斯达黎加之间因河流利用及其沿岸开展工程等系列问题发生的国际争端。圣胡安河是从尼加拉瓜湖流向加勒比海的国际河流,该案起因是哥斯达黎加想通过在圣胡安河沿岸修建道路的方式加强与相隔领土的联系。哥斯达黎加在开展沿岸道路修建后不久,就通过一项行政法令免除了自身在修建道路前应进行跨界环境影响评价的义务,尼加拉瓜认为哥斯达黎加上述行为损害了其下游的生态环境权益,便于 2011 年 12 月 21 日向国际法院提交诉状,请求国际法院裁决。本案中关于环境影响评价制度的内容是该案争议焦点,即哥斯达黎加是否违反了进行环境影响评价的义务。尼加拉瓜认为,哥斯达黎加违反了其根据一般国际法应承担的在公路建设开始前,尤其是对公路的长度和选址,进行环境影响评价的义务。哥斯达黎加则认为,建设公路并不会使圣胡安河受到实质损害。同时哥斯达黎加还认为,由于尼加拉瓜对伊斯拉波蒂略(Isla Portillos)的占领所造成的紧急状态,它被免除了进行环境影响评价的义务;即使根据国际法其负有义务采取环境影响评价,哥斯达黎加也已经通过开展一些包括2013年的"环境诊断评估"在内的环境影响研究履行了该义务。

经过审查,国际法庭认为根据一般国际法,哥斯达黎加负有进行环境影响评价的义务,且该义务不因其宣称的紧急情况而被豁免,其开展的环境影响研究也不构成对该义务的履行。因此,法庭认为,哥斯达黎加没有遵守一般国际法赋予它的针对道路建设工程进行环境影响评价的义务。但判决中,国际法院驳回了争端双方其他各项请求。法院认为,虽然哥斯达黎加没有履行环境影响评价的义务,但尚未确定道路的建设对尼加拉瓜造成重大损害或违反国际法规定的其他实质性义务。由此可见,环境影响评价义务不适用免责条款,且国际法院在运用环境影响评价制度时通常采用实际损害观点;若未因环境影响评价义务造成实际损害,则无法获得救济赔偿。

(三)巴基斯坦诉印度基申甘加水坝仲裁案

印度基申甘加水坝仲裁案是印度和巴基斯坦两国在1960年签订《印度河水条约》后第一次组建仲裁庭解决水资源利用争端的案件。事件起因是印度在杰赫勒姆河上游修建了基申甘加水电站,巴基斯坦认为该水电站的修建影响了尼拉姆—杰赫勒姆水电站的蓄水产能,同时认为基申甘加水电工程的建设将导致河流改道,对巴基斯坦境内的尼拉姆河谷的生态环境造成严重破坏。于是巴基斯坦要求印度停止基申甘加水坝的建造,双方多次通过印度河水委员会协商谈判,但一直没能达成一致意见。2010年5月17日,巴基斯坦根据《印度河水条约》第Ⅸ条与附件G向印度提出仲裁请求。巴基斯坦的理由如下:一是作为基申甘加水电工程核心部分之一的基申甘加河(尼拉姆河)改道流向波纳迈德马蒂那拉(Bonar Madmati Nallah)支流,是否违反了条约第Ⅲ(2)"让所有西部的河水的流动不受干扰"与第Ⅳ(6)"保持天然河道"的义务;二是除不可预见的紧急情形外,印度是否可以开发或致使径流式水电站的水库水位低于死水位(Dead Storage Level)。巴基斯坦认为,《印度河水条约》第Ⅱ(2)将印度对西部河流的利用(包括水利发电工程)限制于河流流域范围内,基申甘加水电工程使印度对于西部河流的利用超出了尼拉姆河的流域范围，因此，印度建造的基申甘加水电工程违反了此规定，印度无权将基申甘加河（尼拉姆河）改道流向波纳迈德马蒂那拉支流。最终仲裁庭作出裁决，认为基申甘加水电工程为《印度河水条约》附件D中的河床式水电站，印度可以通过基申甘加水电工程将基申甘加河/尼拉姆河改道流向波纳迈德马蒂那拉支流。但是，在建设与运作基申甘加水电工程时，印度有义务维持基申甘加河/尼拉姆河的最低水流量，仲裁庭将在最终裁决中规定此最低水流量。并补充，在任何时刻，印度释放到基申甘加水坝下游的基申甘加河/尼拉姆河的最低水流量为9立方米/秒，同时，基申甘加水坝上游河流的每日平均水流量应达到或超过9立方米/秒。一旦基申甘加水坝上游的每日平均水流量少于9立方米/秒，印度须释放基申甘加水坝上游河流的每日平均水流量的100%到基申甘加水坝下游河流中。

本案虽未直接适用环境影响评价制度，但仲裁庭在裁决时提到在建设与运作基申甘加水电工程时负有不影响和维持基申甘加河/尼拉姆河最低水流量的义务。可见，环境影响评价制度对国际司法具有潜移默化的作用。

三、建立跨界环境影响评价制度的必要性和可行性

随着世界经济全球化和贸易投资自由化，国际生态环境安全逐步呈现一体化趋势。在面对全球严峻的环境形势下，各个国家和地区通过不断的协商和谈判达成生态安全保障的条约和协定，其中就不乏对跨界环境影响评价制度的约定，其目的是落实人类保护全球生态环境安全的共同责任，避免和减少人类活动对生态环境的掠夺式开发，反对以牺牲环境为代价发展经济。环境影响评价作为新国际协定中的四大支柱制度之一，其在世界范围内的认同度为跨界环境影响评价制度的建立奠定了坚实的理论和实践基础。此外，从美国、欧盟等国家或地区跨界环境影响评价制度的发展经验来看，跨界环境影响评价制度是保护不同地域分布的自然资源、跨界经济活动和生态环境的有效方式之一。

（一）建立跨界环境影响评价制度的必要性

1. 构建国际生态安全新格局

从20世纪60年代起，环境问题便引起世界范围内的广泛关注，因为快速的工业化进程和频繁的战争对自然资源的超负荷利用和对生态环境的无限制破坏，使全球生态安全形势一直不容乐观，跨界河流污染、大气污染、生物入侵等问题阻碍了区域和国际经济合作。随着全球一体化和“一带一路”倡议的推动，各个国家和地区的共同体意识不断增强；定期国际环保大会、联合国环境与发展大会和各类

环境要素峰会的召开,使生态环境安全成为日常国际交流与合作中不可忽视的部分。跨界环境影响评价作为环境影响评价的衍生物,不仅要求各类国际主体在可能造成不利环境影响的活动中考虑项目对本国的环境影响,还要承担国际生态环境安全保护的责任,将活动可能影响到的国家或地区的环境因素纳入评估范围,不以国家地理界限划分生态安全保护范围,把生态安全保护当作现代国际交往的基本义务。在新时代国际生态安全观念影响下,若发达国家和发展中国家能主动将跨界环境影响评价制度运用于国际交流与合作中,便能形成国际生态安全新格局,改变"先污染后治理"道路对生态环境造成的不可逆损害;提前将生态安全要素纳入战略、政策、法律制定活动和项目实施中,事先评估活动和项目对相关国家和地区可能产生的环境损害,以便及时预知环境风险、采取预防措施,最大限度减小和避免国际交往活动对相关国家和地区的生态环境造成的不利影响。

2. 促进跨界经济绿色可持续发展

众所周知,大数据时代下区域经济和世界经济发展速度明显加快,跨界经济合作已成为资源整合、互利共赢的新模式,有利于实现市场、技术、劳动等因素的最优搭配、升级新业态。当然,跨界发展并非无限制发展,其既需要遵循国际交往中的一般原则,如尊重国家主权原则、不干涉内政原则等,还需要承担国际交往中的责任和义务,如环境保护义务。跨界经济合作往往因国家或地区间的政治、经济、文化差异存在生态环境安全冲突,若通过跨界环境影响评价制度,提前对相关项目进行环境经济效益分析,便可以做到环境保护与经济发展的统一协调。自然资源和生态环境属于公共物品,各个国家和地区均可享有和使用,若对各个主体的利用不加以限制,极易造成"公地悲剧",且最终后果由全人类承担。跨界环境影响评价制度就是在环境损害发生之前,评估人类行为活动可能对相关国家或地区产生的环境影响,综合考量该环境影响是否在可承受范围之内,是否不可逆,是否会违背其他国家或地区的环境标准等。因此,跨界环境影响评价制度有利于各个国家和地区在经济交往与合作中优先考虑生态环境安全因素,要求各个主体在追求经济价值的同时保障生态价值,为经济发展提供良好的环境基础,促进跨界经济绿色可持续发展。

3. 形成不同主体之间的环境带动效应

一直以来,全球环境治理责任分配是各个国家和地区在生态安全保障方面的争议焦点,共同但有区别责任原则是平衡矛盾、实现公平的主要方式,既强调所有国家在保护和改善环境中的共同责任,又强调不同国家间有区别的责任,主要是发达国家和发展中国家之间有区别的责任,以国家实力、技术水平、环境牺牲程度为划分标准。跨界环境影响评价制度,适用于跨区域国家和地区之间,双方或多方以公约、条约和协定等方式确定跨界环境影响评价的共识,并在具体合作计划、意向和项目中予以体现。例如,《联合国海洋法公约》中规定,公海捕鱼要受到渔业资源的限制,即有限自由,其中就强调了近海国家和区域需对海洋捕鱼活动进行环境影响评估,了解捕鱼活动可能对海洋生态系统和海洋生物产生的影响范围、程度等,针对发达国家和发展中国家的渔业资源现状,完善公海捕鱼活动的管理,改进捕鱼设备,加强防护措施等。跨界环境影响评价制度连接不同国家和地区,有利于生态环境保护经验丰富的国家和地区向生态理念、环境保护制度欠缺的国家和地区传输绿色发展、可持续发展思想和先进的生态保护技术,从而带动生态安全意识较弱的国家和地区重视环境保护,强化生态价值与经济价值并重的观念。

(二)建立跨界环境影响评价制度的可行性

当前,世界范围内大部分国家和地区基于生态环境保护,均已采用环境影响评价制度,或为行政管理制度,或为法律制度。随着国际合作开展的深入,部分国家和地区表现出跨界环境影响评价的需求,认为要吸取过去以牺牲环境为代价的经验教训,用长远的眼光对待经济发展与环境保护的可持续。当然,跨界环境影响评价制度是具备现实可行性的。首先,世界范围内生态安全观的影响力不断扩大,人们普遍意识到生态环境问题与安全问题紧密联系;其次,经过长时间实践,各个国家和地区已明确环境影响评价制度在保护和改善生态环境中的作用,跨界环境影响评价制度可以满足预防和减轻跨界生态环境问题的需要;最后,现有国际组织和部分国家已具备跨界环境影响评价制度的实践经验。

1. 国际生态安全观的广泛影响

环境问题的全球化、生态危机的普遍化,使世界各个国家和地区意识到生态环境的重要性,意识到生态环境问题背后隐藏的安全问题,意识到生态安全的统一性。地球是人类共同的家园,一荣俱荣,一损俱损,全球气候变暖、臭氧层破坏、海洋污染等环境问题造成的环境损害是由全人类承担,而非某一个国家或地区承担,任何国家和地区在生态危机面前都无法置身事外。生态文明关乎人类未来,各个国家和地区应通力合作,携手共建全球生态文明;保障人与自然和谐相处是国际社会的共同目标,此种生态安全观受到世界广泛认可。国际生态安全观在世界范围内引起共鸣,为跨界环境影响评价制度的建立和开展提供了良好的意识基础,尤其是提升了发展中国家对生态环境安全的重视程度,让它们愿意在跨国合作和区域合作中积极配合或主动实施环境影响评价，寻求对环境影响最小的最优方案，从源头上控制和减少环境污染和生态破坏。

2. 跨界环境影响评价制度作用显著

基于自然资源的跨界分布、生态系统的统一性和资源主权共享性，跨界环境影响评价制度成为维护跨界各国或地区生态环境主权、预防环境风险的重要措施。其显著作用体现为以下几方面：第一，理顺跨区域经济发展与生态环境的关系。在传统思维模式中，保护环境是制约跨区域经济发展的重要因素，为追求经济利益最大化便以牺牲环境为代价，过度消耗生态环境。部分国家和地区甚至认为，只有经济实力强的国家才应该保护环境。在战略制定、项目规划、项目建设中实施跨界环境影响评价制度，使各个国家和地区认识到经济发展与环境保护的统一性，认识到良好的生态环境是保障经济可持续发展的前提。第二，保障各个国家和地区的生态环境主权。跨界环境影响评价制度在保障生态环境利益的同时，也是在维护各个国家和地区享有的自然资源开发利用权和优美环境权，国家对自然资源的开发利用主权应当受到适当限制，应该顾及其利用给其他国家所造成的影响。第三，将跨界人为活动对环境的不利影响降至最低，事先预防环境风险。跨界环境影响评价制度通过评估跨区域项目规划、设计和实施等活动的环境影响，提前预测跨界人为活动可能产生的不利环境影响，为制定科学环境保护政策和措施提供依据，从而实现经济效益与生态效益的相匹配。

3. 跨界环境影响评价制度已具备实践基础

早在环境影响评价制度确立前，各个国家和地区基于睦邻友好原则，很重视自身行为活动对其他国家和地区的环境影响。例如，早在19世纪末期，当墨西哥通过外交渠道向美国抱怨美国人对格兰德河（Rio Grandeur）的过度利用，导致墨西哥境内的农户严重受损时，美国政府并没有采纳时任司法部法律顾问朱德森·哈蒙（Judson Harmon）所出具的美国对美国境内的格兰德河有完全的主权，可以自由利用的法律意见，而是派官员到墨西哥境内，对墨西哥人的投诉进行了调查，并且随后在本国采取了一定的矫正措施。又如，20世纪40年代的特雷尔冶炼厂仲裁案，美国政府代表本国受烟气污染的国民，向加拿大提出仲裁请求，要求加拿大管理本国境内的特雷尔冶炼厂，并对烟尘污染造成的损害进行赔偿，本案被诉的污染行为主要发生在20世纪二三十年代。再如，20世纪50年代的拉农湖（Lake Lanoux）仲裁案，西班牙反对法国对拉农湖蓄水能力的改变，担心可能会影响西班牙的利益，仲裁庭虽然肯定法国可以不经西班牙的同意，就利用位于本国境内的拉农湖，但要求法国在利用时，必须考虑西班牙的利益，法国也在仲裁后，对原来的工程方案进行了调整。上述国家实践表明，在很长的时间里，国家或者主动或者被动地关注或管理自己的行为对邻国的环境影响，虽然这种关注或管理，并不是以实施环境影响评价的方式来实现的，但它们体现了跨界环境影响评价制度的实质。《跨界环境影响评价公约》出台以来，跨界环境影响评价制度已在欧盟、亚洲、东盟等地区得以具体实践，其中不仅有发达国家的实践经验，还有许多发展中国家的实践经验，如在“一带一路”能源合作中，中石油管道局为“一带一路”沿线国家承建的石油运输管道，就适用了跨界环境影响评价，充分考虑了管道建设活动对沿线国家的环境影响；其评估项目包括自然资源、地质结构、生物多样性等方面。

四、构建符合新时代生态安全观的跨界环境影响评价制度

纵观当前跨界环境影响评价制度的发展历程，可知其在世界范围内已被广泛接受并适用。但基于国家或地区之间的制度差异性、生态环境复杂性、国际文件多样性等原因，现有跨界环境影响评价制度仍有待完善之处，如国际公约、协定对跨界环境影响制度规定笼统，缺乏可操作性，一些国家对跨界环境影响评价制度认识不足，在国际条约和协定缺乏强制力和执行力时，世界范围内缺少跨界环境影响评价制度实施的监督机制。随着国际合作与交流的增多，世界各国和地区的生态环境保护意识不断增强，面对当前跨界环境影响评价的众多缺陷，确有必要构建符合新时代生态安全观的跨界环境影响评价制度。

(一)细化跨界环境影响评价标准

当前关于跨界环境影响评价的国际性文件，典型的有《跨界环境影响评价公约》(Convention on Transboundary Environmental Impact Assessment)、《联合国海洋公约》、《保护地中海免受污染的公约》(又称《巴塞罗那公约》)等，除此之外，也有部分国家和地区基于睦邻友好而在国内法中规定了跨界环境影响评价的适用情形。面对各个国家和地区参差不齐的经济水平、环境标准和生态条件，细化跨界环境影响评价标准是避免国际冲突、落实国际生态保护责任的有效方式之一。为增加跨界环境影响评价标准的可操作性，其细化须注意以下几点：首先，跨界环境影响评价标准既不能由发达国家单独制定，也不能由发展中国家单独制定，而是应当由发达国家和发展中国家结合各国的经济、社会和科技的发展水平，制定可实际履行的评估标准，并提出减弱环境影响的对策措施。其次，跨界环境影响评价标准应遵循国际法上的共同但有差别原则，即发达国家拟建设项目的环境影响

评价标准应当更严格,而发展中国家拟建设项目的环境影响标准则可以相对宽松,在保障生态安全的前提下,以自身生态环境条件、经济基础和技术能力为参考,着重强调环境风险预防和可实际履行。最后,明确跨界环境影响评价的技术标准。尽管各个国家和地区的环境技术发展水平差异较大,但就生态环境安全保护而言,技术属于客观因素,是能够通过外在条件予以克服的,只有在公约、协定等国际性文件中明确了跨界环境影响评价的技术标准,才能防止各个国家和地区以技术水平落后为借口不承担环境责任。因为在团结协作、互利共赢的当下,环境技术难题可通过国际援助和学习借鉴解决。

(二)建立跨界环境影响评价监督机制

有关国际公约、协定等文件是跨界环境影响评价制度的实施依据,但在国际上不具有强制力。跨界环境影响评价制度得以开展,是依靠各个国家和地区的国内法规定和自觉性,而没有国际组织和机构对跨界环境影响评价的主体、范围和程序等内容实施监督。根据以往的经验,制度的实施若没有监督机制,其效果就会大打折扣,可见建立跨界环境影响评价监督机制具有必要性。跨界环境影响评价监督机制,应当包括监督机构、监督内容、监督程序和追踪监督。

1. 监督机构

既然跨界环境影响评价每次涉及的国家和区域不同,那么从公平正义角度出发可以考虑设立专门的环境影响评价组织或机构,其人员组成可由联合国环境规划署(United Nations Environment Programme,UNEP)推荐,也可由组织本身在世界范围内筛选。该机构接受联合国环境规划署的领导与安排,负责审查和监督全球跨界环境影响评价事务。其主要职责有:监督行为国按照公约、协定的规定开展跨界环境影响预测和评估;督促行为国提交和公开环境影响评价报告,及时履行相应的解释义务;追踪行为国跨界环境影响评价对相关国家和地区的效果,检查环境保护措施配备情况;提供科学合理的建议和意见;对未按照规定实施跨界环境影响评价的国家和地区,可直接要求其开展;追究行为国未履行环境影响评价的责任。

2. 监督内容

跨界环境影响评价监督,主要是监督行为国在战略、规划制定和项目实施前,是否对可能引起重大环境损害的活动进行环境影响评估和预测,是否采取相应的环境保护措施,是否将不利影响减到最小。跨界环境影响评价监督内容,根据拟议活动性质,可分为战略环境影响评价监督、建设项目环境影响评价监督和区域性环境影响评价公约或文件监督;根据监督形式,可分为国际组织管理监督、公众舆论监督和司法监督。当然,跨界环境影响评价监督的核心内容,集中在环境影响大小(直接与间接、短期与长远)、评估方法与技术、替代方案和社会公众环境利益等方面。

3. 监督程序

目前,就跨界环境影响评价制度实施现状来看,相关国家和地区仅对行为国给出的环境影响评价结果予以检测和审查,并未启动过程监督和事后监督。从生态安全维护层面看,跨界环境影响评价并不仅是一项虚设的程序,还关系自然资源的可持续利用和生态环境的平衡发展,因此,跨界环境影响评价监督应当包括事前、事中和事后的全过程监督。监督程序主要是围绕跨界环境影响评价过程展开的,从战略规划、区域性文件出台到项目设计、实施前的环境影响评估工作开展监督,到建设项目进行中环境损害预防措施,再到建设项目完成后项目成果对周边邻国或相关国家产生的持续性环境影响监督。跨界环境影响评价监督机构可根据不同阶段的监测结果给出监督意见,并反馈给建设项目行为国,督促其按照相关跨界环境影响评价公约、协定采取补救、缓解措施。

4. 追踪监督

强调跨界环境影响评价的后续监督和评价是源于环境损害的潜伏性与隐藏性。在跨国和跨区域交往中,一般正面合作与交流都是很顺畅的,但涉及国际冲突与争端时,牵扯的问题就会比较复杂。国际环境争端与纠纷的解决往往是依赖于国际司法机关,而要寻求司法救济,不仅要提供国际法依据,还要提供充分的证据证明损害事实和因果关系。如果不对跨界项目成果追踪监督,该项目对他国的环境损害在几年后才显现出来,那么对于相关国家寻求环境司法救济就会有所阻碍,尤其是发展中国家。追踪监督主要是要求行为国对自己可能产生环境影响的活动负责,在环境损害发生时,行为国及时给予补救或补偿,以免相关国家遭受无辜的损失。根据《联合国海洋法公约》的相关规定,各国有必要对国家管辖区域外所开展的活动进行监测、审查和评估并遵守与授权有关的任何条件,具体可要求项目行为国向相关国家提交定期后续环境影响评价报告,并对出现的环境问题予以解释和说明。同时,相关国家可定期检查建设项目的环境影响情况,监督环境基线和环境资源因素的变化情况,审查后续环境影响与初始环境影响结果相符。

第三节　公众参与制度

一直以来,公众参与制度在环境保护中占有举足轻重的地位,其在国际生态安全中也不例外。公众参与制度是公民、法人和其他组织在环境保护法律法规赋予的权利与义务下介入和监督环境立法、执法及环境开发利用活动,通过允许公众广泛参与监督、积极发表意见来维护公众享有的环境权益。近年来,随着生态文明建设理念和绿色发展理念的盛行,环境保护原则的调整,公众参与制度也逐渐成为约束政府进行环境管理的硬性指标,如涉及周边环境污染风险的,要求举办听证会。一国之公众参与制度的落实程度,往往关系一国民主决策的科学程度,它是在公众知情权基础上赋予公众参与环境决策、开发和救济的一条渠道,以便公众能及时反馈环境活动中的盲目之处。

一、生态安全中公众参与的理论基础和实践情况

(一)公众参与的理论基础

众所周知,公众参与是一个涉及政治学、经济学和社会学的融合性理论,其不仅可以适用于环境保护,还可以适用于政府治理等。源于公众参与理论的冗杂性,学术界对公众参与制度的理论基础争论不休,当前主要的理论有环境公共财产理论、环境权理论、协商民主理论。

1. 环境公共财产理论

环境公共财产理论是基于自然环境要素与人类生活的不可分性,将环境要素脱离于传统私有财产范围,纳入公共财产范围,把大气、水、土壤等自然要素委托给国家并加以管理,全体公民与国家之间是委托方和被委托方的关系,国家作为全体国民的委托代理人,必须对全体国民负责,从国民利益出发,妥善管理和保护环境资源。该理论下,国家是环境资源的直接责任主体,既可以对环境资源进行开发、利用和管理,又可以遏制环境污染和生态破坏;国民作为环境资源的所有者,可以对国家的环境管理行为和开发利用行为加以监督和制约。① 环境公共财产理论为公众参与提供了系统化思路,为公众参与环境管理提供了正当性,为行

---

① 黄锡生、黄猛:《环境公众参与原则理论基础初探》,载《2004 年中国环境资源法学研讨会(年会)(2004.7.22－27·重庆)论文集》(第 3 册)。

政权力约束提供了合理性。

2. 环境权理论

如上述所言，环境公共财产理论使公众享有监督和约束政府环境管理行为和利用行为的权利，但该理论未赋予公众以实权。如果行政机关在环境管理或开发利用活动中滥用职权、权力寻租，公众应当向谁提出诉求，以及谁来代表公众提出，均是问题所在。针对以上问题，有学者提出，应将公众权利予以细化，要求在环境公共财产理论基础上赋予公众环境权，因为公众作为自然环境的享有者，其应享有在良好自然环境下生活的权利，当身心健康因环境污染或生态破坏受到损害，其可基于自身权益受损寻求行政救济或司法救济，以保个体安全。这一理论的提出，引发轩然大波，尽管国际范围内对该理论争论不止，但该理论也得到国际上的部分支持，如《联合国人类环境会议宣言》将环境权确立为一项基本权利，认为人类有权在良好的环境中，享有平等、自由和幸福生活条件的基本权利。

3. 协商民主理论

"协商民主"一词最早源于《协商民主：共和政府的多数原则》一书，用于阐述政府治理；其认为政府的有效运作必须经由公众参与来实现。协商民主以其独特的理论指导和运作方式为政治权威和公民权益提供充分交融的平台，在民主实践过程中推进了形式平等向实质平等的迈进。① 按照领地发展规律，公共领域是从私人领域的母体中脱胎而来的。在此基础之上形成的公共领域不受政治和经济的干预，而是私人通过商谈自由表达对公共问题的关心而形成的特殊公共空间。它可以通过话语交往形成公共舆论的方式，讨论和处理具有普遍性的公共事务，并监督和制约国家公权力。以上论述也道破了生态安全与公共治理之核心要义，环境保护和生态文明建设离不开社会公众参与。反观公众参与的作用，就可知协商民主是公众参与的理论基础，在用于防止权力滥用的同时，也提高了公众生态环境意识。

（二）公众参与的实践情况

鉴于公众参与具有保障公众环境权益、保护生态环境、提供监督等实际效用，不少国家将其当作环境保护的重要原则和制度，运用在环境管理或生态环境治理中，包括环境立法、决策、项目实施等方面。另外，许多国家还将公众参与设置成

---

① 卫欢：《公众参与：基本内涵及理论基础》，载《农村经济与科技》2016 年第 12 期。

程序性权利,为公众参与环境保护活动提供形式平等。当前公众参与不仅规定在各国环境法中,还切实运用于各国环境执法、司法中,具体如美国《清洁空气法》、《清洁水法》(Clean Water Act, CWA)和《综合环境反应、赔偿与责任法》(Comprehensive Environmental Response Compensation and Liability Law, CERCLA)等对公众参与的规定,日本"邻避"项目实施过程公众的监督性参与,中国环境污染司法纠纷的相关公众参与。公众参与作为一项国际社会援引的重要制度,其在各个国家和国际社会具有丰富的实践。

1. 公众参与的环境立法情况

就世界范围来看,公众参与的立法情况可分为国际社会或区域组织制定的国际条约和各个国家制定的环境法律。当前涉及公众参与的国际环境条约主要有《联合国气候变化框架公约》、《生物多样性公约》和《奥尔胡斯公约》等,尽管不同的公约保护不同环境领域,但其均从解决环境问题、保护人类环境健康权出发,保障公众参与环境决策、管理和司法的知情权和救济权。公众参与在各国环境法律中无处不在,早在1969年,美国就在《国家环境政策法》中规定了允许公众参与的环境影响评价制度,[①]之后,日本、加拿大、瑞典、中国等国家也相继在各自国内环境法中对公众参与加以规定,其目的或出于保护公民环境权利,或鼓励和促进公民保护环境,或预防环境保护违法行为的发生。当然,以上仅是部分国家关于公众参与的基本立法情况。随着世界环境保护意识的增强和公民权利意识的提高,公众参与已有许多专门立法,如中国《环境影响评价公众参与办法》等。

2. 公众参与的环境执法实践

环境执法是行政机关及工作人员依照国家相关环境法律或环境政策为一定行政行为或不为一定行政行为。环境执法须贯彻相应的立法目的和原则,但环境法律规定或决策通常是作出原则性规定,不同的环境执法机关及工作人员在开展具体工作时,须根据不同区域的生态环境、执法能力、接纳程度等情况制定不同的执法方案,作出不同的行政行为。这一过程,就需要行政机关及工作人员根据自身的学识和理解能力进行自由裁量,正是因为自由裁量具有操作范围和权力空间使得行政权力易变质。在微观层面上生态环境关系公民环境权益,在宏观层面上,更关系国家安全和人类长远的发展,因此,在环境执法中行政权力可严不可宽,亟须公众参与的严格监督。公众参与环境执法的环节既可以是企业或工厂进行环境影响评价的过程,又可以是环境污染或生态破坏事件处理的过程。前者如

---

① 张辉:《美国环境公众参与理论及其对中国的启示》,载《现代法学》2015年第4期。

中国的建设单位在开展可能造成不良环境影响并直接涉及公众环境权益的相关自然规划或项目时就应当依法听取环境影响评价范围内的公民、法人和其他组织的意见，此处的“应当”就是“必须”的意思，即行政机关在进行环境执法时就必须强制要求公众参与；后者如日本“邻避”项目中的公众参与，在经历20世纪70年代以前的环境污染事件的频发阶段后，“邻避”项目所涉及的环保问题开始引发公众担忧，面对该难题，日本正式引入公众参与制度，让公众参与渗透到“邻避”项目的选址、环评、建设和运行的全过程。

3. 公众参与的环境司法实践

公众参与作为公民环境权利保障的利器，不仅为世界各国适用于环境政策制定和环境行政管理，还适用于国际司法和国内司法中。公众参与环境司法的具体方式包括提起环境诉讼、参加庭审及对监督判决执行，以及表达案件相关意见等。当前，公众参与环境司法实践较为成熟的国家有美国、加拿大、德国等，其特点各不相同。

(1)美国——公众参与公民诉讼

美国公民根据其《联邦环境法》的规定，基于既有损害事实、因果关系等提起环境诉讼，公众只需满足法律规定的原告适格条件即可提起，此简称公民诉讼。公众参与决定了公民诉讼主体的广泛性，一个典型的公民诉讼条款授权任何人可以针对任何违法行为人提起诉讼，强制要求其遵守法律规定，同时要求政府履行法定的强制性义务。公众参与除体现在公民诉讼的提起外，还体现在法官对公民诉讼的解释和法律适用上，通常法官在解释时会将公众参与当作必要形式。例如，在塞拉俱乐部诉SCM公司案中，法官引用了美国参议院在制定《清洁水法》“公民诉讼”条款时的立法报告，认为在环境管理过程中实现高度的公众参与对于修复和保护自然环境目标的实现是非常必要的……EPA和州政府应当积极鼓励和帮助公众参与水质标准的确定及其后续实施和执行。由此可见，公民个人完全可以通过司法途径来保护自身环境利益。

(2)加拿大——公众监督环境裁决执行

加拿大公众也可以参与环境诉讼，除公民享有提起环境诉讼的权利外，其侧重点在于公众可以参与环境判决的执行监督。加拿大为保障公众的该项权利，还专门出台了《环境执行法案》，搭建创新平台，强制要求公司公布自己的违法信息，同时法院公布违法细节和对违法者的裁决，公众可在特定的平台了解以上信息，然后在实践中去监督违法者是否根据司法裁决的要求在执行。此外，加拿大环境部还要求所有有环境违法行为的企业进行登记，且保证至少5年内不会删除记录,以便公众在需要时可以查到企业的违法信息。这样的公开透明不仅保障了公众的知情权,还赋予公众参与环境执行监督的可行性,让公众切实参与环境司法。

(3)德国——公众参与环境公益诉讼

德国公众参与环境司法的典型代表是环境公益诉讼,与英美国家不同的是,德国公众不能以个人名义参与环境公益诉讼,因为公益诉讼与私人诉讼在目的、性质上截然不同,公民个人提起环境公益诉讼易面临举证难、成本高等问题。另外,通常一个环境违法行为影响的是不特定人,若允许公民个人提起环境公益诉讼,易导致滥诉现象和久拖不决现象。为避免上述问题,德国公众参与环境司法的方式是环境团体诉讼,由适格的环境团体代表公众提起环境公益诉讼,根据德国《环境法》和《联邦自然保护法》的规定,环境团体提起环境公益诉讼需满足两个条件:第一,组织形式必须长期稳定;第二,诉讼目的必须是维护环境公共利益。以环境团体为主体,代表公众参与环境公益诉讼,可以发挥其专业优势和技术优势,实现环境公共利益的最大化。

二、国际生态安全保障中公众参与的必要性

公众参与是生态环境保护的重要制度保障,其在环境保护方面取得的实际效果,使其逐步发展成为一些国家或地区的宪法性权利或环境法基本原则。面对生态环境恶化态势和自然资源紧张局势,世界各国与国际组织高度重视,主动参加国际环境会议,签订多边环境条约,主动承担环境责任,履行保护环境的义务。但是,即使是国际组织和国家间的环境合作,也无法避免环境保护中权力与权利的冲突、权力滥用或权力寻租等问题,其需要公众参与使环境信息公开透明,需要公众参与来监督行政权力,需要公众参与来广纳环境意见。

(一)保护良好的生态环境是公众参与国际生态安全保障的出发点

经历过两次工业革命后,世界经济飞速发展,同时严重的环境污染、生态破坏、资源浪费等问题也随之而来,环境污染事件(如伦敦烟雾事件、水俣病事件)在20世纪中期集中爆发,于是20世纪六七十年代掀起环境保护热潮,人类逐渐意识到生态环境恶化给人体健康和社会经济发展带来威胁。在此背景下,人类表达出维护良好生态环境的愿景,并通过一系列国际环境公约表现出来,如1972年《人类环境宣言》提出"只有一个地球",强调面临环境问题,各个国家要相互帮助;1987年《我们共同的未来》提出的可持续发展理念,表达出经济发展不能以牺牲环境为代价的观点,以及既要保护当代人环境权益,又要保护后代人环境权益的公

平原则。可见,保护良好的居住环境和生活环境是公众参与国际生态安全保障的出发点。

(二)确保生态安全决策的科学性和可行性

保护国际生态安全需要国际组织、区域组织、国家等主体分工负责、共同完成。根据以往各国制定生态安全决策的经验,一般是以环保机构局部调研或统计数据反映现状,其短板在于自上而下的调研数据通常具有阶段性和遮蔽性,因此不能全面、整体、透彻地反映出全部问题,容易忽视对决策不利的问题和潜在影响。反之,公众作为利害相关人,享有环境权利,可以针对可能影响自身健康或环境权益的行动或行为发表观点及意见,基于其切身之观、切身之感提出不同立场的想法。公众参与国际生态安全保障,能让决策制定机构听到更多不同层面、不同角度的声音,吸取更多实地建议,使生态决策更具体、更科学,能减少后续公众阻力,使生态安全决策的执行更顺利。

(三)防止国际关系因生态安全问题恶化

环境资源紧张、自然灾害频发、全球气候变暖等一系列问题,使全球环境一体化观念逐步产生,人类将生态环境问题与国家安全以及人民生态权益紧密联系在一起。在经济全球化趋势下,随着跨国贸易往来的增多,跨界环境污染、生态破坏事件也随之增加,两国或多国之间通常就跨界生态环境问题的来源、法律适用、争端解决途径等产生争议,并据理力争。虽然跨界生态环境问题的事后解决是依靠国际法规则,但从根本上看,生态环境问题是可以从源头上和过程中避免的。如公众可以参与源头上的跨界环境影响评价,对环境项目计划提出意见和看法;可以参与过程中的“三同时”,即监督建设项目中防治污染设施是否与主体工程同时设计、同时施工、同时投产使用。公众参与跨界生态安全决策、建设项目、争端解决等,不仅可以保障跨界公众的环境知情权,还可以监督建设单位履行环保责任。鉴于生态安全关系国家安全和国际安全,公众参与还可以有效阻却一国以贸易形式向他国或地区转嫁污染,避免生态破坏。由此可见,公众参与可以防止国家间关系因生态安全问题而恶化。

(四)保障跨界公众环境知情权与决策权

众所周知,公众参与制度是一种双向交流,其在监督环境管理与实施过程的同时,也让公众及时了解了环境基本信息,并能表达出自己的担忧和意见。通常,一项国际生态安全决策或一个建设项目会对双方或多方国家的公众产生影响,且同时伴随国际经济、文化、技术等多方面交流。若不让双方或多方公众充分参与,易产生因不尊重国际交往原则、不尊重公众基本权利的国际群体性事件或争端。此外,也不乏部分极端势力以此为由挑拨国家间关系。跨界公众参与第一步是让公众知晓决策、项目本身及其可能存在的风险,第二步是公众基于已知晓的信息发表自己的观点和建议。可见,公众参与可以保证跨界公众的环境知情权与决策权,不仅可以降低公众对跨国环境决策或项目的猜疑,还可以提高公众参与环境保护的积极性。

三、完善公众参与制度跨界适用

过去公众参与制度在世界各国被广泛适用的同时,也为国际组织所广泛采用,运用于环境政策评估、跨界环境合作项目监督、跨界环境纠纷解决等方面。未来伴随国际合作的增强,公众参与会更全面地适用于国际生态安全保护中。公众参与制度跨界适用,是不同国家或区域公众根据双边或多边国际条约赋予的权利,参与跨国家或跨区域环境决策、建设项目、争端解决等活动,是跨界环保组织或不同国家政府汲取公众智慧,以确保环境政策的合理性,国际环境条约或协定的公正性,以及开发项目的正当性。面对当前国际环境公众参与存在的环境信息公开程度差异、公众参与程序差异和环境申诉与救济渠道差异,我们需要在遵循国际法规则和国际习惯的基础上,完善公众参与制度跨界适用。

(一)签订跨界环境信息公开条约

早在1998年,联合国欧洲经济委员会就制定了《关于环境事务中的信息获取、决策制定中的公众参与和获取正义的公约》,环境信息公开是主要内容之一。众所周知,跨界环境信息公开的前提是不同国家或区域需就环境信息公开的事项、范围、方式等达成一致。在国际层面上,面对不同国家或区域的不同环境法规定,不同宽严程度的环境保护标准,要完成高质量、有效的跨界环境信息公开,则需要不同国家或地区之间"求同存异",即不同国家或地区在国际交往合作上寻求环境信息公开的共同点,允许国家或区域内部存在环境信息公开差异点。当然,"求同存异"在国际交流合作中不能仅靠双方或多方的口头约定,为体现国家契约精神和国际约束力,通常采用国际法上公认的条约形式。在"一带一路"倡议和经济全球化推动下,不同发展水平国家间和区域间的环境合作逐渐增多,为公众更好地保护生态环境安全,更充分地参与国际环境事务,不同国家或区域的政府、环保组织须提前签订跨界环境信息公开条约,将跨界环境政策、建设项目和环境纠纷情况充分告知给公众,尊重公众的环境知情权。

(二)增加公众跨界参与途径

通常,环境保护公众跨界参与途径少于国内环境保护,因为公众跨界参与是超越国别界限的,其行为活动须遵循国际交往中的国际法基本原则和国际习惯,如不干涉他国内政原则、和平解决国际争端原则等。尽管当前环境保护公众跨界参与途径较为单一,且受国际法认可的途径更少,但比起生态环境损害的不可逆性,公众跨界参与途径是可以增加的。既然国内常用的游行、示威等方式在国际上行不通,那么可以转变公众参与形式,确定符合国际交往原则、获得不同国家认可的方式。例如,《保护臭氧层维也纳公约》规定,任何在臭氧层保护方面有资格的国家、国际机构、政府或非政府组织都可向秘书处申请成为观察员,观察员可以参与会议、提供建议、发布意见、游说成员国等。又如,英国和德国通过成立环境非政府组织来代表公众参与野生动物保护,以及建设项目计划、实施等工作。

(三)国际组织中公众参与的申诉渠道与损害救济机制

受到环境侵害或损害的利益相关者有畅通的环境申诉渠道,并能获得合适的救济,是环境公众参与制度的保障。① 通过了解不同国家内部的公众参与申诉和救济制度发现,能为公众不受限制使用的环境申诉渠道和损害救济方式是少数,大部分公众很难通过行政复议、诉讼方式来救济权利,由此可见,公众跨界参与环境保护的申诉与救济必须要摆脱各国内部现有的申诉渠道和救济方式。放眼全球,尽管部分国家公众参与的申诉与救济机制不完善,但部分国际组织的实践经验却值得借鉴,其中比较完善的国际组织是欧盟委员会和北美自由贸易组织。前者环境申诉与救济方式有:(1)公民、政府、商业等利益相关群体可以向欧盟委员会咨询或申诉成员国不遵守欧盟环境法的问题,欧盟委员会就收到申诉进行调解或说服成员国政府采取措施,如果发现成员国违反欧盟法,欧盟委员会可以向该国发出警告,提出意见和改正时间;(2)若以上方式未产生震慑效果,欧盟委员会还可以选择将成员国起诉至欧洲法院,或对成员国处以巨额罚款。后者环境申诉与救济方式是根据《北美环境合作协议》建立环境投诉机制,即公众、企业、非政府组织(No-Governmental Organizations,NGO)等可以直接向秘书处投诉成员国的环

---

① 朱源:《借鉴国际组织经验,完善环境公众参与制度》,载《团结》2015 年第 2 期。

境违法行为，秘书处审查后，会根据是否符合规定作出回应，并公开处理事实、程序、结果等内容。

总的来说，跨界公众参与的申诉与救济就是要突破某一国家的主权限制，保障公众参与多元主体的申诉、救济权，同时能够规避国际环境条约缺乏执行力的弊端，建立相应的督促遵守机制，搭建公众跨界参与环境保护的申诉、救济平台（渠道和途径），确定不同国家或区域都信任的监督机构或组织。

第四节 环境信息共享机制

一、环境信息共享机制的概念

近年来，跨界环境问题频发，引发国际生态安全保护热潮，国际社会呼吁世界各国通过增加全球或区域环境合作来抵御或降低跨界环境风险。在信息全球化背景下，为节约社会成本和合理配置环境资源，以及提高环境信息利用率，环境信息共享机制应运而生。环境信息共享机制，即不同信息主体间通过互联网平台分享各自拥有的生态环境信息或环境产品信息，并经过不同主体间的沟通、交流，实现环境信息的共享。该机制既可以适用于国内生态环境保护，又可以适用于国际生态安全保障，此处主要论述国际生态安全保障中的环境信息共享机制。

二、环境信息共享机制的特点及作用

（一）环境信息共享机制的特点

1. 共享性

环境信息共享机制的共享性，是指世界各国或地区将从环境保护实践中得来的环境信息无偿分享出来，使其他国家或地区均可享有和使用，并可在此基础上丰富或增加新的环境信息。共享性下，各个主体不强调对环境信息的所有权，也不强调环境信息交换的对等性。

2. 导向性

环境信息共享机制中搜集、发布的信息都必须是与环境相关的，其具体可以涉及自然资源、生态环境等多方面。导向性强调各个国家或地区在环境信息共享机制中，应该以保护生态环境、建设美丽地球为方向，追求可持续发展和绿色发展，秉持人与自然和谐相处的理念，发布有助于改善环境、治理环境的环境信息。当然，导向性不仅可以为各个主体提供信息搜集、发布和利用的方向，还可以避免

意图不轨的主体打着环境保护的旗号滥用或泄露信息，威胁信息安全。实践中，为确保导向性，可以提升环境信息筛选和管理机制，也可以加强环境信息的监督，专门审查针对环境保护或生态和谐的环境信息。

3. 无限性

环境信息共享机制是长期存在且适用于国际生态环境保护的，由不同主体提供环境管理、技术、经验等信息，供其他主体用以保护生态、改善环境。该机制中环境信息的宽度、维度和深度是无限扩展的，即各国主体既可以使用其他主体提供的环境信息，也可以在此基础上不断丰富和深化，得出更快速、更高效、更便捷的环境信息，可见，环境信息的不断繁衍、更新和创造证明了其无限性。无限性既表现出人类社会对生态环境的不断认知能力，又表现出各个主体在环境保护领域对环境信息的利用能力，其在国际生态安全保障中发挥举足轻重的作用。

（二）环境信息共享机制的作用

通过了解环境信息共享机制的含义和特点，可知环境信息共享机制是大数据时代下减少跨界环境纠纷、提升环境治理效率和改善生态环境的重要手段。环境信息共享机制不仅能展现世界各国为保障生态安全共同努力的决心，还有助于世界生态安全观的形成。

1. 提升跨国环境纠纷应对能力

一直以来，跨国环境纠纷在世界范围内接连不断，如1938年发生在美国与加拿大之间的特雷尔冶炼厂仲裁案，1986年发生于莱茵河沿岸各国的莱茵河事件，2005年发生在中俄之间的松花江水污染事件等。从20世纪到21世纪发生的跨国环境纠纷不可数计，甚至有很多污染类型相同或相似的案例。可见，即使有前车之鉴，其他国家和国际社会也无法避免类似事件的发生，这其中的缘由，或因生产设备落后，或因治理技术有限，或因管理监督不严等。每个环境纠纷事件背后的原因都不尽相同，但根据过去的经验和时代的需求，信息交流可以减少相同或类似环境污染事件的发生，降低全球生态安全事故风险，因此，在信息化时代之下环境信息共享机制应运而生。环境信息共享机制可以增长部分国家和国际社会的信息量，有条件地接受先进国家或地区的环境管理经验、治理经验、技术水平等，然后用于环境污染预防、治理、争端解决等方面，在一定程度上可以及时止损，缩小环境污染事件影响范围，从而提升世界各国或地区应对跨国环境纠纷的能力。

2. 推动国际生态安全保障的创新与共赢

随着世界命运共同体和全球环境合作意向的达成，保障国际生态安全已成为世界各国或地区发展经济的前提。环境信息共享机制在全球或区域环境合作基础之上，积极号召各界主体在世界范围内共同分享各自掌握的环境信息，以帮助其他主体克服环境保护难题。一项制度的推行实施，不仅需要政策指引和管理部署，还需要平台创新、多元配合、措施改进等。就环境信息共享机制在世界范围内的推进而言，既需要各个国家或地区之间的环境共识，又需要依托环境信息的共享平台，可见，环境信息共享机制可从实际需要中推动国际生态安全保障的创新与共赢，促进不同国家之间、不同国家与国际或区域环境组织之间、不同国际或区域组织之间形成关于环境信息共享的合作，实现环境保护与经济发展的互利共赢，如中国－东盟环境信息共享平台的建立，使中国与东盟多国在环境法规、环保制度和生物多样性等方面实现共享。

3. 提高全球生态环境治理效率

信息化时代和大数据时代的到来使信息成为重要的国际资源，信息多寡逐渐成为国家软实力和竞争力的标志，并获得全世界认可。环境信息作为生态安全保障的核心要素，掌握多少、早晚、粗细往往决定谁能拥有环境保护的发言权。环境信息共享机制通过互联网实现环境信息在区域或全球范围内的共享，极大地缩短了环境信息被发现、被搜索和被传递的时间，即用最短的时间实现环境信息在相关主体之间的合理分配，让环境保护意识、技术较弱的国家或区域能得到最直接的帮扶，从而提高全球生态环境治理效率，避免更多的自然资源和生态环境遭受破坏。

三、当前国际环境信息共享机制的现状分析

信息及信息的获取是有效保护环境的前提条件。环境信息共享机制随着生态环境保护的重要性日益凸显，加之现代科学技术的飞速发展，逐步得到世界各国和环保组织的认可，并不断丰富和完善环境信息共享机制的立法、技术和管理等。当前，国际环境信息共享机制存在管理困难、沟通不畅、渠道欠缺等问题，其中大致的原因为国际交往原则与规则束缚、国别差异和共享技术差异。在全球环境形势不断紧张的情形下，世界各国意识到环境信息共享有助于实现互利共赢；科技进步和互联网技术也让国际环境信息共享机制具备可行性。尽管环境信息共享机制在全球范围内仍不成熟，但通过已有的环境信息共享实践也可以得到发展经验和改进建议。当前国际环境信息共享典型代表有奥地利与欧洲、中国－东

盟,其分别代表不同时期的环境信息共享合作。

(一)奥地利与欧洲

公民环境权意识的增强和环境信息对政治民主的影响,促使奥地利进一步修正《环境信息法案》(2004 年),提高环境信息获取与传播的要求,增加政府的透明度,并在此基础上成立环境信息的电子政务工作小组,目标是建立环境信息的一站式服务,这为后面参与欧洲共享环境信息系统奠定了基础。2008 年,欧盟正式提出建立环境信息共享系统(Shared Environmental Information System,SEIS),为欧洲各国的环境管理和政策制定提供信息支持,同时也为方便其他非政府组织或公众提供信息便利,SEIS 是将欧盟各部门、组织、成员国及其他合作伙伴联合起来,建立一个环境数据的中央数据库,各类环境信息均包含其中。

奥地利与欧洲的环境信息共享便以上述两项工作为依托,由奥地利建立中央环境信息门户网站,各主体可经过该网站检索和获取所有由联邦政府、其他成员国、各省、各组织公布的环境信息(经过处理后以统一标准格式呈现),其前提是该网站的建立须符合奥地利政府的法律和欧盟 SEIS 框架的要求。在共享系统下,奥地利掌握环境信息门户网站的所有权,由其统一协调和管理信息服务和系统维护,同时承担向政府和欧盟递送报告的义务。奥地利通过运用自身先进的数字信息网络技术和欧洲广泛的环境信息源,实现了环境信息共享;该做法不仅缓解了信息提供机构搜集、整理和发布环境信息的压力,还减少了环境信息获取的成本。

(二)中国－东盟

在“一带一路”倡议的引领下,中国与东盟的关系更加紧密,从沿线基础设施建设,到高品质的经贸往来,再到环境保护合作。随着中国－东盟双边合作项目的增多、合作内容的深入,生态环保领域的合作也需升级,以保障双方更长远的合作。2018 年 9 月,在中国－东盟环境合作论坛上正式启动中国－东盟环境信息共享平台,通过环境大数据合作来推动生态环保领域的创新与共赢。该平台以网站为媒介,涵盖生物多样性信息和环境可持续城市两个专题平台,组建了平台工作组,制定并通过了《中国－东盟环境信息共享平台实施方案》。目前,在这一平台上,中国与东盟多国在环境法规、环保制度和生物多样性等方面已实现信息共享。该平台的建立可以缩小环境信息和数据发展差距,提高环境管理和规范化水平,促进区域绿色和可持续发展。

通过以上分析发现,环境信息共享机制须建立在双边或多边友好合作的基础之上,遵守国际公约或条约的规定,以解决生态环境问题、促进全球或区域环境可持续发展为目标,充分运用新时代信息网络技术和大数据来实现环境信息的跨界共享。

四、构建符合生态安全一体观的环境信息共享机制

面对同一地球环境的人类,须在保护地球生态环境、保障生态安全问题上站在统一立场上,形成生态安全一体观,即将地球环境问题视为全人类共同面临的生态安全问题,而非某一国家或地区的生态安全问题。尽管当前世界范围内已有环境信息共享机制的先例,但仅限于小区域范围内的环境信息共享,且仍存在管理困难、沟通不畅、渠道欠缺等问题。因此,为解决现有环境信息共享的难题,实现全球环境信息共享的目标,需构建符合生态安全一体观的环境信息共享机制,其主要内容应包括原则、平台建设、交流反馈、配套监测四个方面。

(一)环境信息共享机制的原则

环境信息共享机制的原则,是指政府、国际组织、非政府组织等各个主体在参与环境信息共享活动过程中应当遵守的国际法原则。该原则为各个参与环境信息共享的主体所公认,普遍适用于环境信息在全球或区域范围内的共享。根据国际法原则和环境信息共享的特性,环境信息共享机制的原则包含信息协作原则、平等开放原则和信息安全原则。

1. 信息协作原则

信息协作原则,是指在环境信息共享机制下,各个环境信息主体可以根据其他主体分享的不同环境要素信息、不同环境风险信息以及环境条件信息来提高自身环境保护水平,改善环境质量,还可以在其基础上综合自身环境信息,形成新的环境信息分享给其他主体,基于各个主体间的相互协调与合作,使环境信息的搜集、发布、获取等活动更高效、便捷。信息协作原则有助于跨区域的信息主体达成环境共识,推动跨区域的环境信息共享,因为仅环境信息的宽泛性,就足以阻碍搜集主体的工作进度,更何况跨区域的环境信息还受到国际法和当地法律的保护,可见被动方式无法顺利地完成环境信息共享,唯有各个环境主体自愿主动达成环境信息共享的共识,才能打破跨区域的信息隔离和信息庇护。当然,信息协作原则并非简单的环境信息交换,而是不同区域的整体环境信息合作,包括地理空间、人文、自然以及环保经验等信息。

2. 平等开放原则

适用于国际范围内的环境信息共享机制的提供主体是国家、国际社会组织等，受益主体是国家、企业、公众等。平等开放原则是保障不同主体在环境信息共享过程中的平等地位，一方面，是保障各个主体不因经济发展程度差异遭受区别对待，如发达国家和发展中国家的经济差异；另一方面，是避免因政治地位不同而享有不同的环境权益，如政府与公众的权力地位差异。平等开放原则保证各国主体提供的环境信息向所有公众开放，充分保障公众环境知情权；不仅可以为环境信息共享的开展提供稳定的国际环境，还可以减少各个主体因地位不平等而产生的国际环境争端，提升世界各国开展环境保护长远合作的意向。

3. 信息安全原则

环境信息共享中的环境信息由各类主体提供，涉及不同区域、不同类型和不同来源，甚至可能涉及国家机密或行业机密。在大数据时代，环境信息的搜集、传播、发布和利用大多都是通过网络系统进行。因此，环境信息共享机制必定离不开信息安全原则。信息提供者从保护环境信息的知识产权出发，以信息安全原则为基础；信息传播者和信息利用者遵循信息安全原则，是确保信息所有者对环境信息享有除允许共享外的完整性和保密性。该原则包含环境信息本身安全和环境信息共享网络安全，前者是防止人为泄露，后者是防止网络系统、硬件和技术故障。

（二）搭建环境信息共享平台

环境信息共享平台则是实现环境信息共享的载体，通过该平台可以突破环境管理时间和地域限制，确保环境信息的客观性、真实性。环境信息共享平台应当由构建需求、组织管理、信息资源、共享规则和共享技术 5 方面组成。它们之间相互制约、相互配合，其中以需求为导向，管理为约束，信息为内容，规则为秩序，技术为保障。跨界环境信息共享平台应该涵盖各类主体的环境信息系统、全球环境信息数据库和各环境要素行业的环境信息系统，具备管理、协调、更新数据等能力。

（三）环境信息的及时交流反馈

跨界环境信息共享机制中的及时交流反馈，是针对不同国家或区域内环境保护法律、政策、规划以及合作计划的实时更新情况，或者针对跨界环境信息共享中存在的问题、取得的成果与经验进行沟通交流，其目的在于避免因各主体的环境信息数据更新或纠正不及时造成环境损失，给予其他环境信息传播主体和利用主体缓冲时间，及时采取环境预防或保护措施。假设把松花江硝基苯污染事件放在环境信息共享机制中，中俄双方基于水体污染情况、原因、影响展开及时沟通与交流，中方适时通报水污染信息和水质变化，就可以给予俄罗斯缓冲时间，让俄罗斯就重点污染源采取限排、稀释等限制措施，从而缩短水体污染时间，降低环境污染损失。

（四）环境信息共享的配套监测

所谓"任何事物都具有两面性"，看到环境信息共享优势的同时，也不能忽略其劣势所在，如因常见的监测信息不同步、监测系统不统一导致环境风险信息流、环境信息缺失、环境决策失误等后果。跨界环境信息工作的配套监测应当独立于环境信息共享平台，交由专业的第三方进行，首先是基于监测人员、系统的专业性，可以提供更接近于实际情况的监测信息；其次是保证跨界环境信息共享监测的公正性，因为跨界环境信息共享是在不同国家或区域的主体之间开展的，若由其中任一主体监测都有失偏颇；再次是监测信息的安全性，第三方不仅具备安全系数高的专业系统，而且也有专业人员进行维护；最后是监测工作的实时性，独立第三方有能力、有时间对跨界环境信息共享进行实时监测。当然，跨界环境信息共享的配套监测不仅包括环境信息流动数据监测，还包括环境要素信息的阶段性监测。例如，在国际河流水环境信息共享中监测上游水质和污染源的同时，还要监督下游水质变化及污染情况。

第五节　环境交易制度

环境交易制度又称为环境使用权交易制度，是指企业或工厂在国家法律规定的污染物排放总量范围内通过削减"富余量"，并将"富余"削减量以信用卡的形式储存在国家环保局认可的银行中，①然后通过有价买卖的环境市场将"富余"削减量转让出去。该制度的核心是用市场经济手段刺激各个主体参与环境保护的积极性，对于创新、环保、绿色型企业和工厂来说，不仅可以享受国家环境保护补贴、税收优惠等措施，还可以通过环境保护行为将"富余"削减量转化为经济价值；对于污染型企业或工厂来说，可以通过购买"富余"削减量来完成该企业或工厂的环

① 吕忠梅：《论环境使用权交易制度》，载《政法论坛》2000年第4期。

境排污目标,避免遭受高额环境罚款或其他处罚。可见,环境交易制度对于国际生态环境保护具有重要作用。

一、碳交易制度

(一)碳交易制度的国际法基础

1.《京都议定书》

根据《京都议定书》的规定,到2010年,所有发达国家排放的二氧化碳等6种气体的数量,要比1990年减少5.2%,并对其各自的减排目标作出了详细的规定,并规定发展中国家在2012年前都不需要承担减排义务。同时《京都议定书》第12条确定的清洁发展机制(Clean Development Mechanism,CDM)中提出,“附件一所列缔约方可以利用通过此种项目活动获得的经证明的减少排放,促进遵守由作为本议定书缔约方会议的《公约》缔约方会议确定的依第三条规定的其量化的限制和减少排放的承诺之一部分”,即发达国家向发展中国家实施减排项目或购买温室气体排放量获取经核证的减排量,由此便开创了碳交易模式。

2.《联合国气候变化公约》

《联合国气候变化公约》中“共同但有区别原则”和发达国家的减排帮扶义务是碳交易机制的国际法基础。第一,该公约第3条第2项规定,应当充分考虑发展中国家缔约方尤其是特别易受气候变化不利影响的那些发展中国家缔约方的具体需要和特殊情况,也应当充分考虑那些按本公约必须承担不成比例或不正常负担的缔约方特别是发展中国家缔约方的具体需要和特殊情况;第二,要求发达国家限制温室气体的排放,并向发展中国家提供资金和技术援助。以上规定为碳交易制度的建立提供了产生国际环境市场的可能性,给发展中国家创造供应能力的同时也给发达国家制造了需求。

(二)当前全球碳交易市场的发展现状

在实体经济和虚拟经济结合发展的时代,碳交易作为新兴行业快速发展,全球碳交易市场规模和产值不断扩大。截至2019年,全球碳交易市场总价值增加了34%,比2017年碳市场价值增加了4倍,即使在市场收紧的情况下,所有主要碳市场价格均出现上浮。同时,碳市场的繁荣使碳金融产品更新加速,因为不断的市场需求会刺激碳排放配额和碳减排信用交易出现,此时交易所就会定制相应的标准合约产品,产品交易频率的增加就会带动碳市场的流通性,从而达到抑制碳交易市场风险的效果。碳交易市场初期，发达国家是碳交易市场的主力军，但随着全球经济的深入发展和碳交易市场知名度的不断提升，碳交易主要的卖方市场已逐渐向发展中国家转移。尽管全球范围内的碳交易市场数量不断增加，但直至目前全球碳市场并未统一，各地碳市场发展不均衡，毕竟区域市场的碳交易商品、合同结构、管理规则都不尽相同。

纵观世界范围内，各国碳交易制度实践已经集中形成欧洲、美洲、大洋洲和亚洲四大碳交易区域，分别是欧盟、美国、澳大利亚和日本。它们代表4种不同的碳交易模式，各有所长。

（1）欧盟碳排放交易体系（European Union Emission Trading Scheme，EU-ETS）

截至目前，欧盟碳排放交易体系仍是全球碳交易市场的引领者，不论是碳交易量还是碳交易额，均占全球碳市场总量的3/4以上。① 欧盟内部已经成立了几大具有严格政策监管和规范的温室气体排放交易所，如欧洲能源交易所、欧洲气候交易所、奥地利能源交易所等。欧盟目前处于第三交易阶段，该阶段取消了国家分配方案，调整成了欧盟范围内统一的排放总量限制方案。欧盟逐渐将核算、交易的范围从单一的二氧化碳排放扩大到一些新的工业领域和两种非二氧化碳温室气体排放。初始配额分配的方式，也慢慢从免费配额向拍卖配额转变。其交易的主要方式仍是欧洲与国际两个市场之间的配额现货交易。交易全过程受到经欧盟碳排放交易体系认可的第三方核查机构的严格核查和监管。

（2）美国气候交易所

当前美洲有4个碳交易场所，美国3个，巴西1个。区别于欧盟，美国并未建立国内统一的碳交易体系，其国内有3个区域碳市场，除芝加哥气候交易所外，还有东部及中大西洋10个州区域温室气体减排倡议（Regional Greenhouse Gas Initiative，RGGI）、加州全球变暖行动倡议。企业自愿签订协议加入该总量限制交易体系。核算、交易的范围不仅仅是二氧化碳，还涵盖《京都议定书》中其他6种温室气体。配额竞拍是其取得配额的主要方式。交易的产品包括与碳排放权相关的现货、期货和其他金融衍生品。市场参与者可通过注册、交易、清算与结账操作平台，在网上实施操作并委托独立的第三方机构，对配额拍卖行为进行监管。芝加哥气候交易所是一个自下而上的自愿温室气体交易体系，市场配置占主导地位，灵活度很高。

---

① 杨苻：《碳交易市场发展现状、前景及对商业银行的影响分析》，载中国电力网，http://www.chinapower.com.cn/jnhb/tjy/20200309/10152.html。

(3)澳大利亚碳交易体系

澳大利亚是世界上最早实施强制性温室气体减排计划的国家之一,在2003年就启动了温室气体减排计划。① 目前,大部分碳排放配额由清洁能源局拍卖,价格由市场决定。涉及的交易气体为《京都议定书》中规定的6种温室气体。涉及的行业包括电力、运输、农业、工业、排污和油气等行业。澳大利亚太平洋交易所和澳大利亚天气交易所是澳洲提供碳排放交易的主要交易平台。澳大利亚气候变化局、清洁能源管理局和生产力委员会对交易过程实行联合监管。

(4)日本自愿排放交易体系

日本自愿排放交易体系(Japan Volun-tary Emission Trading Scheme,JVETS)下减排项目需要通过环境省的审批后才能获得相应的项目费用补贴。企业也可以在电子平台上注册并进行温室气体排放权的交易。日本主要以项目合作的方式参与碳交易,参与交易的企业以食品加工业和一般制造业为主,靠资金和技术支持抵消自身减排指标。日本碳交易市场中的交易产品主要是一种量化的减排信用额度,由经环境省认可的核证实体进行监管;如果参与的企业不能完成减排目标,则退还全部政府补贴。

(三)构建保障生态安全的国际碳交易制度

1. 国际法律支持

在《京都议定书》和《联合国气候公约》的支持下,碳交易得以产生,全球各地的碳交易市场也相继建立。各个国家或区域为碳交易市场的正常运行制定了相应的国内法律。目前,尽管全球并没有统一的碳交易市场,但通过总结过去20年的经验可知,完备的国际法体系是国际碳交易制度建立的前提。在全球这个开放大市场内,碳交易市场管理、运行和监管原本就比一国国内的碳交易情形复杂,因此只有原则性、普遍性的《京都议定书》和《联合国气候公约》还远远不够。因为无论是碳配额的初始分配,还是参与主体、参与方式的多元途径,以及碳交易的非强制性监管,都需要通过法律形式固定下来,才能更好地抑制交易风险和划分交易责任;唯有将国际碳交易市场运行纳入法律体系,才能保证国际碳交易市场的平稳。除此之外,国际法律也是目前世界各国普遍认同度最高的文件。

2. 恰当的配额分配方式

碳排放配额分为免费配额模式、配额拍卖模式和“购买 + 灵活拍卖”配额模

① 施平、李长楚:《碳排放交易国际比较与借鉴》,载《财会通知》2016年第19期。

式,其典型代表是欧盟碳排放额分配和澳大利亚碳排放额分配。当然,每种碳配额分配模式之下要求的客观条件是不同的。例如,欧盟免费配额模式下,需要严格的监管体系,否则,会造成市场配置失衡和市场分配不公,因为免费配额初期是为了鼓励企业参与;只要参与,就会发放供给大于需求的数量,而政府为保证减排目标的实现就会调节配额总量,因此免费配额模式下碳交易市场就存在不确定性,影响配额市场分配。最值得借鉴的是澳大利亚"购买 + 灵活拍卖"的配额模式,其通过先固定价格向政府购买配额后再循序渐进地转变为灵活拍卖的方式,让碳排放交易在政府的主导下逐步市场化,既发挥了政府的权威稳定性,又发挥了市场的公平灵活性。由此可见,恰当的国际碳配额分配方式,可以调整碳交易市场运行的秩序,维持碳交易市场的稳定性、公平性和效率性。

3. 碳交易产品多元化

随着全球碳交易市场的日益繁荣,越来越多的发展中国家和其他主体参与其中,因此为满足多元化主体的市场需求,应该丰富碳交易产品的种类,由传统的碳排放权现货、期货、期权交易逐步实现碳交易衍生品交易行业,例如,碳汇投融资、碳指标交易、碳理财等金融产品。国际碳交易制度下碳交易市场的产品多元化,有助于增强市场流通性,刺激技术进步,实现节能减排。

4. 独立的监测核查体系

纵观全球各地碳交易市场的监测核查体系,不难发现独立的监测核查体系是确保碳交易市场稳定运行的保障,是碳排放交易结果得以确认的前提条件,因为,无论是碳排放权交易还是核算过程中都容易存在数据造假的问题,并由此造成严重的经济损失。监测核查体系可以帮助确定历史排放、实际排放和排放与配额的差额,能够促进配额向减排信用转化。关于碳交易市场的监测核查体系,可以参考和借鉴欧盟和美国的监测核查机制,可以由国际碳交易组织或碳行动伙伴组织授权独立、公平、公正的第三方机构,由其对双方或多方的碳交易过程进行监测核查,并直接向授权组织报告。该做法可以直接回避行政权力干预,保证碳交易过程中监测核查信息的客观性。

二、绿色金融制度

近年来,生态环境保护逐渐成为国际重点关注话题,人们普遍认为,良好的生态环境是经济持续健康发展的必要条件,各个行业提倡要坚持绿色发展和循环发展,于是金融行业便提出绿色金融,用以推动绿色、包容性经济发展。绿色金融强调金融机构在投融资时要充分考虑环境因素,减少或停止对污染项目的支持,加大对环境治理项目的支持，将环境因素纳入金融机构的风险管理体系，实现金融体系自身的可持续发展。随着国际生态环境保护意识和可持续发展观念的深入人心，绿色金融已成为一种引领社会资本进行新型投资的新兴产业，它在促进全球经济发展的同时还培育出新的经济增长点。

（一）绿色金融概述

目前，国际上关于绿色金融的定义并不统一，较为权威的定义是在 2016 年 9 月发布的《G20 绿色金融综合报告》中："'绿色金融'指能产生环境效益以支持可持续发展的投融资活动。这些环境效益包括减少空气、水和土壤污染，降低温室气体排放，提高资源使用效率，减缓和适应气候变化并体现其协同效应等。发展绿色金融要求将环境外部性内部化，并强化金融机构对环境风险的认知，以提升环境友好型的投资和抑制污染型的投资。"当然，绿色金融并非 21 世纪才起步，20 世纪后期国际上就已经出现绿色金融。1994 年，英国环境律师休德瓦（Hugh Deva）撰写的一篇名为《绿色金融》的文章中，直接提出绿色金融和环境风险、法律责任之间的关系，并将国际现有的绿色评级、养老基本投资绿色产业等纳入绿色金融范畴。在绿色金融的众多定义中，其有狭义和广义之分。狭义定义偏向认为绿色金融是一种金融工具，用于评估金融行业的环境现状，确定绿色金融支持的重点行业和重点技术；广义定义则侧重于"绿色"在金融行业的可持续发展问题，强调环境风险对金融系统的影响，即更偏向于宏观经济发展。

尽管当前绿色金融的定义在全球范围内未得到统一，但大多数国家都认同，绿色金融是环境经济的一部分，其目的是改变环境与经济的对立关系，将环境外部性问题转化为内在经济增长动力。发达国家与发展中国家关于绿色金融的分歧点在于"绿色"的范畴，发达国家认为化石能源属于"非绿色"，而发展中国家认为只要节约使用化石能源，降低能耗就属于"绿色"。当前绿色金融的规模仍在不断扩大，其涉猎的行业、项目和产品也在不断增多，其未来环境效益和经济效益是不可估量的。但当前这种靠行政力量推动的绿色金融是存在缺陷的，若要实现绿色金融的独立发展，就需要政府培养金融市场自主运行的能力，即金融市场的自发调节。

（二）绿色金融的主要内容

随着金融市场需求的不断增多，绿色金融产品和服务的供给也不断增加。在联合国环境规划署发布的《绿色金融产品与服务》报告中，列举了近年来市场上超过百项的相关产品和服务，其大致可分为 3 类：一是直接支持绿色产业的金融产品，包括涉及环保与节能减排的项目融资、绿色信贷、绿色债务等；二是商业银行开发的与个人节约能源和保护环境相关的金融产品，如环保汽车贷款、绿色信用卡等；三是碳排放交易相关项目，如碳排放评估、担保、交易等。鉴于绿色金融产品与服务的数量繁多，将着重介绍当前国际绿色金融市场 3 种主要的产品和服务，即绿色信贷、绿色债券、绿色保险。

1. 绿色信贷

绿色信贷，是指银行业金融机构对具备环境正效应或能够降低环境负效应的项目提供优惠利率和贷款支持。绿色信贷是将生态环境要素和企业行为纳入金融行业的决策中，把符合环境标准、污染防治措施和生态保护行为等作为信贷审批的重要前提，通过提高企业贷款门槛引导企业环保，转变企业“先污染后治理”的思路，实现环境问题的源头防治。当前，国际金融市场中绿色信贷的产品和服务分为两类：一类是针对个人、家庭和中小企业的零售市场业务，如住房抵押贷款、商业建筑贷款和汽车贷款等；另一类是面向大型企业和公司提供的批发市场业务，如再生能源项目融资。

在绿色信贷中有一项最熟悉的原则——“赤道原则”，这是一套非强制性国际自愿性准则，用以决定、衡量以及管理项目融资中的社会及环境风险。目前全球有 36 个国家的 81 家国际性金融机构正式宣布接受“赤道原则”，囊括新兴市场 70% 以上的国际融资项目贷款。经过 10 余年的发展，“赤道原则”已在全球范围内得以成功且广泛的实施，其项目不仅分布于发达国家，还分布于发展中国家。例如，中国作为发展中国家的代表，积极投身于绿色信贷实践，根据生态环境部环境与经济政策研究中心 2011 年发布的绿色信贷报告对中国市值排名前 50 位的银行绿色信贷进行排名，这一排名主要围绕绿色信贷战略与管理、绿色金融服务、组织能力建设、沟通与合作等方面进行。评估结果显示，兴业银行排名居首，是唯一获评 A 级（80 分以上）的银行。①

2. 绿色债券

绿色债券，是指募集资金最终投向符合规定条件的绿色项目的债权债务凭证。它与普通债券的区别在于投资项目类型，通常涉及节能、环保、生态、气候等领域，追求的是绿色效益。绿色债券兴起的原因仍然是全球环境问题突出，引发国际投资者的关注，使责任投资理念逐渐发生变化。从 2007 年绿色债券在国际市场上诞生开始至 2012 年，全球累计发行约 100 亿美元，发行主体集中于欧洲投资

---

① 何茜：《绿色金融的起源、发展和全球实践》，载《西南大学学报（社会科学版）》2021 年第 1 期。

银行(European Investment Bank,EIB)、世界银行(World Bank)、国际金融公司(International Finance Corporation,IFC)等多边发展性金融组织和政策性金融机构。根据联合国环境规划署金融行动机构的调查报告,2016 年全球绿色债券发行量已经达到 860 亿美元,可见绿色债券在国际金融市场的受欢迎程度。

绿色债券市场迅速增长,得益于其自身具备的发行机构信用级别高、享受免税政策、项目筛选严格、信息披露机制等特点。对于责任投资者来说,绿色债券还具备风险较低、回报相对稳健的特点。目前绿色债券主要有四大类:一是特定收益用途绿色债券;二是特定收益用途绿色收益担保债券;三是绿色项目债券;四是绿色资产支持债券。其中绝大多数绿色债券是特定资金用途债券,为发行人提供直接追索权。

3. 绿色保险

环境污染问题不仅会阻碍社会经济发展,还会损害人类身体健康和生活环境,于是各国便相继出台法律法规,加强企业环境风险管理。绿色保险,是指环境风险管理有关的各种保险安排,其实质是将保险作为一种保障经济可持续发展的金融工具,以应对与环境有关的问题。① 近年来,绿色保险的种类已由单一的环境污染责任保险发展成为多元化保险产品并存的局面,如除环境污染责任保险以外,还有可再生能源项目保险、绿色出行车险、农业保险等。

严格的环境立法是绿色保险发展的前提,尤其是环境立法对环境责任、惩罚机制的规定。当然,欧盟和美国法律对环境污染责任保险的具体规定是存在一些差异的。例如,美国《超级基金法案》要求,可能导致环境污染的企业须具有承担环境责任风险的财务能力;而欧盟《关于预防和补救环境损害的环境责任指令》(以下简称《欧盟环境责任指令》)对于各成员国更类似于纲领性指引,各成员国可以根据本国的实际情况决定是否采取强制性环境责任保险措施。除此之外,强制性保险机制和多方环境合作也是绿色保险健康发展的重要因素,前者是增强企业抗风险能力,后者是通过不同行业合作获取专业优势和成本优势。如德国保险业协会和德国工业联合会对推动环境责任保险的发展起到了重要作用。

(三)构建国际绿色金融制度

1. 给予绿色金融发展基本保障

当前,绿色金融中的“赤道原则”、绩效标准和绿色债券原则等内容仍属于国

---

① 田辉:《中国绿色保险的现状、问题与未来发展》,载《发展研究》2014 年第 5 期。

际自愿性规定，尽管它们为国际投资者和金融机构在可持续性绿色项目投资和管理上提供了指导，但自愿性机制下绿色金融的具体内容能执行多少，执行效果如何就无法保障了。倘若不对绿色金融作出强制性要求，那么很有可能收效甚微。绿色金融的发展可以从当事国加入倡议开始，要求其遵守统一绿色金融标准。具体而言，对涉及国际绿色金融项目运作的，从投资准入、项目融资、项目保险等方面给予优待。如对绿色金融机构简化其准入手续，对绿色金融支持项目可以优先为其办理手续，给予免税或免费提供一定期限的场地等。因为全球项目建设资金缺口大、初始投入高、项目成本回收周期长，如果没有获利空间，私人资本是不会进入的。另外，对绿色金融项目和非绿色金融项目区别对待，会间接提高绿色金融项目的获利，以市场信号的方式发出政策导向。在保险上可以要求各个国家强制对建设项目进行环境责任保险，以防止环境损害事件发生后，项目公司无力赔偿，而将治理负担转嫁的情况。

2. 贯彻绿色金融法治理念

环境法律是绿色金融建设的前提和基础，将现有绿色金融的理念和政策予以制度化和法律化，一方面，可以为金融机构和各大企业的项目融资行为提供指引，避免各金融机构不采用绿色金融标准或者采用较低的标准，防止制度性套利；另一方面，一些一般性和原则性的要求，并没有强制约束力，一旦出现机构违反或不遵守的情况，根本无法以强制手段进行纠正。特别是，如果环境和社会责任对公司声誉没有重大影响，其采用遵守规则的战略动机就会减少。就赤道银行而言，没有正式监督和惩戒机制，意味着所有赤道银行无论其实际行为如何，都会获得一些声誉上的好处。这可能会导致不负责任的金融机构声称履行，实际上不打算履行它们的承诺。贯彻绿色金融法治理念要从两个层面实施，一个是国内层面，另一个是在东道国层面。这就要求各个国家要积极进行绿色金融法治合作，也就是所谓的政策沟通。

3. 绿色金融国际法律配套

构建国际绿色金融制度必不可少的就是法律保障，尤其是国际法律配套。鉴于国际活动中仅靠硬法约束无法产生良好的法律效果，因此建议采用“硬法与软法”相结合的方式，由硬法规定绿色金融的原则、规则和法律责任等，软法为绿色金融提供灵活空间，因为软法合法化的条件并非像硬法那样严格，因而其相比硬法往往更容易实现。尤其是在一些硬法要求国家放弃或对自己的主权进行限制的情况下，这样的硬法往往很难通过。在硬法无法实现的条件下，软法为规范国际秩序提供了一种选择。此外，软法还能够促进具有不同利益观和价值观的国家和国际组织、机构等在不同的程度上进行妥协,从而促进相互有益的合作。各个国家在绿色金融法律机制构建的问题上难免有利益的冲突,这时可以先达成一个最低限度的硬法供各个国家去遵守,同时制定限度较高的软法供自行选择适用,并在今后的发展中,逐步将软法硬化,提高硬法的标准。

4. 强调技术与规则并重

国际绿色金融制度绝不能仅仅以追求吸引资金向绿色项目流动为目标,还应当着力于可持续发展。积极引导金融机构积累绿色项目运营和管理方面的经验,一则可以为本国的绿色金融发展树立学习标本,二则项目的成功可以通过交流的方式向其他国家推广。如在技术层面,要加强针对绿色金融项目的专业人才培养。绿色金融虽然倡导的是绿色投融资以及绿色项目管理,但是其本质仍然离不开金融这一核心。绿色项目所需资金多为长期资金,而金融机构的资金来源多为短期,如果用短期资金去为长期项目融资,这有可能会引发流动性风险。如何实现这二者之间的平衡,则要考验金融机构的管理能力。另外,在绿色项目的认定与评判标准方面,主要包含对生态环境影响、能源消耗指标、污染物排放指标等。单从某一国家来看,该评价体系完全是一个技术性的,但是如果两个国家之间的技术指标不一致,就会造成适用和沟通困难,这时就要发挥规则的作用,将不同的技术、规则进行整合,因而在某种程度上讲,技术和规则二者不可分离。国际跨国投融资必然会引起资本的流动,倘若一段时间内资本向某一国家集中流动,则有必要对其进行限制,这就涉及资本集中流动的监控技术指标和资金融通的规则相协调的问题。此外,针对一些实施绿色金融经验比较丰富且业绩良好的金融机构和公司,可以考虑在规则制定上向它们倾斜,允许它们制定行业标准,并将该标准进行推广,将这些标准传授给其他金融机构和公司,使其高效规范化运作。

第六节　生态安全审查制度

2014 年 4 月 15 日,中国明确将生态安全纳入国家安全体系,并将生态安全保障作为国家安全的重要部分,提出通过生态安全审查把握经济建设和贸易往来中的生态环境风险。但随着世界经济往来的频繁化和国际生态环境形势的恶劣化,生态安全问题似乎已隐约成为国际社会稳定发展的绊脚石,即现有的生态安全审查内容,已无法满足当前经济全球化和国际生态安全保护的实际需求,因此,亟须建立生态安全审查制度来规避国际贸易往来中的生态风险。此外,无论是从国际生态安全现状而言,还是从生态环境的代际公平角度和社会稳定发展角度而言,生态安全审查制度均可发挥重要作用。

一、生态安全审查制度概述

生态安全,是指自然和半自然生态系统的安全,即生态系统完整性和健康的整体水平反映,其为人类生产、生活和健康等方面不受环境污染和生态破坏的保障,包括空气质量、水标准、生物安全、海洋等方面。鉴于生态安全关系到国家安全和人类健康,以及地球环境,审查的意义便在于调控生态环境风险,将引起生态安全问题的人为因素降至最低,并通过审查来维持国际生态安全平衡,同时也帮助部分环境保护水平欠佳的国家避免经济损失。

(一)国际生态安全审查的含义

国际生态安全审查,是指国际生态安全组织通过制定不同生态要素产业、行业、价格、技术等标准,对进入国际市场的各种产品及提供者进行安全审查,重点是审查产品的安全性和可控性,以及生态威胁性。一方面,防止产品提供者借助国际贸易往来中流通产品之便,破坏、污染相关进口国既有的生态环境系统;另一方面,避免进口国假借保护自然资源、生态环境和人类健康之名而制定一系列限制进口措施,给出口国造成经济损失。简言之,生态安全审查是各国基于维护本国生态安全需要对进出口贸易、投资等行为及产品加以审查。

从结构上看,生态安全属于国家安全,但从社会价值和影响范围上看,生态安全的外延似乎更大,其生态价值具备无限性。生态安全还能影响整个自然系统的生死存亡,甚至影响人类无数后代的生活环境质量。可见,生态安全审查的意义不仅在于现阶段的风险防范,更在于未来长时间的环境质量保护。

(二)国际生态安全审查的构成要件

1. 审查对象

根据生态安全审查的含义可知,其审查对象是具有贸易投资往来关系主体的行为及产品。其实,生态安全审查并非只审查环境产品、项目和行为,而是将生态安全审查作为国际贸易投资往来的日常检查项目。

2. 审查范围

国际生态安全审查主要针对生态环境要素受到影响的程度,如大气、水、生物群落等受国际贸易或国际投资污染或破坏的风险。如对跨国石油运输行为进行生态安全审查,就可能审查该行为对海洋环境污染的程度,以及该进口石油产品是否含有危害人类生命、安全、健康的物质。

3. 审查标准

目前,生态安全审查的标准是涉案产品和行为是否危害人类身体健康,是否破坏既有生态系统和是否属于为保护贸易而蓄意设置的绿色壁垒情形。

4. 审查程序

生态安全审查程序是一种强制性程序,类似于海关进出口检查。首先,需要出口国报告国际贸易或投资行为及产品涉及的生态环境要素;其次,进口国根据双方或多方国际条约规定的环境标准审查行为及产品是否具备违法情形;再次,将有争议的行为或产品提交国际生态安全组织进一步审查,或直接提交国际仲裁、法院;最后,根据审查的具体情形作出最终的审查结论,以确定该贸易或投资行为是否对生态安全构成威胁。

二、生态安全审查制度必要性

(一)降低生态安全问题发生率

从生态学角度看,生态安全保障无疑是国际贸易投资活动的重要前提。生态安全审查在生态安全保障方面,除了应制定生态安全审查适用的情形、标准和严格程序外,如果在生态安全审查领域相关国内立法不完善、缺乏实践经验和审查标准差异大的情况下,对已有的国际法律规范和法律制度的直接援引和利用,并自觉接受严格的国际组织(国际生态安全组织)监督,不啻为较为务实的经验做法:一方面,可以有效地解决因国家间生态安全审查标准、程序不统一可能带来的贸易投资行为隐藏生态环境威胁的风险;另一方面,也可以有效地实现对不同行为主体及产品的监管,从而避免灾难性生态安全事故的发生。例如,WTO 与中国野生动植物的国际贸易中,进口国会依据《关税及贸易总协定》第 20 条的规定来审查出口国的产品、行为措施是否具备威胁本国生态安全的情形或风险。

(二)预防国际贸易往来中的绿色贸易壁垒设置

生态安全审查的作用包括但不限于生态环境的保护,还可以影响国际经济形势走向,改善环境与贸易的关系。全球生态环境问题日益严重,使环境与贸易的关系紧张,在国际市场竞争压力之下,部分国家就会通过生态环境保护来完成贸易保护主义目标,如绿色贸易壁垒。众所周知,欧盟环境标准较为严格,其不仅对产品质量设置高标准,还对产品原料、生产技术和工艺等提出高要求,之所以从原材料选择、产品生产、商品流通、市场消费到废弃物处理都适用环保标准,是因为为了实现保护生态环境和公众健康这一目标。当然,随着世界经济全球化趋势和发展中国家经济实力增强对欧盟经济市场的冲击,我们需要警惕欧盟设置的绿色贸易壁垒,因为根据过去国际贸易往来经验,欧盟通常以制定环境标准来限制低价商品的进口,以此来缓解欧盟经济低迷和就业压力。

(三)生态安全审查守护国家安全底线

生态安全是国家政治、经济、文化、军事安全的载体,即国家安全的重要基石。生态安全审查是实现贸易与生态兼顾、防范与治理兼顾、常态与非常态并重,通过加强生态环境风险的把控来增加各种生态环境要素的稳定性,从而为国家政治、经济、军事、文化安全提供良好的环境保障。当今时代,综合能力水平是衡量国家发展的重要指标,其中包括政治、经济、军事等能力的竞争,尽管生态安全是国家安全的一部分,但在国际竞争层面其往往容易被忽略。所谓"成也萧何,败也萧何",如果生态安全不被国家重视,则很有可能危及国家安全,同时生态环境保护又往往贯穿于正常国际交往活动中,容易被一些不法主体钻漏洞,通过国际贸易行为及产品来威胁进口国或出口国的生态安全,以此突破国家安全防线。因此,生态安全审查是守护国家安全的底线。

(四)提升国际生态安全整体保护水平

如前所述,保护生态环境,维护良好、长远的国际生态环境合作,降低生态安全风险,是生态安全审查的必要性所在。审查行为本身是跨国家或区域的行为,其将基于不同国家或区域不同的经济发展水平、生态环境保护标准和环保观念达成的生态安全审查共识,根据国际公约或国际条约开展生态安全审查,该过程中各个国家或区域会就生态环境保护不断沟通与交流,不断就生态安全审查内容展开讨论,国家间相互借鉴,其在隐形间可以提高环境保护水平较低国家的生态安全意识,从而提升国际生态安全整体保护水平。

三、当前建立国际生态安全审查制度存在的障碍

目前,许多国家都在国际贸易投资活动中启用了生态安全审查项目。关于生态安全审查的资料、文章数量之所以稀少,是因为大部分国家并未将其作为一项单独的制度运行,而是将其作为国家安全制度或者其他制度的附属内容。从整体上看,将生态安全审查制度化可以确定审查规则规范各个主体的行为和明确各方

主体的法律责任,以及统一审查标准,这些仅是制度建立后所带来的效果,而在生态安全审查制度建立前还需要理顺制度的构成要件和排除制度构建的阻碍。当前生态安全审查仍面临着部分基本要件的缺失和现实条件的束缚,如审查依据缺失、审查机构权威性受质疑、审查标准接受度不同等问题。

(一)审查依据缺失

生态安全审查依据,是指各个主体开展审查行为的权力来源。若将生态安全审查制度化,其前提就是法律依据。就目前而言,生态安全审查在国际法层面仍处于空白状态,生态安全审查的主体、范围、法律责任和惩罚机制都无法可依,该背景下各个国家开展生态安全审查,都是依据国际环境保护公约或条约中关于产品、技术和环保标准的基本规定以及其国内法的相关规定。尽管以上法律规定可以暂时充当生态安全审查依据,但其终究是宏观层面或单方面的规定,最终解释权仍在生态安全审查国。也正是生态安全审查法律依据的缺失,导致部分国家钻法律漏洞,在国际投资贸易中设置绿色贸易壁垒,以保护生态环境为由阻止外来贸易。

(二)审查机构权威性受质疑

如上所述,生态安全审查通常是一国对他国开展的,由进口国负责审查,并由其组建审查机构。原本审查依据和审查标准都是自己设定,现在审查机构也是由自己组建,因此各个国家会质疑生态安全审查的公平性和公正性,甚至质疑审查机构的权威性。因为一国的审查机构是受国家行政管理的,若国家要设置贸易壁垒或实施其他保护本国贸易的行为,审查机构的公正性便无从谈起。关于审查机构的设置,如果真正是从保护生态环境和生态安全审查的公正性出发,可以考虑选择专业的第三方或者各个国家认可的国际组织担任审查机构。当然,这种设置也可能面临被进出口国控诉干预国家主权或国家内政的风险,毕竟绿色贸易壁垒等措施背后的实质问题,是国际贸易市场占有率和经济利益的冲突。

(三)审查标准接受度不同

生态安全审查标准,通常是由国际生态安全组织制定或由双方、多方协商一致达成的,而其本身又通常是一国针对他国展开的,因此在生态安全标准制定过程中,各国或基于自身环境现状、环境承载能力和经济发展水平提出可接受的审查标准。发达国家提出的生态安全审查标准,通常比发展中国家提出的审查标准更严格,此种审查标准的差距就会造成各个国家对审查标准的接受度不同。在国际贸易和投资频繁往来的今天,生态安全审查已成为一项必备项目,既然审查标准在世界范围内的接受度不同,那么可以考虑在制定或达成审查标准的同时设置审查标准区间。

四、建立国际生态安全审查制度的建议

当前,尽管国际生态安全审查制度仍存在结构和内容上的瑕疵,但不可否认,国际生态安全审查对国际生态环境保护和国家安全维护的重要作用。面对国际生态安全审查的空白,可以借鉴各个国家现有的生态安全审查实践经验,把好的经验运用到国际生态安全审查中,如生态安全审查制度的建立需要国际法律支持,需要公平的审查机构和明确的审查标准。

(一)制定和签署生态环境各行业的国际条约

在世界范围内,国际法是目前公信力和公认度最高的法律,因此生态安全审查应当将国际法作为审查依据。当然,国际法并非一部实体法,其只是适用于各个主权国家间的法律规制的总称。根据《国际法院规约》第 38 条关于国际法主要法源的规定,国际法规则可以通过条约、国际习惯法和为各国所承认的一般法律原则 3 种方式形成,其中效力和约束力最高的是条约。鉴于国际生态安全审查的必要性,建议采用国家条约作为审查依据。各个国家除签订国际生态环境保护的基本国际条约外,还应当制定和签署生态环境各行业的国际条约,进一步明确不同环境要素的审查要点,让审查机构有法可依的同时各出口国也有法可循,从而避免不合法的绿色贸易壁垒等措施。

(二)赋予国际生态安全合作组织生态安全审查的职能

面对各国生态安全审查机构受质疑的问题,建议将生态安全审查机构从一国内剥离,由国际生态安全合作组织担任生态安全审查机构,对国际投资、贸易活动展开生态安全审查。首先,国际生态安全合作组织是由不同主权国家共同创建的全球性国际组织,能保证生态安全审查的公正性,不易受一国政策和行政干预;其次,国际生态安全合作组织的宗旨是促进生态文明建设,构建生态安全格局,其具备生态安全审查的专业性;最后,国际生态安全合作组织通过与各国政府、国际组织和国家智库合作,宣传生态安全审查的功能,进而提升各个国家生态安全意识。

(三)允许合理范围内的审查标准差异

针对各个国家经济发展水平和环境保护能力的差异,可以采用“求同存异”方式设定生态安全审查标准,允许合理范围内的审查标准差异。根据不同国家经济发展水平、生态环境保护现状和生态安全需求设置生态安全审查标准区间,国际生态安全合作组织在进行生态安全审查时,则根据不同进口国选用不同的审查标准,如进口国是发展中国家,则生态安全审查时可能基于生产设备和技术限制采用较低的审查标准,该做法可以避免进口国为保护本国贸易市场故意提高审查标准。当然,设定审查标准区间是需要采用科学技术评估的,并非某一国或某几国直接确定;最后的审查结果也是综合评定的结果,而非单凭审查标准值来确定生态安全审查是否合格。

第四章　生态安全国际合作的典型模式及案例

工业革命以来,生态安全问题日渐凸显,逐渐影响全球的每个角落。各个区域、国家面临着不同的生态安全问题,它们既具有个体性差异,同时也在成为一个世界各国共同关注的问题。国际生态安全合作机制研究的代表学者奥兰,在其著作《全球环境变化与国际治理》一书中提出了生态安全国际合作的必要性,主张生态安全问题超越国界,是国际性、区域性共同的议题,应该以更为宽广的国际视野来治理全球生态安全问题。①

生态安全问题的个体性和共同性特点呼唤区域性的生态安全合作。作为世界区域性合作典型的中国 - 东盟生态安全合作、北美生态安全合作、欧盟生态安全合作、中日韩生态安全合作和中俄生态安全合作,在生态安全合作领域具有现实的合作基础。进一步分析整理生态安全合作的国际法规范,拓展深化国际生态安全合作,将推动国际生态安全向更高层次发展。

---

① Oran R. Young, *Protecting the Environment in a Stateless Society*, Cornell University Press, 1997, p. 63.

第一节　中国－东盟生态安全合作

一、中国－东盟生态安全合作的基础

中国－东盟的生态合作开始于21世纪初的全球环境治理。中国和东盟一衣带水，面临的生态问题具有共同性特征。但是，从根本利益上来看，中国和东盟最终的利益取向具有一致性，这为中国－东盟生态安全合作奠定坚实的合作基础。

（一）中国及东盟成员国面临的生态问题

中国和东盟成员国同属发展中国家，在经济快速发展、人口增长以及工业化和城市化进程加快的过程中，都面临环境污染、自然资源匮乏、生物多样性锐减和生态系统退化等问题。在这些生态问题中，环境问题尤为突出。并且伴随着全球化的脚步，生态安全问题也呈现出向区域性、全球性发展的趋势。

中国的生态安全问题，原环境保护部部长陈吉宁概括为3点：环境污染严重，环境风险高，生态损失大。具体来说，主要是大气污染、水污染、土地沙漠化、生物多样性锐减以及自然灾害频发等生态问题。而位于亚洲东南部的东盟国家，在潮湿多雨的气候环境下，衍生而来的环境问题更多的是土壤侵蚀、海平面上升、水污染，并且由于当地居民对于森林资源的滥垦滥伐，导致森林植被遭到破坏，生物群种灭亡。而大幅度的工业化和城市化发展，带来了生活垃圾、废水废气等生态环境问题。

中国与东盟虽然所处地理位置、经济发展状况存在较大差异，但面临的生态环境问题却基本相同，如水污染、空气污染、生物多样性锐减的问题。中国与东盟国家山水相连，空气和水域跨境流通，将中国与东盟国家的生态环境联系成了一个生态整体，一个国家的生态问题若不加以管控治理，则很有可能影响相邻国家的生态环境。而解决这些生态问题，却又不能仅仅依靠一国之力，因为这些环境问题是共同的、区域性的。在这样一个背景下，中国和东盟国家必须要合作起来，采取共同行动来参与生态环境治理。

（二）中国与东盟国家生态安全合作受共同利益的驱使

建设资源节约型、环境友好型社会是中国一贯遵循的生态原则。近年来，中国在治理生态安全问题上取得一些实质性的进步。这为东盟国家解决生态问题与发展国内经济提供了一份具有可操作性的指南。从解决生态问题的实践来看，中国与东盟国家具有一致的利益、愿望,即通过解决生态安全问题,促进社会经济发展。由于利益、愿望一致,中国与东盟国家的生态安全合作便有了坚实的基础。

生态安全合作不同于外交关系,在生态安全问题谈判上,相互妥协的门槛并不高,并且能为各国带来实实在在的经济利益。通过生态安全合作,有利于打开中国与东盟国家合作的一扇门户。寻求区域的政治、经济、生态等全方位的合作,是中国与东盟国家的共同利益需求。共同利益是走向合作的前提,也是促使制度化合作良性发展的激励因素。

二、中国－东盟生态安全合作模式

中国与东盟的合作,从建立中国－东盟自由贸易区开始,签署了一系列的合作协议,如《中国－东盟全面经济合作框架协议》《货物贸易协议》《服务贸易协议》《争端解决协议》《中国－东盟自由贸易区投资协议》等正式文件。中国－东盟自由贸易区的建立,虽然涉及的内容更多的是经济、贸易、投资等方面,却也为中国与东盟的生态安全合作提供了契机。这是因为中国－东盟自由贸易区现有协议中必不可少地会融入一些生态安全的因素,比如,在《服务贸易协议》中,中国承诺在排污、垃圾处理、降低噪声等生态服务方面设立独资企业等条款,这些条款的存在,促使中国与东盟在建立服务贸易合作上开始思考生态合作方面的内容。同时,中国与东盟签订的一系列框架协议,也为生态安全合作的适用提供了法律机制的基础。由此可以说,中国－东盟生态安全合作的模式是生态安全合作从全方位合作的背景下逐渐独立出它的重要性来,是中国－东盟合作的新领域,对巩固中国－东盟经贸合作成果,开拓更加深入、全面合作具有重要意义。为此,构建中国－东盟生态安全合作法律制度,是中国－东盟生态安全合作走向制度化的重要一步,为促进地区生态安全和经济发展打下坚实的法律基础。

三、中国－东盟生态安全合作法律体系的构建

中国－东盟生态安全合作这一泛区域的生态安全合作模式,包含不同的生态安全法律体系构成,既有国内的生态安全立法,又有中国－东盟合作层面的生态安全合作的政策文件等,如何将这些纷繁复杂甚至是矛盾冲突的生态法律体系有效适用,是中国－东盟生态安全合作法律体系构建的首要任务。

(一)条约型法律文件

条约型法律是对签约双方或多方具有法律约束力的法律。由于中国与东盟

正式进行生态安全领域的合作时间并不长，因此签署的关于生态安全合作的双边或多边条约也并不多，更多的是在其他领域的双多边条约文件中附带提及生态安全的内容。《中国－东盟全面经济合作框架协议》是中国与东盟进行生态安全合作的基础性法律文件，该协议首先确立了生态安全领域是中国－东盟自由贸易区建设的必要领域，明确了区域内经济发展和生态安全的关系。但是，关于生态安全合作的内容不多，无法给予各成员国进行生态安全合作以清楚明晰的指导。虽然缺乏一部“国际生态安全合作法”，但是生态安全的具体领域，如海洋环境保护、生物多样性保护以及跨境废弃物转移等议题上已经有了比较多的专门法律，这些“小法”的出现，让区域性生态安全合作从功能性合作走向制度化合作。

(二)战略性法律文件

战略性法律文件是中国与东盟现阶段生态合作所形成的联合宣言、战略计划、行动计划等法律文件。这类法律文件不像条约型法律那样具有强有力的法律约束力，但却也有其存在的必要。区域性生态安全合作是一个长期性、可协调性的合作课题，这就要求关于生态安全合作的法律也须相应地被各成员国接受，因此，战略性法律文件没有也不应该赋予它坚硬的法律效力，被称为“软法”。

在众多的生态安全战略性文件中，不得不提的是，《中国－东盟环境合作战略》和与之相应的《中国－东盟环境合作行动计划》。中国－东盟环境保护合作中心每隔几年便会组织编写这两部战略性文件。《中国－东盟环境合作战略》从战略角度构建如何开展中国与东盟的环境合作与区域可持续发展。在最近的合作战略，即《中国－东盟环境合作战略(2016—2020)》中，从中国－东盟环境合作背景、环保合作回顾、合作目标与原则、合作领域及实施安排5个角度，展望了未来5年的环境合作战略。在这份合作战略中，我们看到了中国与东盟近年来在环境保护合作方面所做出的共同努力：一是相继通过了《中国－东盟环境保护合作战略(2009—2015)》《中国－东盟环境合作战略(2011—2013)》《中国－东盟环境合作战略(2014—2015)》等行动规范。二是成立了中国－东盟环境保护合作中心，举办了中国－东盟环境合作论坛，启动和实施了中国－东盟绿色使者计划。三是开展了环境技术与产业合作以及联合政策研究，促进了生物多样性和生态保护合作。四是确立了中国－东盟环境合作的目标与原则。其中，总体目标为通过采取协调和综合方法，加强中国－东盟在环境保护优先领域的合作，实现区域环境可持续性。原则则表述为在采取综合行动时，应考虑多边环境协议下各国的实际国情和发展状况，以及合作基于平等互惠、协商共识的原则。这些目标与原则，不仅为中国－东盟生态安全合作提供了合作基础，其他区域生态安全合作也可以在这里找到法律支持。

而在《中国－东盟环境合作战略（2016—2020）》中，该法律文本从背景、具体的行动计划和行动计划的实施3个方面，规划了中国与东盟的环境保护合作战略的落地实施，其具体行动摘录见表1。①

表1　中国与东盟环境保护合作战略的具体行动计划

行动	具体行动计划
行动1：政策对话与交流	行动1－1：中国－东盟环境合作论坛
	行动1－2：中间年份的研讨会/研修班
	行动1－3：中国－东盟环境部长级会议
行动2：环境数据与信息管理	行动2－1：中国－东盟环境信息共享平台
	行动2－1－1：建立共享平台
	行动2－1－2：维护共享平台的运行并组织合作活动
行动3：环境影响评价	行动3－1：通过组织研修班和培训课程、联合研究和技术转移，开展环境影响评价的能力建设
行动4：生物多样性和生态保护	行动4－1：分享城市和农村地区的生态保护经验，进行示范项目合作
	行动4－2：加强生物多样性保护能力，促进扶贫及气候变化减缓与适应
	行动4－3：促进生物多样性保护优先区的合作，比如东盟遗产公园
	行动4－4：加强海洋环境保护领域合作，如红树林保护、沿海地区规划、珊瑚礁修复以及海洋垃圾污染防治等
	行动4－5：探索生物多样性潜力，加强生态保护监测和示范合作
	行动4－6：加强陆源污染管理与气候变化等领域的科研合作
	行动4－7：开展生物多样性和生态保护政策工具和实践研究

① 参见《中国－东盟环境合作计划（2016—2020）》附件1。

续表

行动	具体行动计划
行动5:促进环境产业和技术实现绿色发展	行动5－1:中国－东盟环境保护技术与产业合作框架
	行动5－1－1:促进环境产业政策、技术标准、环境产品的交流合作
	行动5－1－2:通过网站平台、电子杂志以及多种环境友好技术供需方对接活动,进一步拓展中国－东盟环境技术与产业合作领域
	行动5－1－3:通过利用现有合作平台和建设新合作平台,开展环境保护技术产品展示、技术培训和示范项目等
	行动5－1－4:开展绿色供应链和环境标志产品认证(生态标签)等领域的合作活动
行动6:环境可持续城市	行动6－1:中国－东盟生态友好城市伙伴关系
	行动6－1－1:开展生态友好和可持续城市发展、可持续生产消费、城市垃圾的环境无害化处理和处置、低碳和环境友好技术、适应与减缓气候变化、环境教育和公众意识领域的政策对话、知识和经验交流
	行动6－1－2:探讨建立中国－东盟生态城市联盟
行动7:环境教育和公众意识	行动7－1:中国－东盟绿色使者计划
	行动7－1－1:开展能力建设/培训研讨班、专家交流和相关知识与信息共享
	行动7－1－2:建立促进公众参与的知识、技能和良好实践分享平台
	行动7－1－3:人员交流活动
行动8:联合研究	行动8－1:中国－东盟环境展望报告

这些具体行动计划表明,中国与东盟的环境保护合作是全方位的、具有实际可操作性的。同时,这也会是一份区域性生态安全合作的行动参考范本。

(三)其他论坛、会议成果

中国与东盟的生态安全合作,并非仅停留在官方层面的探讨与合作,在半官方、行业间都存在不同程度的合作参与。由此产生了一系列丰富的合作论坛、会议等合作成果(见表2)。

表 2　中国与东盟生态安全合作成果

论坛活动	主要议题
中国—柬埔寨生态系统和生物多样性保护交流研讨活动	推动生物多样性保护的中柬双方合作
中国生态文明论坛—合作共赢·一带一路国际论坛	助力绿色“一带一路”走深走实
“一带一路”绿色发展能力建设活动	应对气候变化国际经验交流
绿色“一带一路”亚信国际环保合作活动	亚信环境规划与政策交流
	亚信环保技术交流
《履行企业环境责任　共建绿色“一带一路”》倡议企业交流研讨会	推动“一带一路”绿色发展国际联盟和生态环保大数据服务平台建设
中国－东盟可持续发展创新合作国际论坛	景观资源可持续利用
绿色丝路使者计划——中国－东盟水污染防治能力建设活动	展示中国生态环保理念,分享中国在水污染防治方面的具体实践,传播中国环保制度、政策及标准
国际金融论坛第 15 届全球年会绿色发展峰会	气候投融资、绿色产业与绿色“一带一路”
中老环境合作相关成果落实调研活动	落实中老双方达成的生态环境合作共识和成果要求
中国－东盟工业污染治理和资源循环利用能力建设活动	落实绿色丝路使者计划及中国与东盟环境合作行动计划
国合会 2018 年年会“绿色‘一带一路’与 2030 年可持续发展议程”主题论坛	绿色“一带一路”建设与落实 2030 年可持续发展议程协同增效
	“一带一路”建设与绿色金融
	“一带一路”绿色发展合作伙伴关系
澜湄环境合作圆桌对话:区域可持续基础设施与绿色投融资	澜湄可持续城市与生态社区建设
	澜湄生态工业园区合作与绿色化发展对话
	澜湄可持续基础设施投资与绿色发展对话
亚太经济合作组织(APEC)绿色供应链合作网络 2018 年年会暨发展论坛	加强亚太地区绿色供应链国际合作与示范

续表

论坛活动	主要议题
中国－东盟环境合作论坛(2018)	分享中国和东盟城市落实可持续发展目标的创新路径
	绿色“一带一路”生态环保科技新技术交流研讨
“一带一路”环境科技创新与合作国际论坛	环保基础设施建设
中国—柬埔寨城市水环境高层圆桌会	中柬两国城市水环境合作领域的国家政策、地方实践和技术交流

表2是中国与东盟在生态安全领域开展论坛、会议等合作形式的不完全列举。这些生态安全会议、论坛有效弥补了条约型法律文件在法律约束力广泛性上的不足，以及战略性法律文件在法律约束力强制性上的局限，因而得以广泛发展，成为促进中国－东盟生态安全合作的重要形式。

四、中国－东盟生态安全合作组织机构的设置

(一)生态安全政策制定谈判机构

由于东盟本身是一个比较松散的国家联盟，构建一个“超国家”性质的政策制定机构并不现实。东盟作为一个国家联合体，与中国建立生态安全合作，形成意思一致的决策机关，更加不切实际。因此，中国与东盟的生态安全合作，是在“互相尊重主权，互不干涉内政”的国际法原则基础上进行合作。这就导致中国与东盟并没有一个具有官方效力的政策制定机构，而需政策谈判的多方国家领导人发挥作用。在现阶段，中国－东盟环境部长会议是政策谈判与制定的重要形式。然而，这并不意味着生态安全合作有了立法机关，因为有关生态安全合作的立法权仍然属于各国国内立法主权范畴，中国－东盟环境部长会议仅能形成国际生态合作的框架原则，具体法律规范尚需各国转化为国内法。

现有的中国－东盟环境部长会议是中国－东盟生态安全合作的主要议事机构，其职责主要包括环境政策的商议、环境争端的协调、环境信息的共享等。然而，生态安全是一个高度综合的范畴，涵盖自然生态安全、经济生态安全、社会生态安全三个方面，是三者耦合的结果。单就自然生态方面而言，其内涵就不仅仅局限于环境，还应涵盖能源、气候以及环境生态与经济社会相互促进发展等方面。

于是，目前的中国－东盟环境部长会议的局限性就显而易见了。在环境保护方面，中国与东盟已经逐渐探索出了一条行之有效的合作道路，如何将合作之路延伸向生态安全的其他领域，尚且任重道远。

生态安全整体性的特点让人们不禁思考——虽然目前建立一个统一的中国－东盟生态安全决策机构比较困难，但是否确有必要搭建一个“超国家”的生态安全政策制定机构？现有的中国－东盟生态安全合作政策谈判制定的职能是由中国－东盟环境部长会议承担，通过近年来的合作，虽取得了一些合作成果，但合作成效不够明显。可是，如果以让渡国家环境主权为代价来实现生态安全合作，则明显欠缺国际法基础。。

（二）生态安全政策实施监督机构

1. 中国－东盟生态政策实施机构

2007 年 11 月，时任总理温家宝在第 11 届中国－东盟领导人会议上倡议：我们愿同东盟探讨制定《中国－东盟环境保护合作战略》；建立中国－东盟环境保护合作中心，适时建立中国－东盟环境部长会议机制，为建立资源节约型和环境友好型的东亚共同努力；领导人会议把环保合作列为中国－东盟加强合作的 11 个优先领域之一。经国家批准，原环境保护部于 2010 年组建成立中国－东盟环境保护合作中心。2016 年 3 月，李克强总理在澜沧江—湄公河合作首次领导人会议上，提出了关于“中方愿与湄公河国家共同设立澜湄环境合作中心，加强技术合作、人才和信息交流，促进绿色、协调、可持续发展”的倡议，这标志着澜沧江—湄公河环境合作中心（以下简称澜湄环境中心）建设正式纳入澜湄对话合作机制。中国－东盟环境保护合作中心与澜湄环境中心是目前中国－东盟生态安全合作的两个主要政策实施机构，它们的主要职责包括以下几个方面：（1）分解执行中国－东盟环境部长会议制定的生态政策；（2）定期评估成员国的生态安全风险，并报告给各国生态决策机构和中国－东盟环境部长会议，制定相应的生态安全行动战略和行动计划；（3）促进各成员国之间进行生态安全法律制度的分享与交流，搭建生态安全合作交流平台；等等。

2. 中国－东盟生态合作监督机构

在生态安全领域，合作成果需要维护和监督，任何违反生态安全合作法律制度和生态安全合作决策机构制定的政策，都会危及中国－东盟生态安全合作的基石。合作各方的利益诉求不尽相同，冲突难以避免。要避免各利益冲突方基于自身利益破坏生态安全合作的基础，必须建立一个生态安全合作监督机构。然而，这一机构在目前的中国－东盟生态安全合作中是缺失的。鉴于中国－东盟生态安全合作是在基于尊重各国生态主权、不干涉各国内政的基础上,具有强制力的生态政策监督机构很难在合作各方中获得一致同意。即使经过各国协商组建,在合作各国中委派人员组成监督机构,也难以保证该监督成员在处理己方与他国生态安全的问题上一视同仁。因此,如何确保中国－东盟生态安全合作得到有效监督,尚需各国协商探讨。

(三)生态安全政策信息交流、公众参与机构

生态安全合作需要进行信息交流,鼓励公众参与,在这方面,更需要一些民间力量的加入。生态安全合作,如何在广泛民众中产生影响,传播生态安全合作的观念,还需落实到最广泛的社会公众中去。

鉴于东盟共同体属于松散型的国家联合,各成员国在生态安全合作事务上具有较大的自由决策权力。因此,在生态安全合作方面,东盟各成员国需要大力完善东盟制度化建设,包括组织机构建设、完善区域法制建设、议事规则法律化等,推动东盟与中国在生态安全问题上开展广泛而密切的双边或多边合作,共同应对区域生态安全问题,以谋求双方或多方的共同利益。

第二节　北美生态安全合作

北美自由贸易区注重各成员国间生态安全问题的协调,通过建立生态安全保护条约及专门的生态安全工作机构,以及积极寻求生态安全争端的妥善解决,发展形成了一套较为健全的生态安全合作法律制度。

一、北美生态安全合作的基础

(一)北美3国生态安全的双边合作

20世纪80年代以来,生态安全,尤其是环境问题在全球逐渐引起关注。在北美3个主要国家中,无论是公共决策部门还是私人决策部门,都达成了在环境问题上合作的共识。众多的环境保护团体如雨后春笋般在美国和加拿大出现,墨西哥也逐渐关注起本国的环境恶化问题,并在环境保护立法方面取得了很大进展。

北美3国的生态安全合作在北美自由贸易区建立之后,逐渐步入规范化的进

程。但在建立北美自由贸易区之前,北美 3 国相互之间已经存在一些双边生态环境协议。1972 年,美加签署的《美加大湖水质协定》,为两国控制和减轻北美五大湖区域的生态安全问题提供了环境合作的基础,并且先后经历 1978 年、1983 年、1987 年的 3 次修正,这些共同构成了美加水域生态治理合作制度;1986 年,美加签订了关于危险废弃物跨界转移的《渥太华协议》。[①] 美国与墨西哥的双边生态合作,在水资源分配问题上,美墨双方缔结的双边条约是美墨两国生态安全合作的开端,如 1906 年《格兰德河灌溉条约》;1944 年《美墨关于利用科罗拉多河、提华纳河和格兰德河从得克萨斯州奎德堡到墨西哥湾水域的条约》;1983 年《保护和改善边境地区环境的双边合作协定》(《拉巴斯协定》);1992 年《美墨边境环境计划》。这些环境合作计划为北美生态安全合作奠定了制度基础。

(二)北美多边生态安全合作法律制度的形成

北美的生态安全合作源于《北美自由贸易协定》的谈判。1991 年,美加墨 3 国正式就《北美自由贸易协定》展开谈判。谈判伊始,生态安全问题并未列入谈判的范围,但随着谈判的进行,美国国内对于环境问题的关注越来越高。为了促使《北美自由贸易协定》能够得到美国国会的批准,美国政府不得不将环境问题纳入谈判议程。经过一年多的谈判,《北美自由贸易协定》最终获得通过。但遗憾的是,在生态安全合作的问题上,协议只是表明了 3 国加强环境保护的意愿,并未专章规定各国的具体环保义务,并且保留了各国根据环境保护协议享有的权利和承担的义务。同时,由于墨西哥和美国及加拿大之间的国力差距,该协议在 3 方实施过程中存在严重的不平等问题,引起了国际社会的不满。因此,3 国政府开始就环境问题展开专门谈判,并最终形成了关于环境保护的补充协议——《北美环境合作协议》。

《北美环境合作协议》将北美贸易合作延伸至北美生态安全合作,标志着以《北美环境合作协议》为主要生态安全法律制度的形成,并以此为依据,建立起了相应的环境工作机构——北美环境合作委员会。随后,北美地区在环境保护合作方面逐渐深入,各成员国逐渐达成了环境合作的目标,在环境保护信息交流、环保执法技术交流等方面开展了深入合作,为北美自由贸易区生态安全法律制度的发展奠定了基础。

---

① 蔡守秋、常纪文主编:《国际环境法学》,法律出版社 2004 年版,第 90 页。

二、北美生态安全合作模式

北美自由贸易区作为一个区域经济组织,不具有国际法意义上的独立人格,因而不能对外一体发声,必须要求尊重各成员国主权。《北美自由贸易协定》第904条第2款规定:“成员国为实现安全或保护人类、动植物生命或健康以及环境或消费者的立法宗旨,可以确立自认为适当的保护水平。”该款赋予各成员国自主决定本国环境保护水平的权利,相应地,《北美环境合作协议》也并未构建区域内环境保护的统一标准。根据国际环境法的基本原则,国家拥有对本国自然资源的永久主权,拥有自己的环境主权,有权根据本国情况决定自己的环境政策和战略,有权根据本国的需要合理开发、利用和保护其环境资源,对本国管辖范围内的环境保护问题具有高的处理权和对外独立权,任何国家、组织和个人不得以保护环境为借口干涉他国内政。[①] 所以实际上,北美地区生态安全的法律制度是以《北美环境合作协议》为主要框架的条约型法律制度。

从立法角度考虑,《北美自由贸易协定》确立了非封闭式的环境合作模式,各成员国有一定的自主权,同时也规定了其依据自身具体情况履行环境保护的义务,既通过环境制度赋予成员国一定的义务,又通过贸易、投资等领域的制度安排赋予成员国履行义务的弹性。从国际生态安全法律体系的角度来看,北美自由贸易区的生态法律制度是以《北美自由贸易协定》和《北美环境合作协议》为主要依据的条约型区域性生态安全法律体系,确立了贸易增长与环境保护的双重目标。从组织机构来看,北美自由贸易区生态安全合作法律制度建立了以环境工作委员会为主导、其他工作机构相支持的机构框架。

三、北美生态安全合作的机构建设

国际生态安全合作离不开分工合作的职能机构,这是国际生态安全合作得以进行的重要基础。当然,要统筹建立一个区域性的生态安全合作机构,更多的是要强调制度性和权利性的构建。北美地区的生态安全合作机构,在运行机制上以环境合作委员会为主导,其他工作机构辅助环境合作委员会开展工作。

(一)北美环境合作委员会

《北美环境合作协议》在第三部分中要求设置北美环境合作委员会,以促进北

① 林灿铃:《国际环境法》,人民出版社2004年版,第102页。

美地区的环境保护目标的实现。依据《北美环境合作协议》的规定，北美环境合作委员会的功能在于促成北美3国之间的环境合作、加强北美环境法规的有效实施、解决成员国之间的环境纠纷等。

北美环境合作委员会的工作机构由理事会、秘书处和联合咨询委员会组成。根据《北美环境合作协议》的安排，理事会由美加墨3国的环境部长组成，是北美环境合作委员会的决策机构，全面对委员会负责，监督成员国对《北美环境合作协议》的实施情况。具体的职能范围为：第一，理事会作为协议成员国协商解决区域内环境问题的平台，处理成员国对于协议的分歧，促进成员国的环境合作走向纵深。第二，理事会鼓励各成员国将《北美环境合作协议》中的规范制度转化为各国国内法律规范。第三，理事会定期对区域内生态环境进行评价，敦促各方减少环境污染，并制订相应的行动计划等。秘书处是北美环境合作委员会的执行机构，《北美环境合作协议》第11条是秘书处成立的法律依据，它详细规定了秘书处的工作规范制度。秘书处的工作职能限制于理事会的指示，它为理事会的工作提供协助。该协议第16条规定了联合咨询委员会的组成和议事程序，它由成员国的环境和工商界代表组成。联合咨询委员会的工作是协助理事会和秘书处开展工作，其主要职能在于促进成员国在北美地区环境合作方面发挥积极作用。

(二)其他机构支持

美国基于《北美环境合作协议》第17条和第18条的规定，在1994年专门设立了国家咨询委员会(the National Advisory Committee)和政府咨询委员会(the Govermental Advisory Committee)两个机构，为北美环境合作及其委员会的运作提供一些专门建议和咨询报告。国家咨询委员会由来自环保团体、商业机构和学术界的15名成员组成，政府咨询委员会则由来自各州、地方以及少数民族自治政府部门的15名成员组成。

为了支持北美地区的环境合作，北美环境合作委员会曾经成立了北美环境合作基金，为区域内的环境合作提供资金支持。然而因种种原因，从2003年以后它已停止了资金申请的受理。何时恢复合作基金的职能，则有赖于各成员国的磋商谈判。

美墨两国在边境环境保护方面，建立了边境环境合作委员会和北美发展银行，为边境地区环境保护的基础设施提供资金支持，处理高度敏感性的美墨边境环境问题。虽然美墨边境环境合作委员会和北美发展银行的实际作用受到了公众的批评，但其对于解决美墨边境环境问题开创了一个良好的开端。不过，仅仅依靠美墨边境环境合作委员会并不能解决边境所有的生态安全问题，它尚需更多其他机构的支持与配合。

四、北美生态安全合作法律制度的特点

(一)考虑发展中国家的特殊情况

国际生态安全合作，必须兼顾合作各方的利益诉求。美加墨3国发展程度不同，面临的问题自然也不尽相同。墨西哥在北美3国中经济发展相对落后，在生态安全合作和环境保护方面也是滞后于美加两国。为了保证北美地区环境保护的整体水平，北美区域的生态安全法律制度加强了对墨西哥的环境保护倾斜力度，并通过分享经验、共享资料等途径来提高墨西哥的环境保护水平。为此，北美环境合作委员会还专门制定了墨西哥环境教育培训的需求报告，并确定了若干加强墨西哥环境保护能力建设的项目。《21世纪议程》强调了发展中国家与发达国家在国内生态安全立法和国际生态安全合作方面的不足，鼓励发达国家向其提供资金、智力支持，理解发展中国家的困难，照顾发展中国家的特殊情况，帮助其提高生态安全能力，促进区域生态安全建设的整体水平。

(二)目标明确的国际生态安全合作

国际生态安全合作，是各国在生态安全领域采取共同的生态安全保护措施，实现国际生态安全。1992年《里约环境与发展宣言》中强调了国际合作的重要性，国际合作是国际生态安全治理的必要前提，在生态安全领域进行国际合作是保障国际生态安全法律制度得以有效实施的重要途径。从北美地区生态安全法律制度的实践来看，北美生态安全合作是在一定现实条件基础上的制度安排的结果。

一方面，北美地区相互毗邻，政治制度、经济水平、文化观念、社会风俗、语言系统等具有相似性，使美加墨3国进行国际合作具有较好的社会基础。同时，由于北美自由贸易区的成员国并不多，各成员国进行国际合作相互掣肘的障碍因素较少，各方比较容易达成一致意见。各国在面临区域性生态安全问题时，能够及时地向他国寻求国际合作。

另一方面，《北美环境合作协议》为北美环境合作作出了较为完善的制度安排。第一，北美环境合作的工作机构为成员国进行环境合作提供了良好的平台基础，以北美环境合作委员会为主导，其他工作机构为辅助的机构制度在北美环境合作中发挥着重要作用。第二，《北美环境合作协议》第四部分中专门设定了成员

国在环境合作中应达成的一系列共同目标。

近年来,美国先后退出《京都议定书》和《巴黎协定》。可以确定的是,美国退出这两个国际环境合作协议并非从环境保护的角度出发,而是出于其“美国优先”的政治利益的考量,因为在加入这些国际环境合作协议时,发达国家往往会被要求承诺向发展中国家提供资金和技术支持,美国企图通过退出协议来推卸其在环境问题上的责任。

(三)国际生态安全法的有效实施

北美生态安全合作以专门的《北美环境合作协议》的形式敦促成员国履行环境保护的国际义务,以具体而明确的协议条款保障北美环境法律制度得到真正的执行。

一方面,北美环境法律制度将义务具体化。这为成员国进行环境保护工作提供了明确的指导。在公众参与方面,各成员国保障公众知悉权和参与权的义务;在确定环境保护水平方面,《北美环境合作协议》第 3 条规定,“成员国有确立本国环境保护水平的权利,成员国要确保本国环境保护的高水平,并且应努力地不断提高环境保护水平”,等等。另一方面,北美环境法律制度将权利程序化。实体性规则的实现,有赖于正当程序的保障。为此,《北美环境合作协议》规定了监督权来救济受到侵害的权利,其中第 6 条要求每个成员国“保证利害关系人能要求成员国的职能部门调查其提出的对环境法律和规章的违反并对这些要求进行合理审查”。同时,《北美环境合作协议》还设置了公众环境申诉程序和政府间申诉程序,这些都是从成员国国内或者区域内来保障监督权能够得到有效的救济途径。

第三节　欧盟生态安全合作

欧盟是第一个在成员国之间就环境问题协调行动、统一规范的区域性组织。早在 1972 年,欧共体首脑首次强调一个共同环境政策的重要性,并责成制订具有时间表的行动计划,欧共体环境政策也形成雏形。经过 30 多年的发展,从各成员国各自行动到形成共同的法律行动,从工业环境到全面生态环境保护,从治理污染到主动预防,从国家到区域到全球行动,欧盟的环境政策和环境保护实践取得了明显成就。欧盟设立了专门的环境机构,数次制定了环境行动纲领,通过了 200 多个环境立法,提升了欧盟在国际环境问题上的话语权。

一、欧盟生态安全合作的基础

(一)欧盟成员国面临的生态问题

欧盟及其成员国面临的生态安全问题主要体现在3个方面:空气污染、水污染和固体废物污染。空气污染是由工业社会的人类向环境排放的大量的污染物所引起的。它对人体的健康危害很大,破坏环境并损害生态系统。英国是最早遭受空气污染的国家。在英国最初的一些工业发达城市和工矿区的工业企业,大量污染物不断排出,污染事件频频发生,如伦敦曾多次发生有毒烟雾事件。水污染指的是某些对生命有直接或间接损害的物质在海洋、湖泊、河流及地表水当中的积累。水污染的主要来源是污水、工业废物、生活垃圾、农用化肥、除草剂和除虫剂等。在工业革命早期阶段的环境问题中,西欧的水污染是世界上最典型的。随着工业革命兴起和城市人口激增,许多河流被工业水和生活污水污染,泰晤士河便是典型的例子。固体废物污染主要是工业活动所带来的固体废物产生的污染。工厂矿山排放的废渣,生活垃圾,如塑料包装、废旧汽车轮胎等,这些东西不能通过自然自净能力得以很快地降解或根本就不能降解。固体废物无论怎么处理,对环境都是有害的,只是危害程度不同而已。日益严重的空气污染问题对当今人类生存环境的挑战已不容回避。在21世纪,保护环境、追求可持续发展已成为全人类的共识,而对于早在1997年《阿姆斯特丹条约》把可持续发展列为优先目标的欧盟而言,可持续发展和更高水平的环境保护,更应该成为其承诺的未来发展所必须依据的原则,并贯彻到其他经济和社会的政策中。

(二)环保意识觉醒

20世纪六七十年代,正是民众环境意识高涨的时期,第一次世界环境运动达到高潮。1972年斯德哥尔摩环境大会是全球统一环境行动的开始,也是环保意识觉醒的标志。这次大会把国际视野扩展到影响人与环境关系的社会、政治和经济因素,给环境观念带来了很大的变化,颁布了重要文件《人类环境宣言》。《人类环境宣言》认为,在现代,人类改造环境的能力,如果明智地加以运用,就可以给各国人们带来更多的利益和提高生活质量的机会。如果使用不当,或轻率运用,这种能力就会给人类环境造成无法估量的损害。

《人类环境宣言》的观点主要代表了欧共体及其他发达国家的看法,体现了欧共体的环境观念。"环境"这个概念在斯德哥尔摩会议上被提及,这次会议丰富了环境问题的内容,认识到了环境污染是人类破坏环境所致,开始从经济与社会发展领域来处理环境问题。斯德哥尔摩会议唤起了世人的环保意识,欧共体及其成员国对环境有了新的认识,采取积极的手段进行治理。在斯德哥尔摩会议的决定中,促进经济发展本身不是目的,它必须有利于缓解生活不协调状态,必须促进生活质量和生活水平的提高,对无形的价值和财富及环保给予特别的关注。

二、欧盟生态安全合作模式

欧共体层面首次关于环保的条款始于 1951 年《建立欧洲煤钢共同体条约》,其中明确提出了对环境和资源的保护,可以说是欧盟环境保护政策的起点,也是重视生态安全合作的开端。此时的环境政策处于初始萌芽状态。

1972—1987 年,欧共体陆续出台了 3 个环境行动规划,提供了一个自然资源和环境保护的全面战略。其中第一个环境行动规划将环境议题真正纳入了欧共体政策性领域,第三个行动规划则首次提出“综合污染控制”的概念,重视生态系统的平衡和再生能力,强调环境政策的经济、社会影响,指出将环境政策纳入共同体的各部门政策的必要性;实现从第一阶段的被动、从属和适应性向主动性方向转变,如强化政策预防功能,而不是事后被动的适应性治理。该阶段是欧共体环境政策有效性的一个标志性进步。

1987—2000 年,欧盟(欧共体)又出台了两个环境行动规划。第四个环境行动规划,发展和细化了第三个行动规划中的环境政策,强调了环保与其他政策(如就业、农业、运输、发展政策等)综合的必要性,并加强了全球合作的必要性。第五个环境行动规划则以可持续发展为中心,对比欧盟(欧共体)以往的环境政策,有了重大发展。其目标不再是简单的环保,而是在不损害环境和过度消耗自然资源的条件下追求适度的增长。这种增长不应破坏经济社会的发展和环境资源需求之间的平衡。这个时期是欧盟(欧共体)环境政策演进过程中的一个重要阶段。欧盟(欧共体)签署了一系列的条约、环境行动规划、环境指令,并对之前的政策性文件进行了修订和完善。在此期间,欧盟(欧共体)颁布了大量的法律法规,实施了两个新的环境行动规划,建立了资源可持续利用、废物控制与循环、气候变化、化学品、噪声、自然与生物多样性等领域众多的政策体系。

2000 年,欧盟出台了《欧洲气候变化方案》(European Climate Change Programme,ECCP),在此框架下,欧盟各成员国都采取了一系列减排措施,并出台第六个环境行动规划(2001—2010 年),命名为“环境 2010:我们的未来,我们的选择”。该规划着重保护自然和生物的多样性、环境和健康、可持续的自然资源利用与废物管理4个优先领域。2002年欧盟的第六个环境行动规划将环境与增长、竞争、就业等发展目标联系起来,将环境考虑纳入欧盟的所有政策中。该规划明确了优先领域是气候变化、战略目标、十大战略途径以及行动措施。2005年欧盟启动第二个欧洲气候变化方案,以识别具有成本效益型的减排措施,开发适应气候变化的战略。这个阶段的环境政策正式展开了它的全球视角,目标延伸到全球的环境规制,成为其谋求全球竞争力和战略地位的核心因素,已发展为欧盟面向世界的环境政策。

近年来,欧盟一直致力于环境治理政策的完善工作,工作重心倾向于未来10年环境治理重点计划及未来30年的长期战略建构方面,政策最新发展的主要代表是"国家能源和气候计划"(National Energy and Climate Plans, NECPs)、"2030计划"以及"2050计划"。通过建立欧盟统一的能源联盟,为包括欧盟家庭和企业在内的欧盟消费者提供安全、可持续、有竞争力和可负担的能源,并通过吸引投资促进新能源的研究和创新,根本转变欧洲能源系统,这种转变同保护和改善环境质量、审慎合理利用自然资源以及开发可再生的新能源密切相关。只有通过协调行动,将欧盟国家和地方的立法以及非立法行为结合起来,才能实现目标。

三、欧盟生态安全合作法律体系的构建

欧盟是以《马斯特里赫特条约》(又称《欧洲联盟条约》)为基础建立的政治和经济一体化的区域国际组织。欧盟设立了较为完善的立法、执法、司法机构,在环境方面也是如此。欧盟环境法律制度立法的一体化程度较高,往往通过条例、指令和决定来规定一些具体、统一的环境标准或指标,要求成员国直接适用或通过国内相应立法转化为国内法加以适用。这种政治和经济一体化的区域国际组织的环境法律制度,因其一体化要求高,各成员国环境立法趋同化更明显,"一体化"的特点非常突出。欧盟的环境政策法律制度是适用于欧盟的各种环境法律和政策文件的总称,由欧盟环境法律(硬法)和非法律的欧盟环境政策文件(软法)共同组成。欧盟的环境法律渊源十分广泛,主要包括以下几方面:

(一)欧盟基础条约及其议定书

欧盟基础条约被称为欧盟的宪法,在欧盟管辖范围内具有最高的法律效力。其他法律都是由它派生出来的。欧盟的基本立法包括《巴黎条约》《罗马条约》《布鲁塞尔条约》《单一欧洲法》《欧洲联盟条约》和《阿姆斯特丹条约》。而附录于《建立欧洲经济共同体条约》后的各项议定书,是欧盟基础条约不可分割的一部

分，它们均含有不少有关环境保护、资源保护的内容。另外，《欧洲联盟条约》和《单一欧洲法》中也有专门详细的"环境条款"，即第130R条。

（二）欧盟签署或参加的国际环境条约

欧盟签署或参加的国际环境条约，在欧盟作为一个国际成员或区域性实体进行环境活动时会得到适用，其作为国际法主体应受国际环境法的约束。欧盟有关环境合作的领域十分广泛，体现在欧盟签署或参加的众多国际环境条约。欧盟的立法权仅限于由各成员国建立欧盟的诸条约所规定的领域。

（三）欧盟环境法规

为实现和完成基本立法规定的任务和目标，欧盟在其立法权限内制定了大量法律，此即二次立法。二次立法是欧盟法律体系的主要内容，其效力低于基本立法。二次立法主要有3种类型，即条例（Regulation）、指令（Directive）和决定（Decision）。欧盟作为重要的政府间区域组织，其环境法是当今世界很重要的区域性国际法，也是国际社会在跨国环境事务综合性立法的首次尝试。[①] 欧盟环境法的体系包括成文法和判例法，但以成文法为主，包括宪法性规范、条例、指令、决定、决议、标准等成文法律形式，其中又以指令为主，包括国家级环境法、欧盟级环境法和国际级环境法，但以欧盟级环境法最具特色。由于欧盟环境法的形成，欧盟环境得到了相当完善的法律保护。

（四）非正式渊源

除此之外，在非正式环境法律渊源方面，欧盟还制定了环境标准、环境行动规划、不具法律效力的环境政策建议、意见决议（包括宣言、行动纲领或规划）和其他文件。由此可知，欧盟的环境法律体系构成纷繁复杂，但是在法律适用方面有着明确的效力位阶和适用范围。

目前，无论是对欧盟成员国、欧盟机构还是欧盟公民而言，均面临如下3种相互联系的环境法律：一是成员国国内环境法；二是欧盟环境法；三是国际环境法。在欧盟环境法体系中，既包括国家级环境法律措施，又包括欧盟级环境法律措施和国际级环境法律措施。在没有欧盟级环境法律措施保护的领域，可以通过国家级或国际级环境法律措施进行保护。在欧盟环境法体系中，宪法性规范即建立欧

---

① 万融：《欧盟的环境政策及其局限性分析》，载《山西财经大学学报》2003年第2期。

洲共同体或欧盟的基础条约,起着指导性的作用。

四、欧盟生态安全合作组织结构设置

(一)欧盟内处理环境事务的机构

欧盟内处理环境事务的机构,包括欧洲议会、欧盟环境部长理事会、欧洲环境委员会、经济和社会委员会、地区委员会、欧洲法院和欧洲环保局。欧洲议会和欧盟环境部长理事会共同分享欧盟环境政策的立法权。欧洲环境委员会负责起草欧盟环境法律并确保法律的实施。经济和社会委员会以及地区委员会在制定欧盟环境法律时,向议会、理事会和委员会提供咨询性意见。欧洲法院负责解释欧盟的环境法律条款并受理有关环境问题的纠纷,在一些特殊情况下,也可以对欧盟决策机构是否将环境纳入其政策领域的问题进行司法审查。欧洲环保局的任务是向各成员国提供欧洲整体的环境现状报告,收集有关环境质量、环境优先和环境易损性的信息,其本身并不具备环境调查能力,只能依赖各成员国提供的信息开展工作。

1972 年的欧共体成员国国家元首或政府首脑的巴黎峰会,首次提出在共同体内部建立共同环境保护政策的框架;各成员国以此为契机,建立了各自的环境保护机构。

(二)德、法、英环保机构的建立

德国政府设立了以联邦环境部为核心的 3 级环保机构:环保的最高部门是联邦环境部,负责联邦政府的环保事务。德国联邦环境部于 1986 年成立,设有 6 个司,分别是中央司、政策法规司、管理司、控制司、自然保护司、核安全司,共有人员 830 人。第二级为联邦环保局、联邦自然保护局和联邦辐射防护局,它们作为技术部门和研究部门在联邦环境部管辖下负责各项环保工作。第三级为州一级环保局,它又包括一些具体部门,具体组织实施各州的环保计划和落实各项环保措施。环境保护工作中,德国联邦政府主要负责加强环境保护工作的领导,依法治理环境,制定保护环境的一整套环境政策和措施,为企业和个人在保护自然及人类生存基础方面的行动划分范围,通过保护生态环境促进社会市场经济良性发展。①

① 蔡守秋主编:《欧盟环境政策法律研究》,武汉大学出版社 2002 年版,第 68 页。

法国是最早设立环境保护部门的国家之一。法国于1971年1月27日设立了自然和环境保护部,负责协调其他各部工作。法国环境部的行政职权源于两个方面:一是《环境部部长职权法》,二是《环境部组织法》。这两部法律可以保障其他部不至于凌驾于环境部之上。此后,法国不断扩大环境部的职权范围,将其他权力部门管理的一些资源划归该部管理,又陆续成立了一系列专门的环境部门,如空气质量署和能源控制署等,并不断增加经济投入。1990年起,水资源管理局、国土整治和地区行动署并入环境与能源控制署。1991年,法国还成立了环境研究所,该所隶属于环境保护部,其主要任务是收集、分析有关环境状况及其变化,以及对人类健康有影响的准确信息。1992年,法国在联合国环境与发展大会上签署了《里约宣言》,认可了可持续发展原则,并承诺制定和实施"21世纪议程"。此后,法国政府指定环境保护部作为实施国家可持续发展战略的协调机构。1992年,法国《环境保护法》修改后,原来的法国能源局、水务局等单位组合成立法国环境能源局,其工作得到了法国土地使用规划、环境保护、工业企业和科研等部门的支持。组合的目的是便于统一进行法国的环境管理,强化环境保护的有关法律、政策法规的实施和执行。

标志着英国环境管制与环境法实施方面取得重大进展的是1996年英国环境署的成立。1996年4月1日,英格兰环境保护管理机构进行重大改组,这一新的管制机构在环境保护与环境管理方面采取了更为综合的方式,首次把土地、空气和水资源的管制纳入一个统一的轨道,其实际工作集中在实施环境法规、防止和减少废物污染、加强环境教育和对国内政府各部门及欧洲各国政府施加有利影响等方面。环境署的成立,使环境保护工作从部门分割变成全国、区域、流域的整体规划、合理布局、统一治理,实现了以较少工作量、较少投资达到保护环境最佳效果,且开创了一个机构负责一个国家、一个地区环境保护工作的先河,受到联合国环境组织和发达国家的重视。为了具体实施可持续发展战略,英国在环境、交通和区域部管辖下还成立了可持续发展办公室(the Sustainable Development Unit, SDU),其主要职责是加强各部门在可持续发展战略实施过程中的联系。到20世纪60年代末,英国已基本形成了全国性的环境组织网。1966年,成立了环境保护协会;1970年,组建了作为分支的"地球之友";随后又成立了绿色和平组织的英国支部;1973年,还成立了环境NGO——社会主义者环境和资源保护协会等。

欧盟的环境政策以各成员国政府环境保护机制为基础,并加强不同层次间的合作。保护共同的环境遗产,需要欧盟及其成员国和地方间的合作,需要政府机构、商界、游说集团和非政府组织间的协调,需要深入广大的欧盟公民中间。为此，欧盟采取了以下措施：(1)与成员国合作。一些与环境有关的政策目标（如空气质量标准、允许捕捞的鱼的总量）和一些政策工具（如农业补贴、内部市场规则、成员国援助等）由欧盟规定，而成员国和地区政府负责其他领域的环境政策决策。(2)与地区和地方政府合作。地区和地方政府负责设立地区、地方环境政策和法规，帮助实施欧盟和国家层面的环境政策。“地方21世纪议程”和“走向可持续发展的欧洲城镇运动”以及“奥尔堡宪章”，就是欧盟在地区层次实现可持续发展的重要措施。欧盟还拟实施三方协定，即在欧委会、成员国政府和相关地区或地方机构之间达成协定，以促进地区或地方积极参与环境政策的实施。①

可见，欧盟本身是一个独立的法律实体，具有立法、行政和司法机构，并且形成了一个较为完备的法律体系。欧盟的法律制度构建以及配套组织架构的设置，是其他区域共同体所追求的目标，为环境保护和生态安全合作的区域性建设提供了理论和实践经验。

第四节 中日韩生态安全合作

中日韩3国是地处东北亚地区的重要国家，3国基于地区合作机制，诸如新形成的中日韩3国首脑的峰会机制，展开了经济、政治安全、社会、文化等多角度、全方位的合作。然而，由于中日韩3国在地缘政治、战略利益、政治制度和价值观等方面的差异，3国的安全合作主要体现在非传统安全领域，其中生态安全合作是非传统安全合作的重心。生态安全合作，不仅成为中日韩3国合作的重要领域和基础，而且也必将有助于进一步将中日韩3国合作推进到新的发展阶段。

一、中日韩生态安全合作的基础

（一）中国、日本以及韩国面临的生态问题

中国和日本、韩国地处东北亚，在经济增长的同时，沙尘暴、大气污染、海洋污染以及污染物非法转移等重大环境危害问题日益凸显。

随着经济高速发展，中国环境污染问题日益凸显，如饮用水资源不足、空气质量恶化、酸雨现象、森林面积减少等。主要原因是，城市的环境基础措施与经济发展不相协调、环境管理知识不能与时俱进、环境监管力度不足、环境监测技术缺失

① 肖主安：《试论欧盟环境政策的发展》，载《欧洲》2002年第3期。

以及环境保护第三方组织的无效率运行等。第二次世界大战之后,日本为了重建经济强国的地位,很长一段时间内实行以重工业发展为重心的经济策略,工厂集中,人口随之高度集中。其经济的快速增长,实际上是以牺牲环境质量为代价的。此外,公害污染导致渔业资源枯竭也阻碍日本经济发展。与其他东北亚国家相似,韩国的经济发展也伴随着严重的生态环境危机。粗放式的经济发展模式导致首尔一度成为世界污染最严重的城市之一,水资源的污染一度引起各阶层的不满和关注,为此,韩国政府以及韩国的一些民间环境组织积极致力于环境保护。

(二)中日韩生态安全合作顺应全球化

中日韩生态安全合作是全球化趋势的必然要求。生态安全问题的特征使任何一个国家都无法单独应对和解决,必须加强与其他国家的交流和合作。因此,在全球化时代,各国必须重视日益凸显的生态安全威胁,将如何应对生态安全问题纳入本国的外交政策中,加强区域性甚至全球性的生态安全合作。东亚地区的区域化进程要求中日韩 3 国必须在生态安全上开展合作。随着东亚区域一体化的发展,作为该地区内的重要国家,中日韩 3 国的相互依赖程度日益加深,3 国都需要进一步扩大在各个领域的交流与合作。

(三)中日韩生态安全合作推动一体化发展

中日韩生态安全合作在推动传统安全领域的合作方面具有深远意义。中日韩 3 国特殊的历史和现状,使中韩、中日在传统安全领域的合作始终保持保守而谨慎的态度,进展相当缓慢。相对来说,日韩之间传统安全合作成果较为明显,但也由于历史和现状的争端使之发展较为曲折。因而,在这些背景下,加强区域安全对话、生态安全合作意义重大。此外,中日韩生态安全合作也存在外溢效应,加强生态安全合作对促进中日韩全面合作意义深远。

二、中日韩生态安全合作模式

(一)合作途径

1. 政府间合作

政府间合作是中日韩生态合作中最重要的途径,其主要内容集中于 3 国政府对于生态安全问题的管理模式的探讨、管理经验的交流及重大环境项目的政府间合作等,主要以 3 种形式出现:第一种为政府之间签订环境合作的双边、多边或区域环境合作协定。第二种为举行有东北亚各国政府高级官员会晤的高层环境保护合作协议,如中日韩3国环境部长会议。第三种为由政府组织的各种形式的合作活动。

2. 学术团体合作

学术团体合作是非政府间合作的重要形式。学术团体合作关注的焦点主要是生态安全理论的研讨,包括与生态安全有关的国家发展理论及经济理论,以及环境保护生态重建等方面的技术交流。学术团体合作的作用体现在:一是为政府进行环境管理提供理论依据。政府为什么要进行管理、如何进行管理以及管理到何种程度,这些问题都需要由科研机构、学术团体加以研究。二是为政府进行环境管理提供技术支持。环境保护的工作需要相关科学技术作为标准和手段,而能够向政府提供此类技术支持的,唯有相关的科研机构和学术团体。

3. 民间环保组织合作

民间环保组织的活动宗旨、目标、组织形式、成员的组成及其道德信仰,都与环境资源问题、环境资源保护及人与自然的关系有关。① 在经济发展和环境保护过程中,民间环保组织不可或缺。民间环保组织的主要特点为非政府性、非营利性。因为是民间的非政府组织,它在面对环境问题的时候不会放弃自身追求;因为其非营利性,在面对环境问题的时候,它不会因为经济利益而放弃环境诉求。

(二)发展趋势

经济发展的差异性以及环境问题的复杂性使中日韩在环境问题及责任划分上存在争议。3国在环境合作中的利益诉求和立场也存在差异。日本和韩国更关注东北亚区域内跨境环境污染问题。中国由于经济的快速发展,更希望通过合作,在环境保护技术及管理上实现共享。

为了促进东北亚环境合作的有序开展,区域环境合作机制不断得到扩充和发展。主要包括中日韩3国环境部长会议(Tripartite Environment Ministers Meeting, TEMM)、东北亚次区域环境保护合作项目(NEA SPEC)、东北亚区域环境保护合作会议(Northeast Asia Environmental Cooperative Conferece, NEAC)、东亚酸沉降监测网(EANET)、西北太平洋行动计划(Northwest Pacific Action Plan, NOWPAP)等。在以上环境合作机制中较为重要的是中日韩3国环境部长会议、东北亚次区

---

① 魏祎:《后经济危机背景下我国东北亚区域经济合作研究——以东北振兴战略为视角》,延边大学2013年硕士学位论文,第11页。

域环境保护合作项目和东亚酸沉降监测网。

三、中日韩生态安全合作法律现状

目前，中日韩合作已经形成了包括约20个部长级机制在内的50多个政府间协商机制，达成的重要官方文件主要包括《中日韩推进三方合作联合宣言》（2003年）、《第七次中日韩领导人会议联合新闻声明》（2007年）、《3国伙伴关系联合声明》（2008年）、《中日韩合作十周年联合声明》（2009年）、《2020中日韩合作展望》（2010年）、《第四次中日韩领导人会议宣言》（2011年）、《第五次中日韩领导人会议关于提升全方位合作伙伴关系的联合宣言》（2012年）和《关于东北亚和平与合作的联合宣言》（2015年）。2015年以来，3国举办了中日韩外交、旅游、水资源、环境、财政、经贸、农业、文化、卫生部长会议，灾害管理部长级会议，央行行长会议，人事部门首长会议，三方警务工作会晤、反恐磋商，林业司局长会晤，大学交流合作促进委员会会议，东北亚名人会，灾害管理桌面演练，海洋科学研讨会和中日韩合作国际论坛等活动，并举行了多轮中日韩自由贸易协定谈判。

在生态安全合作层面，2003年10月，中日韩3国的首份合作文件《中日韩推进三方合作联合宣言》中，生态安全合作首次纳入重点合作领域。2008年12月召开的首届中日韩领导人单独会议签署了《国际金融和经济问题的联合声明》和《中日韩合作行动计划》，启动了政治、经济、社会和文化领域的全方位合作。随后，3国相继启动央行行长会议机制、资源部长会议机制以及航空安全、能源安全、反恐、海上安全等领域的合作和磋商机制，并于2011年5月正式成立三国合作秘书处。2014年中日韩又启动了首次空气污染防治对话会和首次网络政策磋商。从2015年11月第六次中日韩领导人会议发表的《关于东北亚和平与合作的联合宣言》来看，中日韩3国在生态安全合作的主要机制是各分领域的部长级会议。2011年第四次中日韩领导人会议通过了《中日韩三国灾害管理联合声明》；此后，2015年4月举行的第17次中日韩环境部长会议通过了《中日韩环境合作联合行动计划（2015—2019）》，确定了九大优先领域。3国已经开展了空气污染、沙尘暴防治以及环境污染防治技术信息交流方面的对话与合作，并加强3国在这一领域的信息共享和技术合作等。不过，由于多种原因，实际合作成果有限。

中日韩社会文化领域的合作，覆盖领域广、密度大，具有较好的政策延续性，能够应对气候变化、环境保护和可持续发展等挑战。但是这种合作以官方推动、政府间机制为主，今后还要给予3国民间社会团体更多的支持，来加强3国在国际气候变化方面的谈判、交流与合作，推动构建中日韩环境合作法律制度的进程。

四、中日韩生态安全合作机制

涉及中日韩生态安全合作开展的主要有 6 个主要的环境合作机制，包括 3 个综合性环境合作机制和 3 个针对特定环境问题的合作机制，即中日韩 3 国环境部长会议、东北亚次区域环境保护合作项目、东北亚区域环境保护合作会议、东亚酸沉降监测网、西北太平洋行动计划和沙尘暴项目。

（一）中日韩 3 国环境部长会议

在东北亚区域，中日韩 3 国环境部长会议于 1999 年建立，参与国家包括中国、日本和韩国，至今已召开了 21 次部长级会议。这一合作机制作为一个信息交流和沟通的论坛，在针对主要环境问题形成共识方面发挥了重要作用。同时，它已开始在 3 国范围内制定和实施相关合作项目。为了实现其预期目的，3 国环境部长会议在主要的环境问题领域、能力建设和公众参与方面实施了各种项目活动。在其历次会议上形成的决定，都得到了有效的实施。10 多年来，3 国环境部长会议在 3 国之间加强了互信，也在 3 国的环境部门和政府官员间加强了工作联系。

2007 年，中日韩 3 国环境部长会议成立了 3 国主任会议（Tripartite Director-General Meeting），以执行部长会议决议，使中日韩 3 国环境部长会议的结构更加完善和系统化。中日韩 3 国环境部长会议在 21 年的合作历程中，始终同《联合国气候变化框架公约》、《生物多样性框架公约》（WSSD）、东亚酸沉降监测网、空气污染物长距离转移和西北太平洋行动计划等机制保持紧密的联系，协调区域及全球环境问题的解决。①

（二）东北亚次区域环境保护合作项目②

东北亚次区域环境保护合作项目于 1993 年建立，参与该机制的国家有中国、日本、韩国、俄罗斯、蒙古和朝鲜。该机制是东北亚地域覆盖范围最广的一个综合性合作机制，但参与会议的各国代表的级别参差不齐，尚未机制化。通过在能力建设方面实施的一些短期的小项目，参与该机制的 6 个国家之间建立了一定的合作关系。

---

① 薛晓芃：《东北亚地区环境治理的路径选择：以中日韩环境部长会议机制为例》，载《太平洋学报》2020 年第 3 期。

② 谢晓光：《东北亚区域环境合作及前景展望》，载《兰州学刊》2010 年第 4 期。

(三)东北亚区域环境保护合作会议

东北亚区域环境保护合作会议于1992年建立,参与的国家包括中国、日本、韩国、蒙古和俄罗斯。该机制作为一个政府交流沟通的机制,针对各种环境问题进行讨论。但参与会议的各国代表的级别也参差不齐。

(四)东亚酸沉降监测网①

由于东亚地区人口众多、工业发展快,酸雨问题一直困扰着东亚各国。1992年日本倡导建立一个监测酸沉降的网络体系,经过地区协商,1998年东亚酸沉降监测网正式建立,并形成了一个重要的政府间合作机制,旨在通过东亚地区国家之间的合作,解决酸沉降问题。目前有13个参与国,中国于2000年正式加入该网络。2019年11月12日,东亚酸沉降监测网第二十一次政府间会议在中国北京举行,会议对上次政府间会议以来的工作进行了回顾,并对网络未来5年中期计划进行了讨论。

(五)西北太平洋行动计划

西北太平洋行动计划于1994年建立,属于联合国环境规划署众多区域海洋行动计划之一,参与国家包括中国、日本、韩国和俄罗斯。该合作机制的制度建设比较完善,同时建立了具体的工作计划和实施机制,以及信息收集和共享机制。②

(六)沙尘暴项目③

在中国、日本、蒙古和韩国政府的请求下,亚洲开发银行、联合国环境规划署和全球环境基金批准了一项沙尘暴区域技术援助项目。该项目于2003年启动,并在项目下建立了区域指导委员会,委员会的成员包括上述4国和亚洲开发银行、联合国环境规划署、联合国经济社会理事会等。该项目于2005年结束,最终的产出是编制了一项"东北亚预防和控制沙尘暴区域规划框架"。针对该规划框架的后续行动尚未实施。

这些环境合作机制在过去近20年取得了一定成果,加强了中日韩等东北亚

---

① 谢晓光:《东北亚区域环境合作及前景展望》,载《兰州学刊》2010年第4期。

② 尚宏博:《东北亚环境合作机制回顾与分析》,载《中国环境管理》2010年第2期。

③ 同上。

国家之间的沟通和理解，加强了能力建设和意识，实施的一些具体项目为改善环境作出了一定的贡献，为未来的环境合作打下了良好的基础。但是，从整体上看，中日韩的生态安全合作仍处于初步合作阶段或浅层合作阶段，尚未形成系统的决策和实施机制对东北亚环境问题进行全盘考虑。各国参与合作的程度也不同；合作的内容主要是召开区域性会议，达成一些共识；某些合作机制下还实施了一些分散的合作项目。在这种没有统一协调的情况下，东北亚环境合作中不可避免地出现了合作机制和项目相对分散或内容交叉重叠等问题。随着东北亚环境合作活动逐渐增多，这些问题也愈加明显。东北亚各国过去也未充分地从整体上对这些合作机制进行综合评估和整合，这些问题都可能成为制约东北亚环境合作进一步发展的因素。

第五节　中俄生态安全合作

中国与俄罗斯两国国内能源资源都非常丰富。在生态安全合作方面，能源合作是两国合作的重点领域。本节从中俄能源合作的角度，以点带面，探析两国的生态安全合作的法律制度。

一、中俄能源合作的基础

依据目前的学界理论，国际能源合作主要包括 6 个方面的内容：勘探、开采炼制、储存运输、分配、环境保护和争端解决的合作。中俄的能源合作领域，首先从石油、天然气两个领域深入，煤炭、核能、电力领域的合作尚不足。

石油方面，中俄合作开始于 1993 年，中俄双方签订了《合作开发俄伊尔库茨克州科维克金斯科气田协议》，并且计划修建通往中国的通气管道。然而，经过实地调查研究后发现，俄罗斯的石油公司难以满足协议的条件，中国不得不终止与俄方的石油合作协议。到 2006 年，中国与俄罗斯签署了中俄石油领域合作的双边文件——《中国天然气石油集团公司与俄罗斯石油公司关于在中国、俄罗斯成立合资企业深化石油合作的基本原则协议》和《中国石油天然气集团公司和俄罗斯管道运输公司会谈纪要》，中俄石油合作取得实质性进展。2009 年，中国与俄罗斯签署了石油管道建设运营合同以及长期原油贸易协议，中俄原油管道正式启用。2010 年，中俄石油合作取得丰富成果：中俄两国第一个石油加工合作项目在天津落地；继而又签署了《俄罗斯斯科沃罗季诺输油站至中国漠河输油站原油管道运行的相互关系及合作总协议》《中俄原油管道填充油供油合同》《扩大战略合作协议》《中国石油天然气集团和俄罗斯石油控股公司关于扩大油气田勘探开发领域(上游)合作的备忘录》等一系列协议。时至今日,中俄两国的石油合作已经日渐成熟,俄罗斯成为中国一大重要石油进口国。

天然气方面,中俄在1996年成立了天然气合作委员会,在1997年两国签署俄方同意向中方每年输送天然气的合作备忘录。

煤炭方面,中国自从2009年由原煤出口国转变为原煤进口国开始,就积极寻求与俄罗斯的煤炭合作。2009年6月,中俄两国签订了《中俄关于煤炭领域合作的谅解备忘录》。2010年,中俄双方在布拉戈维申斯克签署了煤炭合作协议,这是两国煤炭合作的真正开端。

核能方面,2010年中俄两国签署了《合作建造田湾核电站3、4号机组总合同》;田湾核电站是两国核能合作的最大经济技术合作项目。

电力方面,中俄两国从20世纪90年代就开始了电力领域的合作。2005年两国签署了长期合作的协议,2006年签署了《关于全面开展从俄罗斯向中国供电可行性研究的协议》,2009年又签署了关于从滨海边疆区向中国供应电力的合同。

就中俄能源合作的现状而言,双方进行能源合作的主要内容集中于能源进出口、管道建设等基础设施方面。中俄两国开展能源合作,都是以政府间协议或者企业间合作的形式进行,将促进两国能源法律制度在实践中不断完善。

二、中俄能源合作法律体系的构建

(一)中俄双方共同参加或缔结的多边条约

中俄能源合作,需遵循国际法的一般原则,多边国际条约是中俄双方进行能源合作最基本的行为准则。《联合国宪章》是中俄双方进行合作和处理国际关系的总体政治前提;《多边投资担保机构公约》是中俄双方防范解决投资风险的担保公约;《关于解决国家与他国国民之间投资争端公约》是中俄两国解决投资争端的程序制度;《承认及执行外国仲裁裁决公约》为中俄两国仲裁承认和执行问题规定了制度规范。

2011年,俄罗斯正式加入WTO,意味着中俄双方能源合作的相关争端也会在WTO争端机制下进行解决。在WTO框架下,中俄能源合作要遵守与之相关的贸易规则。在WTO的谈判中,能源是一个重要的议题,各国对此都持谨慎的态度,对能源谈判的分歧主要在于能源服务的界定标准、能源服务覆盖的范围、能源服务的分类等。因此,中俄进行能源合作,不仅要遵守双边合作协议,还要遵守WTO

多边贸易规则。

(二)中俄缔结的双边条约和协议

1. 政府间协议

中俄能源合作开始的标志是1992年两国签署的《中华人民共和国政府和俄罗斯联邦政府关于经济贸易关系的协定》,时隔4年,能源领域的专门合作协议《中华人民共和国政府和俄罗斯联邦政府关于共同开展能源领域合作的协定》签署,中俄能源领域的双边长期合作正式拉开序幕。2008年,中俄双方启动了能源谈判机制,并签署了《中俄石油领域合作政府间协议》,同时,中俄两国关于原油贸易、管道建设的相关协议一并随之生效。2009年,中俄两国正式批准通过了《中俄投资合作规划纲要》,能源领域的合作促使双方战略伙伴关系迈上新台阶。在中俄高层领导人第十四次会晤期间,双方领导人就能源合作问题深入交换意见,并签署了一系列的能源合作协议。在随后的中俄总理第十五次会晤、第十六次会晤期间,关于中俄能源合作的谅解协议、合作备忘录等形式的合作协议源源不断签署,为中俄能源合作提供了法律支持。

2016年,中俄总理第二十一次会晤期间,双方发表了《中俄政府首脑关于深化和平利用核能领域战略合作的联合声明》,并签署了《中俄投资合作委员会第三次会议纪要》《中俄能源合作委员会第十三次会议纪要》等文件。在2019年的中俄总理第二十四次会晤上,中俄双方领导人共同指出,能源合作一直以来是中俄传统合作领域的重点项目,过去主要集中在能源合作的上游领域,此次两国总理则见证了两国石油化工下游合作领域的项目文件签署。双方在《中俄总理第二十四次定期会晤联合公报》中指出,中俄能源合作具有战略性和长期性,愿继续巩固和发展两国能源战略伙伴关系。为此,双方商定深化在油气、电力、煤炭、核电、可再生能源等领域的上中下游全方位一体化合作。

中俄能源合作涵盖能源各领域,具有战略性和全面性。中俄两国高度重视适时履行现有政府间关于推进和深化能源合作的义务,将继续落实能源领域双边合作协议。双方表示愿扩大石油领域全面合作,继续推动自俄对华供气合作,深化电力、煤炭、可再生能源以及能源装备和技术、工程服务等领域合作。基于两国在核能领域积累的合作经验和潜力,双方商定将本着利益均衡和互利原则在和平利用核能领域继续开展战略合作。

2. 企业间协议

2006年,中俄总理第十一次会晤期间,中俄双方签署了《中国国家电网公司与俄罗斯统一电力系统股份公司关于从俄罗斯向中国供电第一阶段购售电合同》《中国石油化工集团公司和俄罗斯石油公司战略合作框架协议》《中国石油天然气股份有限公司与“俄石油”国际有限公司设立合资公司合同》。2008 年,中俄总理第十三次会晤期间,双方签署了《中国石油天然气集团公司和俄罗斯管道运输公司关于斯科沃罗季诺—中俄边境原油管道建设与运营的原则协议》《中国进出口银行与俄罗斯天然气工业银行 3 亿美元合作框架协议》。这些企业间的合作,增强了中俄双方在石油、电力、天然气等领域的合作。

三、中俄能源合作的机构建设

中俄能源合作缺乏专门合作机构的运行支持,在上海合作组织的框架下进行。中俄两国是上海合作组织的成员国,而能源领域的经贸合作又是上海合作组织的重点支持领域。在上海合作组织的框架内,能源合作经历了 3 个阶段:逐步完善合作机制、确定合作原则和战略、通过项目夯实合作基础,推动中俄能源合作不断走向成熟。

2004 年,上海合作组织经贸部长第三次会议期间,中俄共同商定参与了能源领域的多个合作项目,如研究并建设中俄韩天然气管道项目,共同建设罗贡水电站项目等。上海合作组织为中俄能源合作提供的框架平台,使中俄能源合作不断深化。

在上海合作组织区域内,中俄的双边能源合作,主要还是通过政府协商、企业合作的形式进行,这些合作只能称为“上合组织区域内的能源合作”,难以称为“上合组织层面上的能源合作”。因此,如何在上海合作组织框架内应对日益增多的能源合作,成立“能源俱乐部”呼之欲出。多年以来,上海合作组织内部一直尝试建立该组织框架下的多边能源合作机制,但是,由于上海合作组织成员在经济状况、资源禀赋、能源战略和外交政策等方面存在差异,各国对能源俱乐部的机制和职能持不同立场。各成员国从自身能源战略出发,在建立多边合作机制上的诉求不一、立场各异,加深了建立“能源俱乐部”这种合作机制的难度。作为全球最大的能源出口国,俄罗斯首先提出了成立上海合作组织“能源俱乐部”的倡议,并为此做了积极的工作。早在 2006 年秋,俄罗斯在杜尚别举行的上海合作组织政府首脑会议上,建议各国在核能、电力、天然气管道建设等方面进行合作。俄罗斯希望通过上海合作组织能源俱乐部,在其拥有优势地位的方向发挥主导作用。同时,俄罗斯也在积极联合其他天然气生产国组建“天然气出口国组织”。但是经过这些年的尝试与努力,上海合作组织框架内的能源俱乐部仍然没有正式启动,中俄的能源合作机构是否能够建立起统一的机构设置,仍然在中俄合作的谈判之中。

四、中俄能源合作的法律制度分析

(一)中俄能源合作法律制度待完善的方面

1. 多边能源合作法律框架有待完善

一方面,中俄能源合作缺乏世界范围内多边能源合作法律框架。目前具有代表性的国际多边能源合作组织,有石油输出国组织、国际能源组织、《能源宪章条约》等,然而中俄两国均不是上述组织的成员国,与之相关的法律框架自然无法合适地引用到中俄能源合作中来。

另一方面,中俄能源合作缺乏区域多边能源合作法律框架。中俄两国虽然是上海合作组织的成员国,但上海合作组织框架内并无能源领域的专门合作条约,而是散见于经济合作的有关双边文件中,缺乏框架内的能源合作实践,缺少相关的能源合作的法律规则和操作程序。

2. 双边能源法律制度有待完善

首先,有关中俄能源合作的法律依据效力不足。中俄开展能源合作,多是以一系列协议、谅解备忘录、声明、纪要等文件为依据,这是双方合作的法律基础。但是,从国际法实践来看,国家间的协议、谅解备忘录、声明、纪要等此类文件,是没有法律强制约束力的,因而缺乏实际可操作性。

其次,中俄能源合作的法律体系调整范围不够明确。完整的能源合作法律体系,应由涉及能源合作各方面,包括能源贸易、能源技术合作、能源投资、能源运输、争端解决的法律准则组成。[①] 然而,中俄能源合作的法律体系尚未构建完整。中俄能源贸易主要涉及传统能源,新能源贸易尚不充分,技术合作更是缺乏。而在能源投资方面,主要来自两国的"能源换贷款"的方式,国际融资不到位,资金缺乏灵活性。中俄的能源运输,合作前期主要通过铁路运输的方式,因为中俄两国都是《国际铁路货物联运协定》的缔约国,铁路运输有着明确的法律依据。随着跨国管道的建设,如今中俄能源运输更多依靠管道运输,但是有关跨国管道运输能源的法律制度尚不如铁路运输那般明确,还存在法律漏洞。在争端解决方面,中俄能源合作有框架性的规定,但是一旦涉及实际的争端,框架协议解决争端的作

① 周胜男:《中国与俄罗斯能源合作的法律机制研究》,湖南师范大学2010年硕士学位论文,第9页。

用有限，毕竟国际性争端的解决牵一发而动全身。

（二）中俄能源合作法律体系的完善途径

1. 加速构建上海合作组织框架下多边能源合作法律机制

构建上海合作组织框架下多边能源合作的法律机制具有重要意义。首先，多边能源法律机制能够为中俄能源合作提供广阔的平台。将中俄能源合作置于上海合作组织的框架下，能凸显能源领域的合作在上海合作组织经贸领域的重要性，实现中俄最大限度的优势互补，将各方的法律机制进行优势整合，实现多方共赢。在上海合作组织的框架下，中俄能源合作能够获得更多的资金、技术、法律机制的支持，能够用具备法律约束力的法律框架维护能源合作的制度规范。其次，构建多边能源合作法律机制能有效保障组织内能源安全。在多边能源合作框架下，各成员国都是基于同一的合作诉求，共同致力于能源的勘探、开采、加工、运输等，提高区域内能源供应的安全性。最后，构建上海合作组织框架下的多边能源合作机制，能够弥补中俄两国缺席国际性能源组织的不足，有利于提升两国能源合作的互信互惠合作关系。

构建上海合作组织框架下的能源合作还要遵循一定的原则。第一，“上海精神”。上海合作组织的宗旨和原则，集中体现在“上海精神”上，即“互信、互利、平等、协商、尊重多样文明、谋求共同发展”。在上海合作组织成员国元首理事会第十三次会议上，中国国家主席习近平指出，要弘扬互信、互利、平等、协商、尊重多样文明、谋求共同发展的“上海精神”；着力发展务实合作，把丝绸之路精神传承下去，发扬光大。尽快签署《国际道路运输便利化协定》，开辟从波罗的海到太平洋、从中亚到印度洋和波斯湾的交通运输走廊；商谈贸易和投资便利化协定；推动区域经济合作；成立上海合作组织开发银行和上海合作组织专门账户；成立能源俱乐部，建立稳定供求关系，确保能源安全。第二，能源主权原则。能源主权原则，是指在能源合作中应当尊重他国的能源主权、不侵犯他国能源、和平解决能源争端和在能源合作中和平共处。中国一贯尊重他国主权，这是中俄能源合作的政治基础，同时也为别国树立了尊重他国主权的典范。第三，能源安全原则。在上海合作组织的框架下，能源安全意味着：首先，要保证能源的供应能够适应能源需求国与能源输出国之间的供需关系；其次，应尽量减轻国际能源价格波动对合作各方经济和社会产生的影响；再次，要减少、防止和处理能源意外事故；最后，通过国际能源合作,避免能源生产、储存、运输可能造成的环境危害。[①] 这不仅是能源安全的重要内涵,也是保障能源安全的行动指南。第四,能源可持续发展原则。“绿水青山就是金山银山”,在能源合作中,要注重能源开发利用的效率和充分度,避免对环境造成不良影响,对能源利用和环境保护予以同等重视。

构建上海合作组织框架下的能源合作,还需要框架内有效的能源争端解决机制的支持。《上海合作组织宪章》第22条规定:成员国通过磋商和协商来解决争议。尽管作出了相关的规定,但争端解决的机制还不够完善。我们可以考虑在WTO的法律机制中寻求中俄能源争端解决的路径,因为中俄两国都是WTO的成员国,有关的争端解决机制可以适用于中俄能源争端。除此之外,最值得期待的应该是“能源俱乐部”的建立。上海合作组织内的“能源俱乐部”,能够在框架内活动,可以先从对话平台开始,逐步发展到具有辅助决策功能,再到建立区域内能源供需平衡体系的过程中,最终可能出现上海合作组织框架下的“统一能源空间”,即协调各国在能源政策、能源立法、能源贸易和投资,乃至能源进出口平衡体系等方面诸多问题的系统性机制。

2. 完善中俄双边能源合作法律制度

(1)建立有关中俄能源合作能源价格的政府间协议

能源价格问题涉及中俄双方能源合作最根本的经济利益,如何协商谈判能源价格,对于维护和促进双方能源合作至关重要,因此有必要建立一项中俄能源合作价格问题的政府间协议,以减少和避免价格纷争,解决中俄能源价格谈判机制,以政府间协议的形式将双方能源价格事项规范化、程序化,以此促使双方就能源价格问题达成一致。

(2)完善争端解决机制

目前解决中俄能源合作争端的途径主要有两种:一是通过谈判协商解决,二是通过法律手段解决。

在国际法实践中,各国都倾向于以积极磋商谈判的方式解决国家间的争端,避免激化各方的矛盾。在中俄能源合作的问题上,通过和平友好的协商谈判解决争议,应该是双方在面对能源争端时的共同首选。现存的中俄总理定期会晤委员会能源合作分委会以及中俄能源谈判机制,在中俄间能源争议解决协商中应该要发挥更加重要的作用。

诉诸法律手段来解决双方的争端,应当以双方均承认的法律规则为前提,并

---

① 刘再辉:《中国与中亚国家能源合作的若干法律问题》,载《新疆社会科学》2009年第2期。

且这种方式的选择是靠后的，毕竟法律途径的解决受到各项规则的约束，比较烦琐，不够经济，容易浪费过多成本。[①] 仲裁同样也是解决能源合作争端的一种法律途径，但比诉讼经济快捷很多。对于中俄能源争端，国际仲裁是一个更加实惠的选择。

① 周胜男：《中国与俄罗斯能源合作的法律机制研究》，湖南师范大学2010年硕士学位论文，第20页。

第五章　生态安全国际实践中的典型法律问题

第一节　绿色贸易壁垒的生态安全法律问题

一、生态安全语境下绿色贸易壁垒概述

随着发展中国家的经济迅速崛起,发达国家为了维护本国经济利益,保持其在国际上的经济领先优势和影响力,对发展中国家开始了新一轮的贸易限制。以 WTO 为代表的多边贸易协定对抑制传统关税壁垒作出较多且成熟的规定,为了突破已有规则的限制,一些国家开始将贸易战术转移到非关税措施上,不断拓展非关税壁垒的形式和适用领域以保护本国在国际贸易中的经济利益。结合全球环境问题日益凸显以及人们对生态保护、绿色消费等问题日益重视的时代背景,一些国家开始以环境标准等“绿色”因素为依托,将环保裹挟进世界贸易竞争之中,以寻求新的贸易限制措施,绿色贸易壁垒由此诞生。

在国家安全范畴日益扩大的今天,绿色贸易壁垒成为维护生态安全的必要措施,但如在适用中不加以限制,制定不必要的严苛的绿色标准,高筑绿色贸易壁垒必将适得其反。

(一)生态安全语境下绿色贸易壁垒的定义

绿色贸易壁垒又称“环境贸易壁垒”“环境壁垒”“绿色保护主义”。① 从这些称谓中不难看出,绿色贸易壁垒主要包含环境和贸易两个要素,环境要素在当今世界贸易竞争体系中居于重要地位。绿色贸易壁垒在我国暂时没有明确的规范性界定,在理论上也是各陈其说。

有学者认为,绿色贸易壁垒是进口国以保护生态环境、自然资源、人类和动植物的健康为由而制定的一系列环境贸易措施,使外国产品无法进口或者进口时受到一定的限制,从而达到保护本国产品和市场的目的。② 随着时代的发展,人类对生态环境和产品质量愈加重视,这同时为很多国家寻求新的贸易壁垒形式提供了契机,环境保护的“外衣”便为绿色贸易壁垒的设置提供了合理化保护。有学者指出,绿色壁垒是指进口国通过制定严格的环保技术标准、复杂的卫生检疫制度或采用绿色环境标志、绿色包装制度,以阻止或限制某些外国商品的进口。③ 此种观点阐述了绿色贸易壁垒的多种表现形式,这些形式较以往的关税壁垒和非关税壁垒的形式更加繁杂、隐蔽。在国际贸易实践中,这些严苛标准或制度的制定方多为发达国家,这对在资金和技术方面处于劣势的发展中国家是不合理的。

梳理以上的概念可以看出,绿色贸易壁垒,是指一国以保护本国的环境资源、人类动植物的健康为由,针对国外产品和服务而制定的一系列具有不合理性的法律法规或环保标准等限制措施,从而达到阻止或限制他国商品、技术或服务进口,保护本国产品和市场的目的。

从以往的绿色贸易壁垒的定义中不难看出,绿色贸易壁垒为保护本国的环境资源、人类和动植物的健康的初衷是良好的,且与国家生态安全中保障生态系统自身的安全及生态系统对人类安全的要求不谋而合,也即生态安全的保障需要绿色贸易壁垒,二者之间并非冲突对立的关系。正确适当地运用绿色贸易壁垒将会成为维护国家生态安全的有力措施,绿色贸易壁垒的制定也应将维护国家生态安全的目标纳入其中,作为其应有之义。当然,以上是对以往绿色贸易壁垒定义中积极有益的因素的分析,而其消极不合理的因素也是不可忽视的,即不合理的绿

---

① 钟筱红、张志勋、徐芳:《绿色贸易壁垒法律问题及其对策研究》,中国社会科学出版社 2006 年版,第 86 页。

② 吕黄生、张亦萌:《中国企业如何面对国际绿色贸易壁垒》,载《环境保护》2001 年第 6 期。

③ 朱晓勤:《WTO 与绿色壁垒:若干法律问题分析》,载《厦门大学学报(哲学社会科学版)》2001 年第 4 期。

色法律法规或环保标准等限制措施,可能会阻碍资本、产品、技术在全球的流通,从而使本国达到保护国内产品和市场的目的。这种消极的感情倾向也是以往对绿色贸易壁垒定义常常所采取的感情倾向,正如"壁垒"一词本身就具有贬义色彩。但是摒弃感情色彩,具体看其在实践中的表现形式,即绿色技术标准、绿色包装、许可证、绿色标志等不过是中性的制度措施,并无积极与消极之分。而产生消极影响的原因有以下两个:一是制定采用这些制度措施的国家的主观目的不正当,如目的是保护本国国内产品、企业,有意割裂市场。二是采用各种制度措施时没有对程度进行适当把控,如制定过于苛刻的绿色标准或只针对某些国家适用绿色标准。

在生态安全语境下,绿色贸易壁垒可定义为:一国以保护本国的环境资源、人与动植物的健康及生态安全为目标,对国外商品、技术和服务的进口等而制定的一系列法律法规或环保标准等限制措施。但是,不正当使用或过度滥用亦会阻碍各国正常的商品、技术和服务流通。

鉴于"壁垒"一词本身带有较强的贬义色彩,可能会导致在分析其性质及其在生态安全保护中应用时产生较为片面的结论,所以探究实践中绿色贸易壁垒的具体表现形式即那些中性的制度措施很有必要。

(二)绿色贸易壁垒的表现形式

绿色贸易壁垒的表现形式多样,常见的表现形式具体有以下几种:

一是绿色技术标准制度。绿色技术标准是进口国针对进口商品所设置的限制性环保标准,包括环境技术标准和环境管理标准。例如,国外某些食品标准中要求,禁止在食品生产中使用人工合成肥料、农药、饲料添加剂等。又如,1994 年美国环保署规定,在美国 9 大城市出售的汽油中含有的硫、苯等有害物质必须低于一定的水平,国内生产商可逐步达到有关标准,但进口汽油就必须在 1995 年 1 月 1 日起生效时达到,否则禁止进口。[①] 再如,欧盟在机电产业颁布了涉及大型及小型家用电器类、IT 和通信设备、照明设备类、电气电子工具类、医疗设备类等 10 大类、近 20 万种产品相关指令规定。[②] 这些都是根据技术水平来制定的绿色标准,无疑在土壤污染、大气污染防治和人与动植物健康等保障生态安全方面有着

---

① 莫神星:《国际贸易中的环境标志》,载《对外经贸实务》2005 年第 5 期。

② 武力超:《绿色贸易壁垒的国际比较及对我国的借鉴意义》,载《理论与现代化》2010 年第 1 期。

一定的积极意义,但对其他一些经济技术发展较为落后的国家来说,形成了一道技术标准屏障,尤其是其中对国外商品生产者在进口方面的差别待遇规定,更是割裂市场、采取贸易保护主义的做法。

二是绿色环境标志制度。德国是最早实施环境标志制度的国家,早先德国提出了一项"蓝色天使计划",将"蓝色天使"标签作为产品达到一定生态环境标准的标志,随后其他国家纷纷效仿。例如,美国食品与药品管理局规定,从 1995 年 6 月 1 日起,凡出口到美国的鱼类及其制品,必须贴上有美方证明的来自未污染水域的标签。环境标志,是指贴在商品或其外包装上的一种图形,表明该产品从生产到最终回收利用阶段,均符合保护环境和人类健康的要求;其主要是用于证明产品符合环保的要求,目的是促进符合生态环境保护和人类健康需要的产品的生产和销售。目前,产品上贴附环境绿色标志并不属于强制性要求,但是在追求环境保护和可持续发展的背景下,产品生产商往往会倾向于让自己的产品更加符合市场的需求而去申请绿色环境标志。此类绿色环境标志的取得,需要商品在不减损功能的基础上达到较高的环保标准,在程序上要经过严格的专家审核,这无疑是保护进口国生态安全的一道有力屏障。如"蓝色天使"对可以被授予环标的产品及服务的具体要求为:第一,与其他达到同样性能的产品具有可比性;第二,从整体上进行考虑,要考虑环保的一切方面(包括原材料的使用);第三,在对环境的可靠性方面有极明显的特征;第四,未明显减弱产品的合理实用性,也未削弱产品的安全性。但是,在申请的过程中,生产商往往需要付出较多的资金或时间,这会使出口商因为成本增加而处于竞争弱势。

三是绿色包装制度。绿色包装,是指环境包装或无公害包装,是对生态环境和人类健康无害,能够重复利用和再生,符合可持续发展的包装。它包含两个方面的内容,即保护环境和节约资源。绿色包装是一种高成本的包装,需要先进的技术工艺做支撑,所以采用绿色包装的产品的成本无疑要高于使用普通包装的产品,产品相应的价格也更高。对于一些国家来说,采用绿色包装等于选择放弃低价优势,增加生产成本,从而可能选择退出对一些区域或国家的产品销售。一些国家正是利用高昂的成本和产品销售需求之间的矛盾,使绿色包装制度成为绿色贸易壁垒的一个组成部分。但是从保障国家生态安全、节约资源的角度来看,绿色包装的确有其积极的一面。

四是绿色卫生检疫制度。它是为了保证人类和动植物免受污染物、添加剂等因素的影响,而对进口的产品进行全面的卫生检查的制度。从保障国家生态安全角度来看,绿色卫生检疫制度对防止外来物种入侵、生物多样性保护等生物安全方面有积极的作用。但各国的环境标准和技术检验水平差异较大,很容易在国家之间形成一道屏障。因此,卫生检疫也很容易被滥用,作为限制产品进口的手段。比如,欧盟对在食品中残留的22种主要农药制定了新的最高残留限量标准,即严格控制其在食物中的残留限量。[①] 在日本,有关农药残留限量方面的标准多达6000多个[②],这对于一般的产品出口国来说很难达到。

五是环境许可制度。它是指出口国在出口产品之前要取得进口国的许可,才能实现产品的进口。该规定主要源自《濒危野生动植物种国际贸易公约》的规定:不保护有消失危险的野生动植物的贸易应当受到严格限制,只有在出口国颁发了出口许可证的基础上,才能进行该贸易行为。还有一些国家设置了绿色市场准入制度,比如,想要进入日本市场的产品,必须经过强制性规格和任意性规格两道规格标准。

六是绿色补贴。它是指发展中国家的企业大多无力承担环境治理费用,政府为了促进本国产品的出口、扶持本国企业的发展,不得不对相关产品或产业提供专项资金补贴、税收激励和优惠利率贷款等优惠政策。根据WTO的国际补贴与反补贴规则,其属于可补贴范畴。但一些国家认为,该行为违反WTO的自由贸易原则,而征收相应的反补贴税。比如,2001年年初,美国就以绿色补贴为由,对来自巴西的人造橡胶鞋和来自加拿大的速冻猪肉提出了反补贴起诉。[③]

从绿色贸易壁垒在实践中的具体措施来看,它们无一不对生态安全的方方面面,如防止生物入侵,保护生物多样性,防治土壤污染、大气污染、水污染等,有积极的保护作用。但不可否认的是,每一项制度措施在适用过程中应当保持适当的度。影响制度适度与否的因素有两个:第一,制度适用与制定的初衷应当保持正当,即不能为了保护本国企业、产品而滥用标准,大兴贸易垄断、贸易保护主义。第二,在保证制度适用与制定的初衷正当的前提下,不能走向极端的环境保护主义,将生态安全与国际经济发展对立。保障生态安全、改善生态环境最终是为了服务于经济社会的可持续发展,是为了环境系统与生态体系能够一直持续符合生产力发展的需要,保护生态环境和发展经济有机统一、相辅相成。若为维护一国的生态安全或将生态安全作为借口而实行贸易保护、破坏国际贸易、制造贸易摩

---

① 何爱红:《绿色贸易壁垒及我国的对策》,载《西北民族学院学报(哲学社会科学版·汉文)》2000年第2期。

② 钟筱红、张志勋、徐芳:《绿色贸易壁垒法律问题及其对策研究》,中国社会科学出版社2006年版,第86页。

③ 都亳:《绿色贸易壁垒的法律分析及应对策略》,载《当代法学》2006年第1期。

擦,在经济全球化的今天,进、出口国必定两败俱伤,这对国内经济和国际经济都将是巨大冲击,给国家安全带来不稳定因素。而经济的下滑,尤其是对于发展中国家而言就更难以顾及生态环境的保护,而一国的生态环境问题并非只局限于一国,其他国家也不能免受其害。人类生态环境安全命运的共同性,需要国际社会在已有的环境保护和可持续发展共识的机制平台上,深化生态安全的国际合作。而非正义的、失度的绿色贸易壁垒,却会与其本应达到的保障生态安全的初衷背道而驰。

二、绿色贸易壁垒的成因分析

绿色贸易壁垒的出现并不是偶然现象,其具有一定的社会背景和客观条件。它是贸易保护主义、注重环保和可持续发展的历史潮流下的产物,但其根本动因在于各国对本国经济贸易利益的维护。究其原因,可以分为以下几点:

(一)人类对环境问题的重视

蕾切尔·卡逊于1962年出版了《寂静的春天》一书,批判美国在第二次世界大战之后大力发展经济而不顾对自然资源和生态环境的破坏,呼吁人们认真思考环境对人类和社会发展的重要作用。1972年,为了保护和改善环境,各国政府和联合国机构以及一些国际组织在瑞典召开了人类环境会议,通过了《人类环境宣言》,鼓励全世界人民保护和改善环境。各国涌现一些关注环境问题解决的社会团体,掀起了各种类型的环境保护运动。在公众追求安全的食品、清洁的空气、健康的生活方式等目标指引下,各种与环境保护有关的国内立法、国际公约、国际环保组织不断涌现。人类作为环境问题的主要制造者和受害者,开始关注环境问题,纷纷将目光转移到环境问题的预防和解决上。

具体到各国国内对于环境问题的解决方面,主要体现出民众需求、政府主导的特点。从民众角度来看,大到对良好生态环境和有限自然资源的维护,小到消费绿色产品及呼吸新鲜的空气,都是各国公众所享有的最基本的权利和需求,特别是在环境问题越发严重的现状下,民众对这一权利的需求和追求也越发强烈。无疑,这些需求和权利值得肯定和保护,但是现实环境中需求有可能得不到满足,权利往往会受到各种因素的干扰和破坏。在人类中心主义和经济发展占据主导地位的今天,个体可以积极地为自己的权利和需求作斗争,但在保护环境和自然资源这一涉及公共利益的领域,暂且不考虑个人的使命感和积极性问题,个体的力量往往是微乎其微的,理论上和实践中大多数国家的政府都会承担起维护公共环境利益的责任。绿色贸易壁垒就是政府为了满足国内民众保护生态环境、享有基本环境权的需求，对那些不符合本国国内制度和技术标准的进口产品和服务进行限制和禁止。总之，环境问题直接促使公众环保意识觉醒，也导致了一国绿色贸易壁垒政策的实施。

（二）以 WTO 为代表的有关国际协定的许可及相关条约内容的模糊性

虽然 WTO 倡导实行自由贸易，主张消除关税壁垒和非关税壁垒，但是在环境保护方面，仍然留给各个国家很多的自由裁量空间。比如，《关税及贸易总协定》第 2 条规定，缔约方可以在不违反国民待遇的前提下，按照自己的环境计划自行决定对进口产品征收以环境保护为目的的环境税费。第 20 条规定，缔约方可以为环境保护采取以下措施……（b）为保障人类、动植物的生命和健康所必需的措施……（g）与国内限制生产和消费的措施相配合，为有效保护可能用竭的天然资源有关措施……以及第 11 条为保护环境而对进出口产品数量限制的规定。《服务贸易总协定》第 14 条规定，缔约方对国际服务贸易不得实行限制和歧视，但为保护人民、动植物的生命和健康的措施除外。《技术性贸易壁垒协定》规定，只要是为了保护人民、动植物的生命及健康和环境，且不构成武断或不合理的差别待遇，不构成对国际贸易的变相限制，缔约方可制定技术性规定。《补贴与反补贴措施协定》中规定，若有助于消除严重的环境压力，且采取最合适的环境手段，可考虑接受环境补贴……《农业协定》中规定，保护生态环境计划及农场主的直接绿色补贴等国内扶持措施，不在协定规定的消减之列，以降低现代农业对环境的危害。WTO 为环境保护将其作为自由贸易的例外条款本无可厚非，但上述法律条款内容含糊、弹性很大，给予了各个国家从不同角度解释的余地。例如，如何解释差别待遇是“武断的”“不合理的”，如何解释何为“保护人与动物生命、健康的必需措施”。此类关键词如不加以细化规定，在实践中很容易被贸易保护主义者滥用，被成员国援用于辩护自身的贸易保护行为，为绿色贸易壁垒的形成提供了合法的基础，同时也容易激起国际贸易矛盾和摩擦。

（三）发展中国家与发达国家的经济、技术差距

发达国家和发展中国家在工业化程度、经济发展水平和知识人才储备方面存在一定的差距，各个国家对环境保护的资金投入和科学技术的开发利用也不在同一水平。经济作为基础性因素，决定了发达国家在利用环境技术标准作为贸易保护手段上更具优势，经济发展水平是发达国家在进口产品和服务的过程中设立绿

色贸易壁垒的直接原因。

世界上的产品种类繁多,生产要求不同,想要对世界各国的产品制定统一的环境标准几乎不可能,允许各国按照自身的标准来对本国和国外产品进行规范不可避免,所以每个国家都会根据本国的经济和技术水平来对产品进行生产和规制。发达国家在科学技术发展上也远远走在大多数发展中国家之前,所以制定产品的环境标准时往往会更加严格,这也容易成为发达国家歧视发展中国家、利用其作为贸易保护的手段。大多数发展中国家难以达到发达国家的环境保护标准,所以在国际贸易的交往中容易受到歧视和打击。

发达国家在实行贸易保护、制定绿色贸易壁垒的过程中,通常要求产品在生产、使用、消费和回收利用整个过程中都要符合环境标准的要求,制定了严格的绿色包装、绿色环境标志和卫生检疫等苛刻的制度,这些制度发展中国家通常无法达到,并且存在增加发展中国家产品的生产成本或程序申请成本的规定,以此促进国内市场发展,这都是发达国家借环境保护的名义设置绿色贸易壁垒的体现。更有甚者,一些发达国家对本国产品和进口产品设置了两套不同的标准。

在贸易的过程中是否考虑环境要素以及考虑到何种程度,从不同的角度往往得出不同甚至完全相反的观点。从发达国家的角度来看,这是合理的技术性措施,是对进口产品的基本要求,并不能称作绿色贸易壁垒;而从发展中国家的角度来看,这是超过其本身生产力水平、较为苛刻的标准,完全属于绿色贸易壁垒。所以当问题来临时,发展中国家并不能完全寄希望于发达国家抛弃或者降低其国内有关生态环境、国民健康的标准甚至是经济利益来救济自己。但是,加大发达国家对发展中国家的绿色技术转让和资金支持,提高发展中国家的经济水平,进而带动发展中国家的环境治理能力和绿色生产技术,抑或在双方充分协商的条件下,本着非歧视的最惠国待遇原则和国民待遇原则制定合理环境标准是可以努力达到的。

(四)贸易保护主义抬头

理论上说,在自由贸易的市场环境下,每个国家根据自身的经济技术条件创造出产品和服务并流通于全球,能实现产品和服务效益的最大化。但是,国际环境复杂多变并充满竞争,任何一个国际主体,在市场竞争环境中都在追逐自身利益的最大化。贸易保护主义是国际市场竞争的重要手段之一,只要追求利益的主体和意识还存在,贸易保护主义的进程就不会停止。以 WTO 为代表的国际组织也制定有关的协定对成员国的贸易行为进行约束,旨在限制和破除各国的关税壁垒和传统非关税壁垒,推进世界贸易自由化和公平贸易秩序的构建。但是这些规定或者措施并没有彻底消除贸易保护主义,只是进行了一定程度上的遏制。与此同时,也促使一些国家开始寻求新形式的贸易保护措施,于是新的贸易保护主义势力开始抬头。

新型贸易保护主义为鼓励出口、限制进口,为国内的产品和服务创造广阔的空间,增强国内经济市场的活力,从而提高本国的综合经济实力和国际竞争力,其采取的手段更加复杂多变和隐蔽,主要包含绿色壁垒、技术壁垒和知识产权保护等形式。

另外,贸易保护主义兴起开始由单个国家的保护转向集团化保护。在国际倡导贸易自由化的大环境下,出现了地理环境相近的国家纷纷结成区域性经济组织的局面,这使贸易保护的区域化和集团化趋势加强。① 这种集团化的贸易保护主义对其区域范围内国家实行的贸易标准和要求要高于对区域外的国家和地区实行的标准,形成了明显的歧视,造成更大的负面影响。比如,欧盟于2013年颁布实施的《木材法案》要求,木材生产、加工、经营销售整个链条上涉及的所有企业经营者,必须向欧盟提交所销售木材产品的证明性材料,证明这些木材来源是合法的。适用该法案的主要对象是出口到欧盟的木材产品、木制品或者是在欧盟加工的木材产品、木制品。② 该绿色贸易法规符合环境保护与绿色消费的潮流,注重保护生态环境、自然资源和人类健康,但是无疑也因其苛刻的标准对更多国家的木材产品进行了限制和禁止,具有极强的隐蔽性、灵活性,属于典型的绿色贸易壁垒。绿色贸易壁垒作为贸易竞争的新手段,为越来越多的国家所采用,究其源头仍是贸易保护主义在发挥主导作用。随着时代的发展,贸易保护主义将会不断寻找新的时机和形式来发展自身,如何及时发现和有效应对是每一个国家或国际组织所应当思考的问题。

(五)各国检验标准差异

各个国家在有关环境标准制定的严格和复杂程度方面也不相同。例如,美国不仅要求进口商品满足ISO 9000的规定,还要满足其国内制定的各种法规条例,美国在保护人类、动植物健康和生态环境方面设置的法律制定机构很多,有美国

---

① 参见王莉:《中国应对新贸易保护主义的策略研究》,载《云南财经大学学报》2014年第2期。
② 参见闫争楠:《欧盟绿色贸易壁垒对我国木质家具出口的影响——基于引力模型的实证分析》,载《对外经贸》2016年第5期。

食品药物管理局、消费者产品安全委员会、联邦贸易委员会等。在环境技术标准的规定层面，美国曾经规定在美国9大城市出售的汽油中含有的硫、苯等有害物质必须低于一定水平。美国国内生产商可逐步达到有关标准，但美国环保署规定进口汽油必须在1995年1月1日生效时达到，否则禁止进口。[①] 这一规定使相当多的国外企业惨遭损失，也休现出美国在技术标准的制定上的不公平性和歧视性。欧盟作为一个区域经济组织，不仅有统一的技术标准和法规，其成员国也有各自的标准，可以根据自身利益的需要选择适用于己有利的标准。比如，产品要进入欧盟市场必须要满足以下3个条件之一：一是符合欧洲标准EN，取得欧洲标准委员会CEN认证标准；二是与人身安全有关的产品，要取得欧盟安全认证标志CE；三是进入欧盟市场的产品厂商，要取得ISO 9000合格证书。

关于卫生检验检疫，许多国家，特别是发达国家往往将海关的卫生检疫制度作为控制从发展中国家进口的重要工具，尤其对食品的卫生指标十分敏感，对农药残留、重金属超标的要求日趋严格。根据1993年联合国农药残留法典委员会的规定，欧盟对在食品中残留的22种主要农药制定了新的最高残留限量标准，严格控制其在食物中的残留限量。在日本，关于农药残留限量方面的标准更是多达6000多个。

这些复杂多样的环境标准无疑加大了出口国的成本，随着发达国家食品、药品的质量要求越来越高，发展中国家出口食品、药品的难度越来越大，甚至不得不退出进口国市场。

三、审视绿色贸易壁垒的两面性

绿色贸易壁垒具有两面性，一方面包括了保护生态环境和人类、动植物健康等环保因素；另一方面被一些国家用作限制进口商品和服务的手段。一般情况下，提及绿色贸易壁垒总是会与歧视性、不公平性等负面词语相联系，这是各国在对绿色贸易壁垒进行解释的时候有意地忽视了其正向作用的结果，这样的看法有失公正。笔者认为，首先分析绿色贸易壁垒的逻辑起点，即绿色贸易的双重性质，来解释为何绿色贸易壁垒同时具有合理性和危害性；其次通过指出绿色贸易壁垒的合理性和危害性，从而呼吁各国理性地看待绿色贸易壁垒，尽量避免其危害性，充分发挥其保护环境安全、生态系统安全、生物安全的积极作用。

---

① 参见武力超：《绿色贸易壁垒的国际比较及对我国的借鉴意义》，载《理论与现代化》2010年第1期。

(一)绿色贸易壁垒的合理性分析

由于全球环境问题不断涌起,全人类在注重解决环境问题、加强环境保护的同时,也在追求自身消费绿色化,试图从消费源头减少对生态环境的破坏。绿色贸易作为环境与贸易结合的产物,也随之发展起来,其注重对生态环境、自然资源、人类和动植物健康的保护,考虑到贸易中的环境成本,尽量避免贸易给环境带来的危害,从而实现贸易与环境的协调发展。

绿色贸易,在发达国家取得了快速的发展。随着贸易自由化在世界范围的进一步扩大,各国对绿色贸易的需求也开始扩大,绿色贸易制度便逐渐在世界范围推行,由于发达国家早期在国际组织中积累了话语影响力,便开始利用其影响力将国内的绿色立法思路“推销”给国际组织,在其倡导下,《关税和贸易总协定》(1994 年)、《服务贸易总协定》、《补贴和反补贴措施协定》、《实施卫生与植物检疫措施协定》、《技术性贸易壁垒协议》、《与贸易有关的知识产权协定》等一系列国际公约、协定中,都开始规定与环境有关的贸易制度,这为在贸易中考虑环境因素奠定合法基础,也在更广范围内和更大程度上加大了世界各国对绿色贸易的关注。它要求一国在国际贸易中注重对生态环境、人类以及动植物健康的保护,预防和制止贸易对环境的不利影响。不仅在商品的生产阶段要求绿色环保,在后续的运输以及回收等环节也要注重对环境的保护。这对全球的生态环境和自然资源以及全人类的可持续发展,起到了重要的促进作用。绿色贸易改变了以往各国贸易的形式,强调在贸易的过程中考虑环境因素,通过贸易来提高环境保护的水平,既促进了各国贸易的发展,也保护了生态环境,促进全球经济的可持续发展。

不可否认的是,这些国际公约、协定当中关于环境保护、绿色贸易的相关条款的规定体现了发达国家很多关于绿色贸易的意志和思想。在取得国际一些公约、协定的合法授权之后,各国纷纷制定本国相关产品的环境标准和制度。发达国家凭借着其雄厚的经济基础和科技实力,制定的标准和制度规定要远高于一般发展中国家,在全球贸易的过程中形成明显的优势,形成绿色贸易壁垒。

但是,在就适度适用绿色贸易壁垒的前提下,无论是在生态安全方面还是经济方面,长期利益都是可观的。就生态安全方面而言,正是因为举措是基于人们合理的生存和发展需要作出的,是符合可持续发展、绿色发展的大趋势的,所以对维护国家生态安全也同样有益。同时也带动了其他国家对环境标准和制度的重视,更早地注重本国及全球的生态环境安全以及人类、动植物的健康。就经济方面而言,按照生态经济学的观点,经济再生产的基础和前提是自然的再生产,而自然再生产能力的大小主要依赖于自然生态功能的健康程度。因此,提高生产、贸易的环保要求,确保生态安全,才能更好地发展生产力,实现人类更高层次的发展。环境保护、污染治理是经济由高速增长向高质量发展转变的必经之路。生态建设的新要求也是经济创新发展的重要动力,统筹好经济发展和生态环境保护建设的关系,坚持以生态优先、绿色发展、高质量发展为导向的绿色可持续发展,实现经济发展与生态保护共赢,才能实现生态安全保护的根本前提和最终目的。因此,绿色贸易壁垒本身具有正当性和合理性。

以我国为例,我国国内的出口商品结构主要还是以附加值较低的劳动密集型或资源密集型出口为主,这也是大部分的发展中国家的典型产品结构。随着国家产品市场竞争日益激烈、环境标准要求越发严格,这种类型的产品和产业结构已经没有优势可言,如果不加快创新步伐,在国际贸易中必然会处于竞争劣势。此外,国家的整体环境和资源状况也不允许该类型的产品或产业继续生存。习近平总书记在党的十九大报告中指出"加快生态文明体制改革,建设美丽中国",其中的基本方面就是推进绿色发展、着力解决突出环境问题、加大生态系统保护力度。对此,部分发达国家的绿色贸易壁垒的设置,恰好有利于促进国内产品结构的转型升级,改变国内产品生产高投入、低产出、高污染的状况,加快科技的创新,积极发展低污染、低消耗的绿色产业和绿色产品,促进环境资源的集约使用和生态环境的平衡优化。① 发展中国家也可以制定产品的环境标准和制度,来建立适合自己国情、促进民族经济贸易发展的法律法规以及绿色标准体系,制定更加完善和高水平的环境标准和要求,提高自身产品的国际竞争力。并在进口时对产品和服务加以合理选择,维护本国生态环境,满足国民日益增长的对美好环境的需求。

(二)绿色贸易壁垒的危害性分析

自从20世纪90年代以来,发展中国家凭借其廉价的劳动力资源优势,在国际经济贸易的发展过程中享有一定的优势,与此同时,全球开始出现生产过剩等问题,这使发达国家与一些发展中国家之间呈现巨大的贸易逆差。为此,部分发达国家为了转嫁贸易逆差带来的危机,削弱发展中国家的经济实力,制定了一系列贸易壁垒,其中绿色贸易壁垒是其中之一。

贸易保护主义者以环保的名义,制定严苛的环境标准限制或禁止产品进口,以保护本国国内的产品和市场的稳定和繁荣。这层环保的合法外衣,使对其责任

---

① 冷宇:《浅谈绿色贸易壁垒的两重性》,载《怀化学院学报》2008年第11期。

的追究更加困难,成为国际贸易中最隐蔽、最难对付的问题之一。它扭曲了 WTO 的最惠国待遇和国民待遇原则,严重损害了他国利益、破坏了国际贸易的公正性。发达国家为了使其制定的绿色贸易壁垒具有合法的表现形式,在 WTO 等国际组织的相关公约或协定中贯彻制定环境保护等条款,但是相关法规的制定并没有考虑到发展中国家的产品或服务的生产和提供的情况,在没有考虑发展中国家的经济和科技水平时拒绝与国际社会协商,无疑是不公平的、具有歧视性的。

从全球经济角度来看,发达国家武断地将自己的相关标准和制度规定强加给经济欠发达的地区,阻碍了这些国家和地区拓展自身的国际贸易,使其产品或服务的出口规模大大缩小、速度减慢,影响了这些国家整个产品的国际市场占有率和竞争力。一些发展中国家为了达到发达国家制定的高标准,不仅需要实现国内产品或服务生产消费全过程的安全环保无公害管理,还需要履行、承担有关产品检验、认证、包装等烦琐的手续及高昂的费用。这些有形无形成本的增加,导致国内企业生产产品的成本急剧增加,减小了生产企业的经济效益,致使企业的出口门槛不断增高,甚至导致了部分国内企业的停产倒闭。

从生态安全的角度来看,生态环境安全的相互依存将使绿色贸易壁垒的负面影响最终也波及发达国家。资源环境问题具有明显的外部性特征,各国都难以独善其身,因此,保护全球生态环境的根本出路在于通过有效的国际经济合作,共同克服发展中的问题,将最有利于资源节约和环境保护的技术应用于生产生活的实践。就国际贸易而言,开放是发展中国家逐步实现发展目标的重要途径,也是提高包括发达国家在内的全球经济福利水平的正确选择。在民族国家利益都要充分尊重的条件下,公平的贸易环境是有效的制度选择,而为了实现人类共同可持续发展的目标,发达国家应当尽力为发展中国家改善环境提供帮助。总体而言,绿色贸易壁垒的盛行可能会威胁到人类的共同利益甚至全球生态安全,必须尽力避免其负面效应的产生,适度运用。①

四、新时代国家生态安全视角下绿色贸易壁垒的破解与运用

生态安全,是指生态环境条件和生态系统服务功能有效支撑经济发展和社会安定,保障人民生活和健康不受环境污染和生态损害破坏的状态和能力。② 生态安全是国家安全的重要组成部分,是政治、经济、社会等其他安全的基础,为整个

---

① 孔翔、杨宏玲:《浅析绿色贸易壁垒与全球生态环境保护》,载《世界地理研究》2010 年第 3 期。

② 欧阳志云等:《我国生态安全面临的挑战与对策》,载《科学与社会》2015 年第 1 期。

社会的运作或国家经济的发展提供最基础的资源环境条件。一旦生态遭到破坏,将会对其他领域的安全产生不利后果,与此同时,其他领域的安全状况也会对生态安全产生相应的反作用。

其中国家间的贸易往来作为一国经济社会发展的重要组成部分,也影响一国的生态安全。有学者提出:“任何形式生态危机都是来源于物质的不适当流动,国际贸易活动引起的大量物资、资金、人员在世界各国之间的流动,恰恰是引发生态安全方面灾难性后果的一大因素。”①所以,环境标准及制度作为控制对环境可能产生不良影响的手段,在对控制跨国污染、控制外来物种入侵及保护全球生物多样性等国家、国际生态安全维护方面有一定积极的作用。所以,我们必须正确认识绿色贸易壁垒,对于其消极影响,必须重视对绿色贸易壁垒的破解和救济,促进国际贸易重新回归正常轨道。对于其积极影响,国家要加以正确利用,维护国家、国际生态安全。

(一)破解国际绿色贸易壁垒的建议

一是不断完善细化以 WTO 协定为代表的国际条约。当今国家间的贸易越来越讲究规则,一定程度上,规则的内容决定一国的贸易利益是否能够得到合理的维护。当前,以 WTO 为代表的贸易规则对环境保护例外条款的规定笼统模糊,各国在执行协定时自由裁量的空间过大;加上各国的逐利心理,难免使例外条款制定时的良好初衷不能实现,反而使其成为不当行为的合法外衣。各缔约方应磋商谈判通过修订条约或加强条约解释等方式对条约的内容进一步具体明确,例如,明确界定何为《技术性贸易壁垒协定》等协定中所规定的“武断的”“不合理的差别待遇”“必需的措施”“情况相同”等,以防止贸易保护主义者对协定漏洞的滥用。

二是积极参与贸易与环境问题的谈判,积极参与到环境标准和规则的制定中去。发达国家对环境与贸易问题已经有了深入和系统的理论和实践研究,在国际标准的制定过程中发达国家起着主导作用。发展中国家由于缺乏技术、人才等因素不能有效参与到国际环境标准的制定中,导致国际标准主要考虑发达国家的利益。对此,我们首先应当充分熟悉国外的相关理论发展,认清自身还存在的不足之处,在此基础上积极参与到关于环境与贸易关系的国际规则制定和纠纷解决当中。对国际条约中可能会损害发展中国家利益的内容,我国应当积极联合其他的

---

① 尹晓波:《国际贸易与我国生态安全研究》,载《辽宁工学院学报(社会科学版)》2005 年第 1 期。

发展中国家,在协调贸易与环境的问题上主动地发表自身的观点和意见,对发达国家制定的那些苛刻的壁垒予以批判,促使世贸组织在规则制定时充分考虑到发展中国家的实际情况。

三是利用WTO争端解决机制。从若干年的实践来看,WTO争端解决机制在一定程度上通过对具体案件的解释和裁判,可以避免环境例外条款具有的强烈的不确定性和明显的主观色彩。各国之间贸易中包含很多复杂的因素,此时就需要发挥国际贸易争端解决机构的调解作用。同时,我国也应当研究各国援引该环保例外条款策略以及WTO贸易争端解决机构实现贸易和环境平衡的方式,从而避免在自由贸易和环境保护斗争中处于不利地位。

四是建立绿色贸易壁垒预警机制和应急处理机制。国家间的贸易充满着竞争与不确定性。国家不仅要在国际舞台上充分发力,也要提前做好危机来临时的准备。首先,在对外贸易与环境保护之间,应当实现信息及时共享。因为在对外贸易与环境保护之间存在大量的政策和法规,它们分属于不同的管理系统,所以有必要在相应的部门之间建立沟通协调机制,及时进行信息的更新,促进问题早日解决。其次,建立绿色贸易壁垒信息中心。我国需要尽早收集各国对有关标准和法律法规的制定情况,避免因为信息的闭塞导致在对外贸易中处于被动地位。对此,我国可以建立专门的绿色贸易壁垒信息中心或数据库。

五是鼓励各类行业组织积极履职。让行业组织协助政府加强行业发展和产业研究,在对行业基础调查和资料收集的基础上,加强国际贸易环境规则、各国环境标准及制度的制定和应对绿色贸易壁垒的研究和培训。

六是积极推进产业结构调整,走可持续发展的道路。产品设计和生产工艺等因素的落后,是发展中国家企业产品遭到发达国家绿色贸易壁垒限制的重要因素,因此,企业应加大对产品设计和生产工艺的创新,提高产品的绿色标准,在追求经济利益的同时也要注重环境利益,生产更多含有高技术水平和高标准的绿色产品,尽量缩小和发达国家的差距,提高国内产品在国际市场上的竞争力。

七是环境科技的发展和人才的储备。绿色贸易壁垒对环境科学等一整套的科学技术要求很高,这也是造成大多数发展中国家在绿色贸易的竞争中落后的原因之一,因此大力发展科学技术、培养专业的人才,将会直接推动发展中国家有关产业和产品竞争力的提升,缩小同发达国家的标准和规则水平之间的差异,甚至是达到要求的标准,有效地助推绿色贸易壁垒的破除。另外,不需多言的是,大力发展本国生产力、提高经济发展水平,才能更好地为绿色产业的发展和产品的出口提供根本动力和容错空间。

(二)破解绿色壁垒或成为国家生态安全进步的动力

在产业方面,我国在提高出口产品和服务质量的同时,促进企业生产线升级,进而不断改进内销产品和服务的品质,形成良性循环,使其更符合绿色、高效、低碳的发展模式。

在消费方面,发达国家严格的环保标准会逐渐影响人们的消费理念和消费行为,促使民众逐渐走向绿色消费,不断重视自身健康和生态环境的保护,提高全民环保意识和环境维权意识;使在生产、消费、废弃物处理和回收以及产品的包装和设计等环节遵循严格绿色标准的企业得到消费者的支持,最终实现可持续的绿色生产;使社会公众能够在更加干净、健康的环境当中生产生活,对国家生态安全体制的构建将大有裨益。

(三)正确构建绿色贸易壁垒的建议

在面对绿色贸易壁垒的时候不仅要破解它,还需要学会去利用它来解决问题,保护自身合法权益。正确构建绿色贸易壁垒,主要指一国通过完善国内的绿色贸易壁垒体系,以规范和促进国家对外贸易的良性发展。一般来说,国家可以从以下几个方面来完善绿色贸易壁垒体系:

一是坚定绿色发展、可持续发展的经济发展理念。当前我国的绿色贸易壁垒制度有待进一步完善。一方面,这使发达国家利用绿色贸易壁垒将我国的产品挡在其国门之外;另一方面,发达国家利用我国绿色贸易壁垒法律制度不够完善,使大量的商品肆无忌惮地涌入我国,扩大其在我国的市场份额,冲击我国的国内市场。① 所以,我们必须坚定绿色发展理念,禁止国外的高污染企业或高污染项目向我国转移。

二是加大对环境标准建设的投入,形成适合我国贸易发展的绿色标准体系。在国际绿色贸易竞争中,技术标准起到了至关重要的作用。因此,我国必须要研发先进的环境技术设备设施,加强对技术人员的培养,形成能够组建绿色贸易壁垒的技术团队。对产品和产业首先要建立其绿色准入制度,并在此基础上对企业及其产品或服务进行认证管理,加强对未取得绿色认证的国外企业或产品的监督和处罚,严格控制非绿色的企业或产品存在或流入我国市场。通过环境标准的提

---

① 林俊贤、明秀琴:《构建我国绿色贸易壁垒法律制度的理论基础》,载《中国公证》2009 年第 4 期。

高来保证国内的产品和产业，以保护我国生态安全，提高社会公众健康生活水平。例如，在绿色检疫方面，我国的《进出口商品检验法实施条例》《进出境动植物检疫法》有待进一步完善。其一，提高科学标准，弥补法律不足；其二，解决各个立法之间非常突出的冲突问题和重叠问题。它们在实施过程中存在相对混乱的管理，执法水平不高，导致一些与环境要求不符的国外产品进入我国市场。①

（四）正确构建绿色壁垒或成为维护国家生态安全的动力

我国的绿色贸易壁垒制度尚不完善，无论是对我国的贸易发展还是生态环境保护，都是不利的。比如，由于发达国家的环保标准日趋严格，发达国家的高污染产业为了降低国内高昂的环境治理成本不得不投资迁居发展中国家，这就出现了发达国家造成的污染转移到我国的现象，本来应该由发达国家来承担治理这些污染的费用也随之转嫁到了我国。而环境的恶化又会增加我国招商引资的难度。又如，对生态环境、公众健康可能有危害的产品，会因为我国缺少绿色贸易壁垒法律制度而流入我国市场。所以，不断完善绿色贸易壁垒制度，对污染密集型产业引进的控制和管理越完善，这种贸易带来的环境负外部性就越小。应提升国外产品进入我国国内市场的门槛，防止国外污染产业进入我国市场。绿色贸易产业中所涉及的产品的绿色包装、绿色环境标志、绿色卫生检疫、环境许可制度等，都是促进国家生态安全进步的重要组成部分，所以完善绿色贸易壁垒的标准和规定，将成为促使国家生态安全进步的重要内在动力。

第二节　国际绿色援助在国家生态安全保障中的法律分析

国际援助的概念由来已久，自第二次世界大战之后付诸实践以来，国际发展援助成为重要的发展干预手段，在消除贫困、能力培训、提高社会治理效率等方面起着至关重要的作用。

近年来，国际援助的领域不断扩展，最明显的便是改善环境方面：为维护和保障全球生态安全、构筑全球生态安全体系，国家、政府间组织等国际法主体根据环境问题的特点，将作为公共物品的环境外部问题内部化，探索出了一种新的援助方式——绿色援助。绿色援助在帮助发达国家与发展中国家维护本国生态安全与提高世界生态水平上发挥了重要作用，但由于它属于新兴的国际援助类型，制

① 陈巧玲：《我国绿色贸易壁垒法律制度构建策略探究》，载《法制博览》2016 年第 12 期。

度建构呈现碎片化的状态，相关的国际法与国内法存在明显缺失，这也导致了绿色援助在实践中出现了一些问题亟待解决。本节将以绿色援助的现状、绿色援助对生态安全保障的必要性为基础，对绿色援助实践中存在的问题进行探讨，并在新时代中国绿色援助发展的背景下提出适合我国国情的制度建议。

一、绿色援助概述及现状

（一）绿色援助的含义

绿色援助，又称为环境援助，是国际发展援助在环境保护领域的调整和扩大，其从诞生之日起就在国际环境保护合作上发挥着重要作用。从援助的方式来看，它既可为无偿援助，亦可为有偿援助。有偿援助又可能存在优惠有偿和完全有偿两种表现形式。从援助的手段来看，目前国际实践中主要是技术援助和资金援助。从援助的主体分析，单就国家这一国际法主体来看，既表现为发达国家对发展中国家的援助，也表现为发展中国家对发达国家的援助，本书中所要研究的绿色援助主要是指发达国家和地区对发展中国家或欠发达国家的援助。从援助的目的来看，主要是通过加强不同主体之间的合作，应对日益严重的环境问题。

笔者认为，绿色援助，是指国家、国际组织和社会团体等国际法主体之间相互协作，无偿或有偿地采用资金、技术和设备等途径，共同致力于保护环境和防治污染的一种国际援助方式。

（二）绿色援助的方式

绿色援助主要包括两种方式：一种是从资金上对发展中国家进行直接的援助；另一种则是“授人以渔”，加强与受援国家和地区的技术交流，以从根本上解决环境问题。

1. 绿色金融援助

绿色金融，是指为支持环境改善、应对气候变化和资源节约高效利用的经济活动，对环保、节能、清洁能源、绿色交通、绿色建筑等领域的项目投融资、项目运营、风险管控所提供的金融服务。所谓的绿色金融援助，是指传统金融工具和手段在保护环境、治理污染和生态文明建设等领域的具体运用，以此来加强环保事业的国际合作，推动人与自然的和谐发展，提高可持续发展能力。联合国环境规划署发布的《绿色金融和产品服务》和2016年8月中国人民银行、原环境保护部等7部委联合发布的《关于构建绿色金融体系的指导意见》以及G20绿色金融研究小组将向杭州峰会提交的《G20 绿色金融综合报告》显示，目前国内和国际上的绿色金融援助产品和服务主要有以下几种：

(1)绿色信贷

近年来，国际环境治理合作资金缺乏、方式单一，迫使环境治理拓展新的方向，银行业金融机构开展的绿色信贷业务便是其中的代表。

绿色信贷，是指银行业金融机构对具备环境正效应或能够降低环境负效应的项目提供优惠利率和贷款支持。① 国际上并未有通用的术语定义银行业金融机构在信贷业务上的可持续发展或绿色举措。“环境贷款”(environmental loan)、“可持续贷款”(sustainable lending)等词偶尔被用到，但使用更多的还是“绿色金融”或“可持续金融”。

国际上对于“绿色金融”或“可持续金融”的定义主要表现在：一方面，是银行业金融机构在传统经营与服务中加入对环境和社会因素的考量，规避和管理相关风险；另一方面，是银行业金融机构加大对可持续发展相关(如环保类)项目的投融资支持。原中国银行业监督管理委员会在《绿色信贷指引》中对“绿色信贷”所作的定义为：绿色信贷应包括对绿色经济、低碳经济、循环经济的支持，防范环境和社会风险，提升自身的环境和社会表现等基本内容。

绿色金融援助的主体主要是国际性的银行业金融机构和国际金融公司，尽管面临需要确保信贷资金安全的困难，但在促进社会可持续发展和推动经济结构转型方面具有重大意义。相关的援助实践已覆盖到清洁能源、基础设施建设、节能减排和医疗服务等领域，并在纵向和横向维度上不断深入、丰富和发展。

日本瑞穗金融集团旗下的主要银行——瑞穗银行为致力于开展太阳光发电、太阳热发电、风力发电等与环保相关的项目的公司提供贷款支持，从各方面推动环境保护——例如，2008 年的西班牙太阳光发电项目、2009 年支援保加利亚普及可再生能源项目、2010 年韩国秦岐山风力发电站项目、2011 年西班牙太阳热发电项目和 2014 年的海外地热发电站项目等。

总部位于英国伦敦的渣打银行，其业务网络遍及全球 60 个最有活力的市场，为来自 145 个市场的客户提供服务。例如，中国山东的转废为能(Waste-to-Energy)项目、印度马哈拉施特拉邦的风力发电项目、马来西亚的太阳能发电项目、印度尼西亚的地热站项目和老挝的水电项目等。渣打银行秉承“增进人类福祉”的使命，在过去将近 20 年里，一直努力确保其社区投资项目符合联合国千年

① 马骏主编：《国际绿色金融发展与案例研究》，中国金融出版社 2017 年版，第 84 页。

发展目标(Millennium Development Goals,MDGs)的要求。在环境方面,承诺:①重点关注环境战略,以降低运营产生的环境影响并降低渣打银行获得贷款的客户活动产生的环境与社会风险;②推动集团内部与外部利益相关方减少其活动产生的环境影响。[①]

世界银行集团成员组织国际金融公司(International Finance Corporatim,IFC)也在探索绿色信贷领域的机制创新。①IFC 协助中国农业银行研发绿色信贷资产证券化,设定资产筛选标准,以及提供绿色项目的绩效评估核证;②联合中国原环保部开创性地研究了物联网在区域能源与公用事业的应用及与之相适应的金融服务模式,将物联网技术与金融服务相结合,创新金融机构的产品;③推出绿色金融学院项目,帮助北京银行培养一批专业的绿色金融从业人员及绿色金融专家。

由英国政府投资并支持的全球首家绿色投资银行——英国绿色投资银行,通过直接贷款、股权投资、债权投资、与融资伙伴合作等方式,为绿色项目提供融资支持。截至 2017 年 1 月 27 日,该行已在海上风电、能效、废弃物管理与生物质能、陆上可再生能源等绿色技术领域支持了 98 个项目和 7 个项目资金,直接投资达 34 亿英镑。

(2)绿色保险

绿色保险,通常是指与环境风险管理有关的各种保险计划,其实质是将保险作为一种可持续发展的工具,以应对与环境相关的一些问题,包括气候变化和环境污染等。[②] 这一类保险主要是为了保护本身有环保功能或作用的资产,使其持续发挥作用。这一类保险产品相对简单,可以沿用传统的保险产品,并根据绿色资产的特点进行改造。在国际环境法中,绿色保险主要有绿色设备保险、绿色建筑保险和绿色项目贷款保证保险等。

(3)绿色债券

绿色债券的发行主体集中于欧洲投资银行(European Investment Bank,EIB)、世界银行(World Bank)、国际金融公司等多边发展性金融组织和政策性金融机构,责任投资者以养老基金、大型资产管理机构、知名企业和各国央行为主。例如,欧洲投资银行气候意识债券,其投资者包括来自法国、比荷卢经济联盟、英国、德国和北欧等欧洲国家的银行、资产管理公司、中央银行或官方机构及保险公司,其用途主要是投向符合条件的可再生能源和能效项目;中国银行的绿色资产担保

① 马骏主编:《国际绿色金融发展与案例研究》,中国金融出版社 2017 年版,第 85 页。
② 田辉:《中国绿色保险的现状问题与未来的发展》,载《发展研究》2014 年第 5 期。

债券,募集资金主要用于投资可再生能源(风能)和污染预防和控制管理(污水处理);中国浙江吉利控股集团的全资子公司LTC GB Limited发行的吉利绿色债券,所得资金用于伦敦出租车公司设计、开发及生产具有零排放能力车辆所需的融资或再融资。

(4)绿色基金

绿色基金包括绿色投资私募基金和绿色风险投资基金,投资方一般采用入股的方式,将资金注入能够开展绿色项目但不具备公开上市资格的资源节约型中小企业或能源环境技术性中小企业。例如,1999年世界资源研究所(World Resources Institute)在花旗银行资助下成立"新风险投资基金",专注巴西、中国、哥伦比亚、印度、印度尼西亚和墨西哥等新兴市场经济体的中小企业(Small and Medium Enterprises,SMEs in emerging markets)。1999~2012年10余年间,该项目"共帮助367个'产生明显环境效益'的中小企业获得风险融资总共3.77亿美元,帮助两家顺利实现IPO获得1亿美元的融资。[①] 累计减排二氧化碳330万吨,保护耕地450万公顷,节水净水57亿升"。

2. 绿色技术援助

绿色金融的众多表现手段往往都以技术的使用为载体。绿色技术又称为清洁技术、环境友好型技术,是指那些既能促进生产力发展,又不会对地球生态带来破坏的技术。[②] 联合国经济和社会事务部所发表的《2011年世界经济和社会概览:绿色技术大改造》对绿色技术进行了概括,主要包括4大类:对环境保护更有益的能源技术、保持水和土地资源可持续利用的技术、保护森林可持续利用的管理技术以及能够更加降低自然灾害风险的技术。

绿色技术具有以下几个特征:其一,绿色技术以新兴技术为载体,并将其用于环境保护领域,且随着科技的不断发展,呈现出动态变化之趋势;其二,绿色技术之应用对环境没有有害影响或有害影响较小;其三,绿色技术研发周期长,往往需要投入很大的物力和财力。

根据政府间气候变化专门委员会对技术转让的定义,技术转让包含一系列含

---

① "Between 1999 and 2012, New Ventures worked with 367 innovative enterprises whose goods and services produce clear, measurable environmental benefits. Collectively these businesses received over $377 million in investment capital and held two Initial Public Offerings (IPOs) that raised approximately $100 million."载世界资源研究所网2020年6月10日,http://www.wri.org/project/new-ventures。

② 孟祥飞:《绿色技术跨国转让困境及对策研究》,大连海事大学2018年硕士学位论文,第21页。

义丰富的过程,包括各利益相关方之间关于能够应对和改善气候变化的专门知识、经验、硬件等技术的促进和推广。① 近年来,环境问题日趋恶化,绿色技术援助的范围和内容也在不断延伸和扩展。如《京都议定书》6 次提到“技术转让”,《巴黎条约》和 TRIPs 也规定了技术转让的国际知识产权保护机制。

(三)国际绿色援助的发展状况

与传统的援助相比,绿色援助在援助目的、援助规模、援助时间、技术要求、财政保障等方面皆有不同。

在援助目的上,绿色援助针对的是气候变化、环境保护、农业生产技术提高、新能源的开发应用等,这些项目往往需要投入很大的资金,且周期长,需要国际合作和跨部门协调。

在援助规模上,援助方通常针对一个国家或地区的整个产业的发展施行援助,具有连贯性、协调性和长期性。比如,新能源的开发应用,从基础设施建设、后期运营、产品销售等全流程都由援助方把控,规模巨大,既能带动受援方整个产业的联动,又能保证该项目的顺利实施。

在援助时间上,少则十年,多则半个世纪,其区别于人道主义的自然灾害类的援助,主要是因为在短期内难以发生作用,无法产生应有之效果。例如,2010 年开始的摩洛哥太阳能发电项目中,援助贷款的期限长达 30 年。如何对这样长达 30 年的援助项目进行支持、监控和评价是以往的援助项目所未曾涉及的,因而也是一种全新的挑战。

在技术要求上,绿色援助项目会涉及大量的技术和设备。对发展中国家,从研发到实施是很难独立完成的,需要发达国家(尤其是大型跨国公司)的技术和人才方面的支持。但是,援助国往往以知识产权保护为借口,并非真正输出其核心关键技术,取而代之的是已濒临淘汰甚至给受援方带来不利后果的技术。

在援助的财政保障上,从目前的援助实际来看,实现气候变化、绿色农业等项目所需资金远远超过普通援助项目,影响援助效果的实现。一是因为这些项目投资高、见效慢,出于私利和国际影响力之考虑,援助方并不愿意过多投入。二是受制于政府财政预算,以及国内经济政策和经济发展状况;一国经济发展稳定,拥有

---

① Bert Metz ed. ,IPCC,*Methodological and Technological Issues in Technology Transfer*,Cambridge University Press,2000,p. 3.

足够的财政盈余和完善的财政预算,才有能力进行绿色国际援助。

近年来,随着对环境影响认识的加深以及环保语境的转变,绿色援助的目的也从单纯的环境保护提升到了国内与国际生态安全的高度,但绿色援助与生态安全的关系,以及绿色援助如何实现生态安全的保障依旧处于探索阶段。接下来,本书将从绿色援助对生态安全保障的必要性方面讨论绿色援助与生态保护的关系。

二、绿色援助对生态安全保障的必要性

(一)绿色援助对国家生态安全的必要性

从正义论的角度来看,环境保护所涉及的是当代人与当代人之间、当代人与后代人之间、人与自然之间三种关系的正义。而我们当今所经受的环境污染,也是上一代遗留下的"非正义"后果。体现在国家与国家之间,则是发达国家在过去与现在无节制的资源掠夺、环境破坏与当今发展中国家的落后、全球环境的恶化之间的联系。

对于发达国家而言,在过去的工业化与殖民化发展中,它们不恰当地占有了世界资源以获得目前的财富积累。亨利·苏明确指出:"如果一方在过去的岁月里,未经对方同意就把某些成本强加给对方,从而不公平地获得了某些好处,那么,被单方面地置于不利地位的一方就有资格要求,为了恢复平等,在未来的岁月里,占了便宜的一方应承担某些不对等的、至少与它们以往获得的好处相当的责任。"①就目前而言,发达国家与发展中国家对财富的占有和使用是极不公平的,而发达国家的人均资源消耗量与废物排放量也远远超过发展中国家。对于世界财富以及环境责任承担的重新分配是正义原则的诉求。对于发展中国家而言,在实现其经济发展的情况下很难给予环境保护更充足的资金支持,但以牺牲环境为代价发展经济亦不是明智之举,生存权与发展权的冲突需要国际社会共同构建一种公平、合理、互助的绿色发展框架。

生态环境是一种纯粹的公共产品,虽然单个国家或地区的环境看似自成一体,但我们不得不承认,无论是大气污染、水污染、土壤污染,还是由气候变化导致

---

① Henry Shue, *Global Environment and International Inequality*, International Affairs (Royal Institute of International Affairs 1944), Vol. 75, No. 3 (Jul., 1999), p. 531 – 545, Published by Oxford University Press.

的自然灾害,所带来的危害都是全球性的,这种危害的解决也无法依靠单个或者几个国家的能力。而环境的公共产品属性也决定了私人部门既缺少解决环境问题的能力,也缺乏解决环境问题的动力。因此,国际协作成了解决环境问题、保护全球生态安全的必要条件,国际援助则是正义原则与生态环境公共性共同作用下的、保护国际生态安全的主要途径。

国际社会确立了发达国家与发展中国家在全球污染治理上“共同但有区别责任”的原则。该原则包含了“共同”与“区别”两个部分,承认了对于全球污染治理,基于地球生态的整体性,国际法各个主体应共同承担起保护与改善全球环境、减少环境污染的责任。金瑞林教授认为,共同责任包括以下 4 个方面:第一,各国必须采取切实措施保护和改善本国管辖范围内的环境。解决各国国内的环境问题与解决全球性环境问题具有同等重要的意义,因为各国管辖范围内的环境是地球整体环境的组成部分,各国环境的保护和改善也就是对地球整体环境的贡献。第二,各国应当采取措施防止在其管辖范围内和控制下的活动对其他国家和国家管辖范围以外地区的环境造成损害。这是各国根据《联合国宪章》和国际法原则在国际环境关系方面应当承担的基本义务。第三,各国广泛参与环境保护的国际合作。地球整体环境的保护和改善,关系着人类共同的利益,是国际社会的共同义务,同时涉及每个国家的利益,任何国家都不能置身事外,任何国家或国家团体也都不能包办。第四,各国应当在环境保护方面相互支持和援助。在环境保护方面,有能力的国家应当帮助缺乏能力的国家解决环境问题。因为人类只有一个地球,它就像茫茫宇宙中的一叶孤舟,所有的伙伴都必须同舟共济。在环境保护方面,帮助别国并非对他国的施舍,而应当看作对改善地球整体环境的贡献,对人类共同利益的贡献。① 而区别原则主要体现在承担责任的大小、领域、形式、时间上,核心观点是要求发达国家在阻止全球环境恶化、维护国际生态安全中承担更主要的责任,并为发展中国家的环境改善与节能减排行动提供更多的帮助。“共同但有区别责任”原则确立于 1992 年的《里约宣言》,其内容也同样体现在同年签署的《联合国气候变化框架公约》里,该公约明确要求发达国家在采取措施限制温室气体排放的同时,要对发展中国家转移资金与技术,帮助发展中国家履行公约义务。

(二)绿色援助对国际生态安全的必要性

绿色援助作为发展援助的领域之一,主要包括援助国与受援助国两个主体,

① 金瑞林主编:《环境法学》(第 2 版),北京大学出版社 2007 年版,第 364 ~ 365 页。

所以绿色援助对国家生态安全的影响也是具有相互性的。本部分将从受援国与援助国两个方面来探讨绿色援助对国家生态安全的必要性。

1. 作为受援国的环境效应分析

国际贸易的环境效应理论是由格罗斯曼（Grossman）和克鲁格（Krueger）在1991年最先研究发现的。他们提出，污染物排放是生产活动的副产品，影响污染物排放的三个因素分别是经济活动的规模、结构及其使用的技术。也就是说，规模效应、结构效应和技术效应构成了国际贸易的环境效应，这也是国际贸易环境效应理论的基本分析框架。这一理论经过2001年安特维勒（Antweiler）、科普兰德（Copeland）和泰勒（Taylor）的进一步研究扩展，形成了以规模效应、结构效应、技术效应区分量化后的环境效应分析模型。该模型认为，规模效应恶化环境，技术效应改善环境，结构效应的正负取决于一国比较产业的清洁度，可能改善环境，也可能恶化环境。若结构效应改善环境、技术效应超过规模效应，则最终改善环境。①

国际绿色援助环境效应是从国际贸易的环境效益理论中发展出来的，分析绿色援助所产生的多方面效应的一种理论模型。根据该理论模型，可以认为绿色援助所产生的效应可以分为直接环境效应与间接环境效应两部分，其中间接环境效应包括规模效应、结构效应、技术效应、政策效应、挤出挤入效应以及扩散效应。这些效应综合作用，形成绿色援助最终的总环境效应。环境效应的正负则是依据污染排放与绿色援助规模是否同向变化来判断的：污染随着环境援助的上升而减少，则环境效应为负；反之则为正。环境效应为正意味着环境恶化，也意味着对国家生态安全造成威胁，绿色援助的环境效应分析可以视为绿色援助对受援助国生态安全影响的量化分析。②

（1）直接环境效应

绿色援助本身就以改善受援国的环境状况、提高环境质量为目的。绿色金融援助带来了环保资金，有助于增加受援国的治污设备数量，促进受援国环保市场的发展等，而绿色技术援助则提高了受援国环保技术水平，推动环保意识进步，直接作用于环境领域，对环境污染情况起到了改善效果，产生了直接减污效应。这也是绿色援助项目的直接产出结果与项目实施目的，比如，2003年启动、2009年竣工的“世界银行贷款林业持续发展项目”为我国提供了0.93亿美元贷款的人工林营造资金，直接增加了受援地区的后备森林资源，缓解了天然林压力，提高了森林

---

① 佘群芝等：《对华环境援助的减污效应与政策研究》，人民出版社2015年版，第10页。

② 此处的环境效应显示为负，与前述的环境正效应、环境负效应并非同一概念。

覆盖率,增加了森林涵养水源、保持水土、净化空气等生态效应。

(2)规模效应

非绿色目标的国际贸易与国际援助会产生资金或物资的国际转移支付,扩大受援国的经济规模,同时促进了受援国的经济增长,提高了受援国的生产水平与消费水平。但在产业结构与减排防污技术未发生变化的情况下,会增加受援国的资源消耗并提高污染物的总体排放量,导致受援国生态环境的恶化,产生显示为正的规模效应。绿色援助作为以提高环境质量、改善污染状况为目标的援助方式,在短时间内也会产生规模效应,如间接促进了就业市场,导致相关群体收入增加,消费水平提高;环保工程建设过程中也会导致资源消耗与污染排放的上升。

(3)结构效应

结构效应,是指援助影响原有的资源配置和生产的产业结构,在经济规模和污染排放强度不变的情况下,产业结构清洁化则污染排放减少,形成负的结构效应,产业结构污染化则产生为正的结构效应。结构效应实际受到绿色援助中清洁产业发展程度、产业清洁化进度的影响,绿色援助为节能减排项目以及产业提供贷款优惠与资金支持,会鼓励环保类产业的发展与清洁产业市场的扩大,有助于保护生态环境,形成显示为负的结构效应。

(4)技术效应

当今的绿色援助中绿色技术援助占据了很大部分,直接给受援国带来了先进的节能减排环保技术,减少了污染排放强度,同时因为引进技术而增加了对相关人员的环保技术培训,提升了相关人员的技术水平,在经济总量和产业结构不变的情况下也会降低污染排放强度。绿色援助项目提高了经济发展水平,增加了相关人员的收入,消费者的环境支付意愿与能力也相应上升,促进了受援国环境标准的提高与环境技术的发展。绿色援助采用的国际化管理模式也可以提高受援国的经济效率,管理水平进步从而降低单位产出的能耗与投入,减少污染。

(5)政策效应

某些绿色援助是附条件、捆绑性的,对受援国的环境政策改良与环保制度建立、环境税的变动有直接要求,这种捆绑性的绿色援助直接促使受援国提高环境标准,改善环境质量。而在某些时候受援国为了竞争获得绿色援助资金,也会主动提高自身的环境标准,推动环境友好政策的出台。另外,绿色援助提高了政府部门对于环保重要性的认识,也对公众的环保意识产生了积极作用,使政策制定者会在今后的制度设计中增加对环保因素的考虑;群众对于非绿色的政策、制度也会提出改善意见,形成了负的政策效应,对生态保护产生积极影响。

(6)挤出挤入效应

这类效应主要是考虑到绿色援助的增量与受援国环境保护总投资增量的对比。如果援助的增量大于受援国保护总投资的增量,则会出现挤出效应,即因为绿色援助在向受援国转移资金、技术的同时,受援国自身对于环保投资的减少,技术发展主动性降低,绿色援助部分或者全部替代了受援国自身的环保财政支出与市场投资,这部分资金流向高效益部门;如果受援国的高效益部门为非环保产业,则会导致受援国产业结构中污染性产业比重上升,引起污染排放量上升。如果援助的增量大于受援国保护总投资的增量,那么就会出现绿色援助的挤入效应,绿色援助带动了受援国环保投资的上升。① 这种情况有三种可能:一是受援国的政策效应导致受援国主动提高环保类财政支出,环保市场受环保意识提升的影响而逐步扩大;二是捆绑类的绿色援助对受援国提出了新的配套环保投资要求,所以产生了新的环保支出;三是由于环保援助项目所产生的其他环保类投资方向以及环保援助项目所需要的额外支出,导致了总体环保投资的增加。

(7)扩散效应

绿色援助的扩散效应主要表现为环保意识、环保知识、保护制度以及环保技术的扩散。绿色援助对于公民环保意识的提升作用在前几个效应中已经提到,对于项目相关人群的意识提升会逐步演化为整个社会环保意识的提升,而公众媒体对于绿色援助的宣传与报道同时也是对环保知识的传播。援助项目与国际接轨的管理流程、技术水平也具有示范效果,对其他地区的项目产生影响,带动全产业的清洁化、环保化,环保技术及环保技术人员在项目之外的其他领域也会继续推广项目的环保经验与技术成果。

以上7种效应并非独立发生,而是相互作用、相互连接,对受援国的生态安全共同产生影响。因为每种效应所影响的群体都是受援国的群体,所产生的效应都会带动政策出台、规模增减、产业结构、技术开发的系列效用,形成绿色援助对受援国的总环境效应,可以看出绿色援助对受援国环境情况改善、环境质量提高的巨大影响与重要作用。

2. 作为援助国的生态安全影响分析

(1)综合效应

在绿色援助中对于援助国的影响首先体现于综合效应中,污染具有流动性,

---

① 佘群芝等:《对华环境援助的减污效应与政策研究》,人民出版社2015年版,第14页。

地区污染很容易带来全球性的环境质量下降,高田贤三・安倍(Kenzo Abe)和冈村杉山(Yasuyuki Sugiyama)的研究指出,援助国为受援国提供非捆绑绿色援助提升了受援国的规模效应,两方的相对收入差降低,受援国的环境税提升,环境技术得到发展,总体污染水平下降,改善了援助国的环境状况。① 由此可见,绿色援助有利于提高援助国与受援国双方福利,并使全球污染总量下降。

(2)技术效应

由于援助国与受援国的经济水平、技术支持、产业结构、消费习惯与生态环境都有一定差别,援助国在对受援国进行援助时不能直接将本国的环保项目与技术移植给受援国。援助国与受援国共同改良、开发、推广项目,有助于培养新兴的环境技术人才,在不同环境的技术实践中突破技术"瓶颈",提升援助国的环境保护技术,从而提升本国的排污效率,进一步改善环境质量。

(3)扩大清洁产业市场

绿色援助对于拓宽受援国的就业市场,创造收入,创建新兴环保市场领域,带动消费增长都有显著效果,为援助国绿色产品以及其他商品的流入创造了条件,从而拉动了援助国的经济发展与国际贸易流通,有助于援助国环保产业的进一步发展、技术人才的交流沟通,提升环保产业的综合实力与收益率,吸引更多资本流向援助国的环保部门,推动援助国的产业清洁化进程。

(4)缓解减排压力

《京都议定书》中的清洁发展机制是现存的唯一的可以得到国际公认的碳交易机制,在该机制中,援助国通过为发展中国家提供绿色援助,在发展中国家实现温室气体减排,所产生的减排量可以充抵本国的法定减排指标,且该抵销额在国际市场上可以转让与获得。

在清洁发展机制之外,日本也引入了"双边抵销信用机制"(Bilateral Offset Crediting Scheme, BOCS),又称"联合信用机制"(Joint Crediting Mechanism, JCM),该机制与清洁发展机制相类似,日本与受援国签订协议,通过绿色技术的转移或绿色金融支持在受援国建立绿色援助项目,所实现的温室气体削减量的一部分可以作为日本的温室气体削减额。日本通过该项机制向中国、印度转移了先进、高效的煤炭火力发电技术,所带来的减排量既可以使日本轻松实现其承诺的减排目标,又对全球环境问题的治理提供了不小的帮助。

---

① Kenzo Abe & Yasuyuki Sugiyama, *International Transfer, Environmental Policy, and Welfare*, 21st Century Center of Excellence Program, Osaka University, Japan, 2004(9), p. 1 - 3.

三、绿色援助在实践中存在的问题及制度建议

(一)存在的问题及原因

绿色金融援助和绿色技术援助在给受援国家和地区带来正效应的同时,也会附带产生诸多问题。从宏观上来看,这些问题的实质都为援助缺乏有效性;从微观上讲,这些问题表现为援助双方目的相悖和技术转让上存在障碍。

2005年由众多发展行动者共同签署的《关于援助有效性的巴黎宣言》(Paris Declaration on Aid Effectiveness)提出了援助有效性的议题。这一议题最初源于2002年墨西哥蒙特雷发展筹资问题国际会议上对发展援助有效性的关注,随后的2003年,在罗马举行的援助协调高层论坛上加强援助有效性的理念得到了进一步强化。对外环境援助会受到一国政治因素、经济因素和思想文化因素的影响,由此带来不同的援助效果。同时,这些因素也在发达国家和高收入发展中国家等援助主体中存在差异。

1. 政治因素

(1)政党因素

目前,在国际环境援助舞台表现活跃的主要是发达国家和高收入发展中国家。发达国家如美国、德国和日本等,由于采用两党甚至多党轮流执政的方式,权力分立,使环境援助受到执政党和代议机关的制约,往往影响援助效果的实现。不同的执政党在援助的方式、项目和态度上各有侧重,甚至大相径庭,导致受援国家或地区正在实施的援助中断、中止,原定的援助计划无法如期实现,这不仅无法改善环境,违背援助初衷,更严重的,甚至使环境恶化。

相较而言,发展中国家如中国,其环境援助深深扎根于社会主义制度土壤中,采用一党执政、多党协商的政治制度,能够确保援助政策的连续性,给受援地带来环境福利,因而近年来越来越受到欠发达国家和地区政府和人民的欢迎。

(2)政治利益

发达国家在国际环境援助上囊括了广泛的政治利益,将援助作为发展自身的工具。一是通过环境援助对受援国施加政治影响。这种政治影响实际上是不平等的交易,其目的是通过援助对受援国加以控制。二是为援助国的外交战略服务。环境援助已然成为外交战略的重要组成部分,援助国用其发展本国经济,维护国家安全,提高国际地位。

相较而言,发展中国家由于深知发达国家援助的政治性和援助的应有之义,从一开始就将援助定位于真正解决受援地的环境问题,减少甚至避免附带违背受

援地发展规律的政治性援助条件,尊重其自身的发展道路。

2. 经济因素

(1)经济利益

在发达国家,对外援助被认为是一种“对外国家投资”,往往打着援助的幌子附加一系列的政治经济条件,将受援国变成受支配国(dominated countries)。[①] 由此不难看出,无论是何种援助,其背后都蕴藏着经济利益;绿色援助最重要的主体是掌控资金和技术的发达国家,更体现这一点。发展中国家则不以此为援助目的,其更多关注与受援国的经济贸易往来,加强技术和相关领域的交流;区别于发达国家居高临下的“给予”,发展中国家的援助体现对等和平等的国际合作原则。

(2)经济环境

经济环境的差异最本质的原因是根本经济制度的不同。一国的经济制度稳定,经济发展质量高,在援助的项目和效果上会更有持续性和连贯性,而且在援助数额上也会显著增多。相反地,在经济制度转型国家,或是经济发展不稳定的国家,援助的金额和效果也会大打折扣。

3. 思想文化因素

1992 年里约会议后,发达国家援助者开始注重与环保相关的援助,但是援助国和受援国对环保援助的重点有所不同。发展中国家希望得到能够解决实际环境问题的援助项目,而援助国家的目的除了针对环境和经济发展之外,还有推行其价值观及国家策略的考虑。[②]

宋新宁和陈岳在《国际政治经济学概论》一书中指出:“对外援助是一个国家或国家集团对另外一个国家或国家集团提供的无偿或者优惠的有偿货物或资金,用以解决受援国所面临的政治经济困难或问题,或达到援助国家特定目标的一种手段。”因此,推行何种援助,在哪些项目上提供援助,无不受该国意识形态因素的影响和制约。

4. 技术因素

参与绿色技术援助的主要有三大要素:绿色技术、绿色技术转让方、绿色技术受援方。不难看出,绿色技术为国际技术转让的客体,绿色技术转让方和绿色技术受援方为绿色技术转让的主体。在绿色技术转让的过程中,表面上表现为发达

---

① Rubin Patterson, *Foreign Aid after the Cold War: The Dynamics of Multi-Polar Economic Competition*, Trenton, NJ: Africa World Press, 1997, p. 11 – 22.

② 夏庆杰、曹峥:《国际绿色援助的发展及其中国对策》,载《学习与探索》2015 年第 11 期。

国家政府向发展中国家的技术输出,但是真正的主体是发达国家的企业,尤其是大型的跨国公司,其不仅是核心技术的掌控者,更是技术创新的引领者。具体来讲,绿色技术转让障碍表现为以下几个方面:

第一,绿色技术分布的不平衡。先进的绿色技术主要集中在欧美发达国家的大型企业,它们因为经历了两次工业革命的洗礼,掌握了许多绿色技术。与之不同的是,发展中国家由于工业之路起步较晚,没有先进的技术基础,与发达国家不可同日而语。

第二,援助目的背道而驰。单就受援国和援助国而言,在技术转让方面,受援国希望借助援助国的先进技术,改善本国日益严重的环境破坏和资源枯竭问题。但是援助国往往仅仅出于自身之意愿,转让的是不符合受援国实际紧迫需要,甚至是被本国淘汰的技术。由此就产生技术对接上的问题,双方的目标存在差异,这必然会带来直接或间接的利益冲突,最终影响环境援助的实际效果。具体而言,在利润的驱动下,援助国的真正目的是获取技术转让利润,或是以技术转让为途径换取其他目标的实现,如以技术换市场。是否输出技术,输出什么样的技术,通过什么样的方式实现技术的输出,都直接取决于援助国。

第三,发展中国家的基础设施不完善,无法真正消化技术。先进的技术若想在受援地真正落地实施,就必须健全当地的基础设施,使相关设施与技术相匹配,否则将会适得其反。

第四,转让成本高。受市场规律的驱动,转让方以获取利润为目的。这给援助国带来了巨大的资金难题,这既是核心问题也是现实问题。接受的企业如果购买力不足,引进环境技术的资金主要依靠自筹,这必然影响关键技术的引进和应用。援助企业一般以技术价格为衡量标准,严格定义援助费用和内容,而并非以优惠条件转让先进技术。

第五,发展中国家对环境技术投资的驱动力不足。环境技术自身周期长、风险大,且发展中国家风险意识和承担风险的能力普遍不强,投资绿色技术的意愿和主动性较弱,由此带来的问题是,一些发展中国家的企业不去选择技术和研发技术,而是被动地等待国家计划和国家投资,使技术转让单纯地表现为政府一方的行为,既耗费了大量的外汇,也不利于环境技术转让失误法律责任的承担。

5. 援助双方目的相悖

中华人民共和国商务部 2014 年颁布施行的《对外援助管理办法(试行)》第 4 条规定,对外援助应尊重受援国主权、不干涉受援国内政,致力于减轻与消除受援方贫困,改善受援方民生和生态环境,促进受援方的经济发展和社会进步,增强受援方自主发展能力,巩固和发展与受援方的友好合作关系。该办法将中国的绿色援助的目标定位于改善受援方生态环境、帮助其提升自主发展能力、增进人民福祉,从而推动与受援方的外交关系,即不附加任何政治条件。2013 年,国家主席习近平在访问非洲时,提出了“正确义利观”的概念,强调援助的无偿性和利他性。近年来中国的对外环境援助一直以此理念为指导,遵循“平等互利”的援助理念,为受援国带来实实在在的福利,得到国际社会的一致好评,同时也为中国的发展赢得了契机。

发达国家在环境援助方面附加了政治目的。国际政治的本质是权力斗争,这一点在国家环境援助上也表现得极为明显。例如,在气候变化问题的国际博弈中,以气候变化谈判为表现形式的各方联盟逐渐分化成几大国家利益集团,它们试图在气候变化问题领域内获得更大话语权、更高国际地位。①

2013 年 9 月 24 日,时任美国总统奥巴马在联合国大会演讲中提到“美国有时会与那些达不到国际社会最高期待但能有助于美国核心利益的政府合作”。② 可以看出,无论何时,美国的核心利益始终是排在首位的,气候援助也是如此,归根结底是为美国的国家利益服务。不仅美国,大多数发达国家的环境援助都带有条件,希望在援助过程中使受援国被迫接受本不会接受的条件,从而在国际政治格局上谋取更大的利益。

6. 非法援助

国际援助的“非法”既可能体现在形式上,也可能体现在内容与目的上。比较有名的案例是转基因食品国际援助事件,2000 年转基因食品国际援助争议首先在拉丁美洲和亚洲初现端倪,2002 年在对南部非洲食品援助时达到高潮。印度是发展中国家推广转基因作物商业化种植的“领头羊”,但 2002 年同样以食品安全为由拒绝了美国非政府组织提供给印度“午餐工程”项目的 2.3 万吨学生食品。2004 年苏丹和安哥拉再次拒绝转基因食品援助。③ 除此之外,也有以国际援助为名,捆绑政治条件、干涉他国内政,要求受援国遵循援助国的发展模式并满足援助者制定的条件。

---

① 肖妙文:《国际气候援助格局下中美气候援助战略比较研究》,华东师范大学 2019 年硕士学位论文,第 13 页。

② *President Obama's Speech at the U. N. General Assembly*, See http://articles. washingtonpost. com/2013 - 09 - 24/politics/42340329_1_challenges-war-u-n-general-assembly.

③ 陈亚芸:《转基因食品国际援助法律问题研究——兼论发展中国家的应对措施》,载《太平洋学报》2014 年第 3 期。

在绿色援助上，可能出现的类似问题，包括援助国利用科技优势，将会带来潜在污染的技术、产业转移给受援国，制造隐性的生态安全危险；部分企业利用援助垄断市场，阻碍市场竞争；以援助为名进行政治贿赂，滋生权力寻租空间，导致腐败……援助本身会导致负面影响，更严重的是，由于法律制度不健全，这种“绿色援助”无法得到有效规制，最终会危害本国生态安全。这也体现了各国在绿色援助方面立法理念的区别、立法技术的差距和风险评估制度的缺陷。

（二）完善绿色援助的法律制度

随着绿色援助在全球范围内的扩大化，仅依靠初步的援助框架协议、备忘录、联合声明这类分散性文件，不利于援助的开展，更不利于解决双方在援助中所产生的冲突与矛盾，对于援助目的的实现更是一种阻碍。所以，通过法律的完善，建立一个具有约束力的体系化制度来保障援助进程与争端解决，是当前国际绿色援助的最优解。而该法律制度的完善，可以从以下几个方面进行：

1. 积极践行共同但有区别的责任原则

共同但有区别的责任，是国际环境法领域的一项重要责任，是全世界各国在环境治理领域都应承担的一项基本义务，是指因全球环境逐渐恶化，世界各国在国内、地区内以至全球范围内都应承担起保护环境的义务，但基于公平、正义的理念，考虑到全球环境问题形成的历史原因，以及各自应对环境问题的能力等因素，发达国家应比发展中国家承担更大的责任。概括来说，对于日益严重的环境问题，世界各国都有不可推卸的责任和义务，但是发达国家应比发展中国家承担更大的责任。

1972 年《人类环境宣言》、1982 年《内罗毕宣言》、1992 年《里约环境与发展宣言》及《21 世纪议程》等许多多边环境条约、国际宣言中都体现了共同但有区别的责任。在国际绿色援助的实践中，发达国家应正视历史和现实，贯彻落实共同但有区别的责任原则，积极承担起比发展中国家更大的责任和义务。虽然众多国际环境公约中规定了资金援助和技术转让条款，但是由于其并非强制性义务，因此援助效果并不明显；而资金援助和技术转让却是发展中国家改善自身环境、履行义务的前提，这很明显导致了国际环境援助的滞后。

2. 确立风险预防的立法原则

国际环境法中的风险预防原则，指的是“为了保护环境，各国应按照本国的能力，广泛适用预防措施，遇有严重或不可逆转损害的威胁时，不得以缺乏科学充分确实证据为理由，延迟采取符合成本效益的措施防止环境恶化”，这在国际绿色援助中常常受到国内法的忽视。比如，在转基因食品援助事件中，美国以粮食危机为契机，利用受援国转基因食品法律规范的真空，大力推广转基因食品。而在绿色援助上，因为科技水平的差异，援助国将无法排除环境污染风险的产业或技术以“援助”为由向受援国转移，受援国在无法证明产业或技术当前会切实导致环境污染的情况下，易引入不可预知的生态风险，从而与接受绿色援助的目的背道而驰。所以，应当确立风险预防的立法原则，对绿色援助引进的产业、技术加以严格审查，维护本国生态环境安全。

3. 克服市场障碍，完善受援国市场体制

首先，受援国接受资金和技术，只是绿色援助的第一步，能否真正有效利用，取决于受援国市场驱动力量带动技术创新和实施的程度，因而需要健全国内市场机制；政府要充分利用价格机制、投融资机制和税收机制，放活市场，改善市场环境。

其次，一项新技术的引进，往往机遇和挑战并存，这就需要受援国统筹安排，具备消化和掌握新技术的能力。具体来讲，受援国需要评估国家需要并在此基础上改进各级别、各部门的能力建设，增强引进和消化环境技术的有效性。这一过程很大程度上取决于受援国市场体制的完善程度，因此必须强化合同、税收、知识产权保护、对外贸易、外汇管制和投资限制等方面的法律法规。

4. 完善绿色援助的法律监管与责任制度

国际条约和多边外交文件所规定的条款，并没有强制约束力，因此，需要建立国际法上的履约保障机制，规范保障性的实体和程序性措施，确保各缔约方切实履行义务。其一，要强化绿色援助规范的法律效力，制定具体、可操作的规范；其二，要完善现行的国际争端解决机制，国际社会应加强对争端解决的有效途径和主要程序的研究（如不履约案件的启动方式、发达国家不履约的情形和应对不履约案件的主要措施），并在此基础上设置相应的仲裁程序和调解程序。

在国内法上，要将绿色援助的对象、形式、资金运用等纳入监管范围，引入更多利益相关方参与评估，从而避免权力寻租和违规操作。对外援助较强的政治性和经济性，要求监督机构必须具备相应的独立性和专业性，应当设立独立的监管机构，与援助的管理、执行机构相区分。同时建立完整的事前、事中、事后监管流程，并与责任追究制度相衔接。

四、新时代中国对外绿色援助的制度建议

(一)构建国家对外援助法

绿色援助作为对外援助的一种,其所依据的国际法律规范是国家和国际组织从事对外援助的国际法依据,主要包括适用于对外援助领域的国际法基本原则、规范对外援助行为的国际条约,以及指导对外援助实践的国际组织和国际会议的决议三类。[①] 而这类国际法律规范需要由立法机构对国内法进行修订与增补,体现于国内法律体系中,才可保证国际法在国内的有效实施。

目前,规范我国对外援助工作的法律文件主要是部门规章和规范性文件,如2015年12月9日颁布的《对外援助物资项目管理办法(试行)》《对外援助成套项目管理办法(试行)》,2019年12月25日通过的《对外援助标识使用管理办法》等。这些部门规章与规范性文件,其内容集中于实施主体与管理细则的具体规定。唯一一部对外援助领域的综合性规范是2014年11月15日出台的商务部第5号令《对外援助管理办法(试行)》,但是该办法的规定较粗糙,以原则性、概括性条款为主,对绿色援助等具有特殊目的与特色领域的援助没有相关制度设计与考量。除此之外,我国对外援助主要是以国家政策为指导,这也与国际局势变幻莫测,政策的灵活性和时效性更能满足对外援助项目实施的需要有关。

但是,随着近年来我国对外援助的金额与受援国数量不断扩大,绿色援助的比例也在不断上升,现行的对外援助法律规范的层级较低、缺乏强制力与约束力,修改周期较短、政策变动性较大,导致在对外援助上随意性增加、连续性不足,项目缺乏稳定的法律体系作为支撑,对外援助的决策者和管理、执行部门也缺乏可以长期遵循的基本规范。

可以看出,目前的对外援助法律体系已经无法满足我国对外援助制度的需要,我国应当尽快出台"对外援助法",在"对外援助法"中体现绿色援助的特色性规定以及建立配套性监管、评估措施,以更好地提升对外援助质量,保证援助资金发挥最大效益,提升我国的国际影响力,推广中国绿色发展经验,为维护全球生态安全作出贡献。

---

① 李小瑞:《对外援助的国际法律规范分析》,载《国际关系学院学报》2012年第2期。

（二）以互惠共赢为导向，形成有效的绿色援助体系

近年来，随着国际援助发展理念的更新，技术项目合作、债务减免和人道主义援助在发展援助中占比上升，贷款援助比重有所下降。一方面，单纯地采取金融援助的方式过于笼统，中国对外援助的理念难以向国际社会清晰传达；另一方面，通常来说，有的受援国的管理体制与监督体系不甚完善，所提供的资金是否被充分利用，又是否实现了援助目的，特别是对于绿色援助这类所需时间长、资金量需求大、对治理技术与开发技术有一定要求的援助类型，其援助成果难以在短时间内体现，对于援助国产生的经济效益也不够明显。单纯的资金援助已经不再是援助国首选的援助方式，特别是考虑到受援国对于技术、人员以及环保意识培养方面的需求。而应以互惠共赢为导向，采用多种不同的援助手段搭配组合。

绿色技术转让是国际绿色援助的重要组成部分，环境友好技术与低碳技术的发展是国际社会应对气候变化的关键要素，通过技术转让使发展中国家在不阻碍经济发展的同时，减少污染排放，缓解资源利用压力。绿色技术转让对于援助国来说，也是一个推动本国技术创新、开拓影响力与占领海外绿色技术市场的一个机遇。但是，绿色技术转让也面临诸多困境，首先，现有知识产权制度在绿色技术转让方面存在局限。通常来说，受援国的知识产权制度还不够完善，则援助国的绿色技术在受援国可能并不能受到有效保护，导致援助国的知识产权遭受侵害。其次，由于受援国的教育水平、科技发展、人员配置较落后，再加上各国的历史文化、社会条件、自然环境的差异，将本国的绿色技术直接照搬给受援国很难达到预想的效果。最后，绿色清洁技术多掌握在企业手中，以政府为主导的对外绿色技术转让项目最终还是要依靠企业来落实，但是，国际条约中并没有明确规定绿色技术转让的强制性，且绿色技术转让对于私人部门来说缺乏有效的激励，导致绿色技术的转让难以实现。

可以看出，绿色援助需要的不仅仅是援助方式的创新与援助渠道的拓宽，更重要的是形成配套的激励措施与保障措施，通过有效的法律机制与政策，促使援助国与受援国以及其他私人部门将自身的营利行为与应对气候变化的公共问题相融合，如此才能保证绿色援助的长期性与有效性，实现援助国与受援国的互惠共赢。

（三）构建非政府组织对外绿色援助激励机制

我国对外援助一直以来均由政府主导，参与主体构成单一，这也是我国对外

援助是以资金援助为主体的现状决定的，政府在筹措资金、资源配置和政策配套等方面优势明显。但是，其一，政府主导的援助体系缺乏灵活性，受制于政策规定与行政审批，难以及时对受援国的需求作出回应。其二，绿色技术相关知识产权通常掌握在私人部门手中，绿色援助缺乏私人部门的参与难以形成全方位、多层次的绿色援助体系。其三，绿色援助的资金来源单一，主要来自政府专项财政拨款，以无偿援助、无息贷款和优惠贷款三种类型的资金援助为主。① 随着对外援助的深化与扩大，绿色援助占比的提升，对援助资金的需求不仅增加了政府的资金和舆论压力，也不利于降低援助资金运行风险。其四，政府援助的优势往往在于硬件设施，但人与人之间的联系并不紧密，我国对外援助常以大工程、大项目为主，与当地居民日常生活有一定距离，导致对受援国的文化影响力还并不突出。

对于我国来说，拓宽资金来源渠道与优化对外援助主体多样性，不仅有助于提升绿色援助的影响力，更有助于分摊风险，照顾各方利益，确保绿色援助项目可以持久运行。同时，受援国为了偿还各方借款，也需要认真运作项目，接受各资金来源主体的监督，达到援助项目的目标。

绿色援助不仅是我国树立大国形象、履行大国责任、维护国际生态安全的良好途径，也是我国输出软实力，促进国家间非政府组织和社会团体的人文交流发展，以及推动出口经济的重要方式。我国可以在绿色援助中鼓励和支持非政府组织和社会团体发挥重要作用，充分结合各利益相关方的需求设定绿色援助项目目标，发挥非政府组织和社会团体的独立性、志愿性、灵活性、利他性等特点。非政府组织深入东道国社区，提供面对面的服务，贴近受援国个性化的需求的同时也能降低项目在规划、执行、评估中的风险，非政府组织的专业化知识和人才，也能够帮助提升援外项目的专业性和社会效益。② 另外，可以使民间力量真正参与到国家对外援助工作中，有助于增强社会民众和舆论对援外工作的理解和支持，充分展示中国的援助目的和援助方法。③

建立有效的非政府组织对外绿色援助激励机制，一是可以设立与受援国的“绿色技术池”项目，鼓励具有相关绿色技术的私人部门通过向技术池内投入其所

---

① 国务院新闻办公室:《中国的对外援助(2014)白皮书》，载中华人民共和国商务部网2014年12月5日，http://yws.mofcom.gov.cn/article/m/policies/201412/20141200822172.shtml。

② 张天潘:《全球治理时代，对外援助须有民间参与》，载南方都市报，http://epaper.oeeee.com/epaper/A/html/2017-03/26/content_16956.htm。

③ 何霁赠、李庆四:《新时代中国对外援助面临的挑战及改革路径》，载《中共中央党校(国家行政学院)学报》2019年第3期。

拥有的专利技术的许可,对向该池中投入专利技术的跨国企业给予国际贸易与国际投资上的优惠,增加其承担责任与义务的动力。① 二是可以对参与绿色援助的企业给予一定的税收优惠,对于在绿色援助项目中投入的资金可以依照一定比例进行税收抵扣。三是确立非政府组织设立的海外机构的合法地位,对境外捐赠资金拨付、境外捐赠物资的清关提供更加通畅的渠道。我国驻外使领馆也要将进行境外绿色援助的非政府组织的活动纳入日常管理工作中,为其提供政策、安全、信息、领事等方面的指导和支持。

(四)构建特色化"清洁发展机制"

我国作为全球温室气体排放总量第一的发展中大国,于2015年6月主动向联合国气候变化框架公约秘书处提交了有关开展温室气体减排等气候行动的"国家自主贡献预案"(Intended Nationally Determined Contributions),确定了到2030年的行动目标,其中包括:二氧化碳排放在2030年左右达到峰值并争取尽早达峰;单位国内生产总值二氧化碳排放比2005年下降60%～65%,非化石能源占一次能源消费比重达到20%左右,森林蓄积量比2005年增加45亿立方米左右。同时,在农业、林业、水资源等重点领域和城市、沿海、生态脆弱地区形成有效抵御气候变化风险的机制和能力,逐步完善预警和防灾减灾体系等。② 但是我国本身也处在工业化、城镇化发展过程中,能源消耗不可避免会增长,而又是以煤炭为主的能源结构,清洁能源占比较低,在主动承担了高标准减排任务的情况下,经济发展、产业升级、节能减排之间的矛盾给我国带来了巨大挑战。

面对这种矛盾,《京都议定书》中的清洁发展机制(CDM)为我国提高绿色援助的动力并缓解减排压力提供了途径。通过该机制,我国可以通过援助国提供资金与技术实施具有温室气体减排效果的项目,使其所产生的温室气体减排量冲抵我国的承诺减排指标。

对于CDM的灵活运用,日本是一个成功的例子。日本在对外给予绿色援助的同时,也引入了特色化的"清洁发展机制"JCM。随着JCM的建立,日本企业可以投资发展中国家的减排项目和方案,从而获得抵销信用。JCM相较于CDM,其项目涉及范围广泛,有交通业、运输业、垃圾处理业、电力生产业、工业以及与提高

---

① 丁晓迪:《国际绿色技术转让制度的缺陷及完善》,载《湖北警官学院学报》2014年第2期。

② 《中国提交应对气候变化国家自主贡献文件》,载新华网,http://www.xinhuanet.com/world/2015-06/30/c_1115774780.htm。

能源利用效率、发展可再生能源、防止荒漠化等相关的行业。同时,JCM 项目对于项目的认证程序较为简单,项目的核实和认证可以由一个机构同时进行,且审定机构的资质要求较为宽松,在审查时无须像 CDM 在项目开发时进行假设情景的额外性评价,只需对拟建项目进行资格标准审查。对于项目减排量的计算,JCM 也简化了 CDM 所需要的各种复杂计算公式,提供了操作相对简单的电子表格。简言之,JCM 保持执行过程简洁、实用,同时提高了扩大援助项目领域的积极性,也使促进全球温室气体减排行动切实可行。

针对 CDM 项目的缺陷与我国目前经济发展与减排压力的双重挑战,我国也可以借鉴日本的成功经验,研究、发展、引入适合本国特色的抵销信用体系。向受援国推行我国目前具有技术优势的清洁产业项目,在帮助受援国实现可持续发展、减缓全球气候变化、维护全球生态安全的同时,帮助我国灵活地以成本有效的方式实现其减排承诺,并有利于我国开拓海外低碳产品、服务、技术市场,提升我国清洁产业的竞争力,促进其进一步发展。

(五)推动建设援助成果评估制度

近年来,我国在非洲国家发展了很多国家援助项目,也取得了很好的效果,但是因为援外项目内容多、领域广、时间跨度大,要求评估机制既要包含原则性条文和具体操作规范,也要追踪检验最终援助效果。我国现有援外评估机制条文原则性、概括性较强,具体评估内容、操作程序和评价指标等细化程度不足。而且,我国对外援助规范性文件侧重于对援助工作的事前审查而非事后评价,忽略了援助效果的反馈。① 建设援助成果评估制度,一方面可以加强对援助项目的监管;另一方面可以通过效应评估报告对项目的经验进行汇总并使之成为未来项目的指引。同时,也有利于援助成果的推广,加深中国援助的影响力,扩大中国的话语权。

第三节　环境执法与环境司法的国际合作

一、国际环境执法合作

随着经济全球化的逐步发展以及全球环境问题的逐步凸显,在如今的地球村,国与国之间的环境合作与交流更为频繁和密切。环境执法是环境管理采取的

---

① 何霁赠、李庆四:《新时代中国对外援助面临的挑战及改革路径》,载《中共中央党校(国家行政学院)学报》2019 年第 3 期。

一项重要手段，强调刑事威慑、民事处罚、行政监督三管齐下，确保执法过程无过错，执法结果有利于打击环境违法犯罪行为、解决环境问题。因此，加强执法层面的国际环境合作在生态安全的保障中显得极为重要。

(一)国际环境执法合作的法律基础

开展国际环境执法合作，离不开国际层面和区域层面的立法。相关国际条约的颁布和实行，建立起了国际环境保护法律体系，使国际环境执法合作有法可依。国际环境执法合作是多方面的，包括大气污染防治、碳排放、固体危险废物管制、濒危动物保护等。现着重就涉及固体危险废物和野生动植物保护方面的重要条约和协定进行介绍。

1. 涉及固体危险废物的国际条约

危险废物越境转移问题日益严重，国际社会对此也越发重视，控制危险废物越境转移的法律体系逐渐形成和完善。在1987年召开的开罗会议中，联合国环境规划署批准了政府间工作组提交的报告——《危险废物无害环境管理的开罗指导方针和准则》。其后，为应对不断增长的危险废物国际运输问题，联合国环境规划署执行理事会1987年6月组织制定控制废物越境转移的全球性公约——《控制危险废弃物越境转移及其处置巴塞尔公约》（以下简称《巴塞尔公约》）。该公约作为第一个禁止危险废物越境转移的全球性公约具有重大意义，是国际环境立法在危险废物越境转移领域的里程碑。1999年公约缔约方大会第五次会议上，通过了《责任与损害赔偿议定书》，其出台为因危险废物及其他废物越境转移及其处置导致的损害给予适当和充分赔偿，提供了一个综合性法律责任制度体系。①

较之全球性的国际条约，区域性条约在地理、人文、政治、经济等具有更多共同性的邻近区域内更加容易达成普遍共识，开展磋商与合作。受到《巴塞尔公约》的启示，一些区域性条约、协定应运而生，其中《洛美协定（Ⅳ）》及《巴马科公约》对危险废物越境转移法律体系的构建具有深远意义。《洛美协定（Ⅳ）》是第一个在一定范围内禁止从发达国家（欧共体）向发展中国家（非洲—加勒比—太平洋国家）越境转移危险废物方面具有强制执行效力的国际条约，其突破性不言而喻。②1991年的《巴马科公约》由非洲统一组织主持签订，其目标在于保护非洲，避免其

① 苟洪标：《〈巴塞尔公约〉框架下危险废物越境转移研究》，辽宁大学2015年硕士学位论文，第16页。

② 张进秋：《危险废物越境转移的国际法管制》，中国政法大学2009年硕士学位论文，第33页。

沦为发达国家危险废物的倾倒场。

2. 涉及野生动植物保护的国际条约

野生动植物资源是自然界不可替代的重要组成部分，国际社会广泛重视对野生动植物的保护，目前国际社会已经制定了许多关于野生动植物保护的国际条约。1973 年 3 月 3 日签订的《濒危野生动植物种国际贸易公约》(Convention on International Trade in Endangered Species of Wild Fauna and Flora, CITES) 规定了濒危物种等级划分、贸易许可证制度，旨在通过各缔约国政府采取有效措施，加强贸易控制来切实保护濒危野生动植物，确保野生动植物的持续利用。1979 年 6 月 23 日在德国波恩通过的《保护迁徙野生动物物种公约》(Convention on the Conservation of Migratory Species of Wild Animals, CMS) 旨在保护陆地、空中和海洋的迁徙物种的活动范围，为保护国家各自管辖边界以外国际领域野生动物中的迁徙物种而订立，通过国际合作加强对迁徙野生动物的保护。1982 年通过、1994 年生效的《联合国海洋法公约》从环境立法的角度出发，目的是要建立一个全新的健全的海洋法体制，对当前全球海上领海主权争端、海上自然资源管理、海洋污染处理等具有重要的指导和裁决作用。1993 年 12 月 29 日正式生效的《生物多样性公约》，是目前为止最重要的保护生物资源的专业性国际条约，是全球生物多样性保护的一个里程碑，在规范全球生物多样性保护和可持续利用、促进各国公平合理地分享利用生物资源方面发挥着不可或缺的作用。①

除上述的国际全球公约，一些区域性的公约也在濒危物种保护方面发挥重要作用，如美洲及加勒比地区的《西半球自然保护和野生生物保护公约》《保护和开发大加勒比地区海洋环境公约》；非洲的《养护自然和自然资源非洲公约》；欧洲的《保护欧洲野生生物和自然生境保护公约》《欧洲共同体委员会关于保护野生鸟的指令》；亚洲的《东南亚自然界和自然资源保护公约》《关于保护自然和自然资源的东盟协定》等。这些全球和区域性的国际条约共同构成了濒危物种保护的国际法体系，也成为保护濒危物种国际执法合作的法律基础。

(二) 当前各国和各区域环境执法合作的现状

1. 废物管理的环境执法合作

危险废物越境转移管理的环境执法合作，以欧盟的废物管理实施机制最为突出。欧盟由条例、指令、决定、建议等构成的废物管理法律体系在多方面实现了继

① 李建等：《濒危物种跨境非法贸易防控国际机制研究》，载《法制与社会》2018 年第 6 期。

承与创新的结合,形成了有效而完备的实施机制。

(1)单纯处理向综合治理转变

随着欧盟各成员国对废物污染的重视逐渐加强,欧盟的废物管理经历了由单纯处理向综合治理的转变,不仅从根本上对废物处理的内涵进行了重新定义,也开始重视源头控制和综合利用,更加强调各成员国协力合作,以推动可持续发展和循环经济的发展。为了实现较高层次的管理战略目标,欧盟确立了"废物分级"处理体系,即遵循预防或减量—重复使用—循环利用—堆肥—处置的顺序,①将管理目标向物质产生的源头减量化延伸,全面且综合地考虑废物管理的每个阶段,对物质整个生命周期进行管理,实现物质产生、流通、消费全过程的良性循环,从而实现在欧盟区域内有效控制污染、回收资源。

(2)先进的环保理念推动机制完善

欧盟的环保理念一直在世界处于领先地位,且随着社会经济的发展,该理念也与时俱进、不断更新,几乎所有欧盟成员国在废物管理上的理念都相当一致,强调减量化、资源化和无害化,有效提高物质和能源的回收利用,并以资源化为废物处理的最终发展目标。同时,环保理念也推动着相应立法原则、制度及实施机制的调整与完善。欧盟通过环境政策、指令等,明确规定或体现了废物管理的基本原则。此外,欧盟考虑到各成员国之间的经济发展水平、环境资源状况不一,通过制定废物管理的框架性指令,指导各成员国依据本国国情选择具体且适宜的方式以实现指令目标,从而构建了较为完备的废物管理机制,各成员国也取得了较好的实施效果。

(3)管理手段多样,融资渠道多元

欧盟的废物管理除了运用法律、行政手段外,也辅以税收、财政补贴等手段,如有多个成员国制定了较为完善的生态税收制度。欧盟各成员国综合运用多种管理手段,使废物管理的各项制度得以贯彻实施,这不仅在很大程度上提高了管理的灵活性,也激发了欧盟内各企业改进技术、提高资源利用率的积极性。此外,欧盟废物管理大部分是以成员国各地政府财政投入为主,结合以政府许可形式引入的社会资本这一多元的融资渠道,为废物的综合管理提供资金保障。

2. 濒危物种保护的环境执法合作

就濒危物种保护,国际上的环境执法合作主要通过各国际组织予以实现。对濒危物种进行保护的国际组织可分为两类:一是具有濒危物种保护功能的非专业

---

① 曲扬:《欧盟废物管理法律制度的特点及启示》,载《法制与社会》2014年第9期。

性国际组织，如联合国毒品和犯罪问题办公室（United Nations Office on Drugs and Crime，UNODC）、国际刑警组织（International Criminal Police Organization，INTERPOL）、世界海关组织（World Customs Organization，WCO）、世界银行等；二是专门以濒危物种保护为主要功能的专业性国际组织，如国际打击野生动植物犯罪同盟（International Consortium on Combating Wildlife Crime，ICCWC）。就目前全球濒危物种保护的国际组织而言，由于专业性的国际组织总数不足、效力欠缺，因此保护工作更多地依靠非专业性国际组织开展。以下就较为典型的国际组织采取的濒危物种的保护进行介绍：

（1）联合国毒品和犯罪问题办公室

联合国毒品和犯罪问题办公室基于对濒危物种犯罪的重视，于 2009 年 11 月与濒危野生动植物国际贸易公约秘书处、国际刑警组织、世界银行和世界海关组织一起组成了“国际打击野生动植物犯罪同盟”，以协调的方式共同致力于野生动植物保护，该联盟于 2010 年 11 月正式启动，汇集了五大国际机构的专业资源优势，倡议五部门共同合作，为世界各国提供多机构野生动植物保护工作支持。

（2）国际刑警组织

国际刑警组织提出：包括野生动物犯罪在内的环境犯罪，并非仅局限于一国边境之内，它是一个影响多国经济安全甚至国家存亡的国际性问题。[①] 2009 年，为提高打击跨境野生动物犯罪的效率，国际刑警组织与濒危野生动植物国际贸易公约秘书处推出了打击非法捕猎老虎的专门培训课程。2010 年，国际刑警组织发起了“打击非法老虎贸易”的行动，中国、俄罗斯、印度、泰国、越南、尼泊尔等 6 国参与了行动。2012 年 9 月，为打击跨国环境犯罪，国际刑警组织成立了“国家环境安全任务组”（National Environmental Security Task Force），为各成员国提供一个全球性的合作平台，以保障各国环境安全。

（3）世界自然保护联盟（International Union for Conservation of Nature and Natural Resources，IUCN）

世界自然保护联盟致力于帮助全世界关注最紧迫的环境和发展问题，并为其寻找行之有效的解决方案，其工作重心是保护生物多样性以及保障生物资源利用的可持续性，为森林、湿地、海岸及海洋资源的保护与管理制定出各种策略及方案，包括拯救濒危物种、建立国家公园和自然保护区、评估物种生存状况和生态系统情况等。该联盟等国际环境非政府组织长期致力于野生动植物生存现状和相

---

① 褚晓琳：《CITES 和国际环境非政府组织》，载《中国人口·资源与环境》2013 年 S2 期。

关国际贸易的跟踪和监测，为《濒危野生动植物种国际贸易公约》的成功签署与生效做了大量前期工作，也为其正常运行奠定了基础。作为全球性非营利环保机构，IUCN 因其组织庞大、历史悠久，成为联合国大会在自然环境保护与可持续发展领域唯一的一个永久观察员国际组织。①

（三）国际环境执法合作的核心要素——以美国克莱顿集团诉加拿大案为例

在可持续投资理念的引领下和保障国家生态安全的背景下，由于发达国家与发展中国家的经济发展水平、面临的环境问题严重性不尽相同，所以国际环境执法在诸多方面存在争端，而其中环境保护与投资自由化之间的博弈显得尤为突出。随着各投资东道国对环境保护的越发重视，环境保护与投资自由化之间的矛盾正成为东道国和外国投资者之间难以回避的问题。国家主权赋予了东道国对本国环境采取相应执法措施的权力，但是东道国的环境执法权应当有“度”的限制。实践中，东道国对外国投资者环境执法尺度不一，造成外国投资者的利益受损，进而引发了诸多环境争端。

在《北美自由贸易协定》（North America Free Trade Agreement，NAFTA）下，美国克莱顿集团诉加拿大案就是由环境执法问题引发投资争端的典型案例。2001年，美国克莱顿集团（以下简称投资者）基于项目所在地加拿大新斯科舍省（Nova Scotia）政府和自然资源委员会（Department of Natural Resources）对产业的鼓励性政策，决定向加拿大政府申请开办采石场和海运码头（以下简称本案项目）。② 加拿大联邦政府和项目所在地政府按照法律规定对项目的环境评价进行了审查，并最终于 2007 年根据联合审查小组（Joint Panel Review）的建议，驳回了投资者的申请。投资者认为，加拿大政府适用联合审查小组程序对本案项目的环评进行审查，以项目不符合“社区核心价值”（Community Core Value）为由否决了环评报告，违反了 NAFTA 第 1105 条最低待遇、第 1102 条国民待遇和第 1103 条最惠国待遇的相关规定。根据 NAFTA 有关争议解决的规定，投资者向海牙常设仲裁法院（Permanent Court of Arbitration，PCA）提出了仲裁申请。纷争长达 7 年，于 2015 年 3 月，仲裁庭裁决加拿大政府的环境执法不符合国民待遇原则和最低待遇原

① 褚晓琳：《CITES 和国际环境非政府组织》，载《中国人口·资源与环境》2013 年 S2 期。

② William Ralph Clayton，William Richard Clayton，Douglas Clayton，Daniel Clayton and Bilcon of Delaware Inc. v. Government of Canada，PCA Case No. 2009 – 04，Award on Jurisdiction and Liability，17 March 2015.

则。仲裁结果宣布3个月后,加拿大政府以仲裁庭作出的仲裁裁决超出范围为由,上诉至加拿大联邦法院(Federal Court)。2018年5月,法院认为加拿大政府缺乏支持其诉求的证据,判决驳回了加拿大政府的上诉请求。① 通过本案,我们可以对东道国的环境执法作出思考,从而总结出国际环境执法合作的核心要素所在:

1. 国家主权原则

国家主权是国家权力最重要的属性,是国家固有的国内最高权力和国际上的独立权力。② 国家环境主权是国家主权在环境领域的具体体现,是国家主权的一个重要方面。国家主权赋予了参与国际环境执法合作的各国对其本国自然资源永久性的权力,在合作活动中,参与合作的各方均有义务遵守别国的环境立法、环境标准以及其他的环境事项,一般不能挑战他国管理本国环境的权力。需要指出的是,各国的环境执法权并非没有边界,而是在一定限度内享有自主行使环境规制的权力。从本案不难看出,引发环境争议的核心问题不是抽象的环境措施本身,而是依据环境措施采取的具体的环境执法行为,因此,为了避免参与合作的各国对环境执法权的滥用,环境执法权的“度”就显得尤为重要,而“度”的限制主要体现为国际法原则、多边(双边)协定以及国内法律对环境执法权的限制。

2. 公平公正理念

在国际环境执法中,必须树立公平公正的理念,这其中包括实体的公正和程序的公正。实体公正是指国际环境执法机关在执法内容上必须不歧视、不存偏见。实体公正要求执法者在执法的过程中要以事实为根据,正确处理案件,保障法律、法规得到正确执行,维护利害关系人的合法权益。程序公正是法治的基本要求,也是公平公正理念的重要组成部分,要求在国际环境执法合作的活动中合理公正,这主要是指对各国环境执法过程的鉴定。例如,环境执法的程序是否公正,是否不恰当地运用了裁量权等。

3. 充分保护与安全

国际社会中所认同的“充分保护与安全”的标准并不提供对暴力威胁或法律侵权的绝对保护,根据国家责任法,防止前述侵权行为也并非国家的严格义务。

---

① Attorney General of Canada v. William Ralph Clayton, William Richard Clayton, Douglas Clayton, Daniel Clayton and Bilcon of Delaware Inc., Federal Court, appeal award 2018.

② 王铁崖主编:《国际法》,法律出版社2007年版,第302页。

相反,东道国仅需遵循“严格审慎”的义务,并根据具体情形对外国投资者提供合理的保护。在国际环境执法合作层面,“充分保护与安全”要求参与合作的各方对来自个人或者国家机关的侵权行为提供实质保护和安全。①

(四)建立生态安全背景下的国际环境执法合作机制

1. 设立国际环境执法合作专门机构

国际环境执法合作中,最主要的问题在于发达国家与发展中国家对于环境治理的理念、科技发达程度、经济条件等各方面的差异,导致合作无法顺利进行。同时,在执法合作中,缺少一个起统筹作用的常设专门机构。由于当今跨境污染严重,经济全球化的发展使生态安全也呈国际化,国际环境犯罪也屡屡发生,这不仅危害到国家生态安全,也触及国民环境利益。因此,设立专门机构统筹各国环境信息,举办环境执法磋商会议,统筹各国环境政策,直接调查、立案、起诉国际环境违法案件,联合执法大力打击跨国境环境犯罪显得尤为重要。

2. 完善国际环境执法合作法律体系

国际环境执法合作必须以完善的法律体系为保障,一套完备的法律体系才能够有效推动执法合作的顺利进行。目前,国际社会虽有大量的环境公约、条约、协定,但其约束力仍然存在不足,且对国际环境执法合作的针对性不足。国际环境执法合作法律体系应当涵盖环境保护的诸多方面,如大气、水、固体废物、化学品、海洋、能源、生物多样性等。同时,由常设机构与各国政府共同承担实施该类公约、条约、协定的责任,且常设机构对各国实施环境执法合作具有监督权,负责制定实施细则。此类公约、条约、协定还应当规定合作执法的制约机制,如果某国家不能履行法定职责,常设机构可以采取制裁措施。

3. 搭建环境执法联合税收机制

在国际环境执法合作过程中,需要资金进行相关的合作活动,以实现更好的生态效益。因此,在资金筹集方面,应当建立类似欧盟 PPP 原则(The Polluter—Pays—Principle),也即“谁污染,谁承担”的污染者付费制度。除此之外,还应当建立生态税收制度,专门针对某些使用了危害环境的材料或消耗了不可再生资源的产品的国家收取税款,这有利于政府的宏观调控,促使生产者采用先进科技,进而

---

① 罗鹏:《从美国克莱顿集团诉加拿大案看东道国对外资的环境执法》,载《国际法研究》2019 年第 2 期。

达到优化消费模式和产业结构的目的。

4. 建立国际环境执法监督机制

在监督环境执法方面，常设机构可以通过环境部长联席会制度，每两年召开一次。另外，可以借鉴美国环境执法的刚柔并施：在常设机构配专职的总法律顾问和总检察长，各个业务办公室配备法律顾问与律师；实施守法援助，通过对参与合作的各国进行守法教育、提供环保技术等，制作守法清单，使各国明确自己的环保职责；对参与合作的国家的企业采取环境审计自我报告制度，通过一定的激励政策鼓励参与国企业进行环境审计并报告审计结果，使参与国企业及时发现、报告、纠正环境违法行为，从而促进执法合作的有效实行。

5. 建立国际环境警察制度

近年来，走私象牙、虎骨、珍稀兰花等直接威胁动植物的物种生存，非法买卖臭氧耗损物质、有毒化学品、危险废物等都严重破坏了多边环境协议（Multilateral Environment Agreements，MEAs）的效力。① 早在2001年10月，联合国环境规划署技术工业经济司和环境协议部联合召开会议，通过了一项旨在继续加强多边环境协议培训合作的行动计划，即绿色海关计划（Green Customs Initiative，GCI）。为打击跨国环境犯罪，国际刑警组织于2012年9月成立了“国家环境安全任务组”，基于此国际合作平台，国际刑警组织应当与世界海关组织紧密联合，积极构建国际环境警察制度，赋予国际环境警察完整的警察权，巩固国际执法合作机制，推动开展国际联合执法行动，加强与重点来源地、中转地国家或地区海关、环保、警察等部门的信息交换和执法合作，适时开展案件协查、联合打击、境外追逃及证据转换，共同打击环境犯罪。②

二、国际环境司法合作

世界经济的高速发展，带来了严重的生态破坏和环境污染，严重威胁人类的生存和发展，要求高质量绿色可持续发展、人与自然和谐共处、抵制污染环境和破坏生态的新生态安全观应运而生。在全球生态安全观的背景下，生态环境利益作为一种新型的法律利益，环境司法所保护的法益必然要转向该利益，为了能够切实保护该法益，环境司法与环境执法同等重要，环境司法的国际合作也是从生态

---

① 赵世璐：《绿色海关计划的实施对中国海关履行环境保护职能的影响及对策》，载《WTO法与中国论坛文集——中国法学会世界贸易组织法研究会年会论文集（八）》，2009年9月11日于上海。

② 《中法联合声明提出打击环境犯罪，中国海关将加大国际执法合作》，载搜狐网2019年3月29日，https://www.sohu.com/a/304616616_120045408。

整体主义的角度出发,促进世界各国共同为加强全球生态环境保护、维护全球生态安全、推动构建人类命运共同体作出积极贡献。

(一)国际环境司法合作的要求

美国学者罗伯特·基欧汉对合作的定义是,“当行为者通过政策协调,将自己的行为调整到与其他行为主体的实际偏好和预期偏好相一致时,合作就会出现。或者合作可以用更加正式的形式概括为:作为政策协调过程的后果,当一个政府实际采取的政策也被它的同伴们视为是对它们自己目标的认定时,政府之间的合作就会发生”。① 由此,可以看出合作至少有两个因素:一是合作各方要有一定的目标;二是合作各方为了各自的目标而采取协调配合的行为。因此,此处的国际环境司法合作就是指世界各国在司法层面采取协调一致的办法,彼此协商,充分合作,采取有效措施解决国际环境争端,以实现保护环境、保障国家生态安全的目标。国际环境司法合作的具体要求如下:

1. 共同的环境治理目标是国际环境司法合作的基础

经济的全球化导致了环境问题、生态安全的全球化,世界各国意识到保护全球环境的重要性,仅仅局限于本国国内的环境保护已经不能从本质上实现绿色发展。因此,国际环境司法合作也应当秉承可持续发展理念,不仅仅着眼于国际法主体之间具体利益的共赢,而且更加重视全人类共同生态利益的维护。

2. 坚持共同但有区别责任原则

鉴于发达国家与发展中国家在环境治理问题上的分歧,早在《里约宣言》《联合国气候变化框架公约》中就规定了“共同但有区别责任原则”。国际环境司法合作也应当坚持这一国际环境原则:一是各国应当采取切实措施保护和改善本国管辖范围以内的环境;二是各国应当采取措施防止在其管辖范围内和控制下的活动对其他国家和国家管辖范围以外地区的环境造成损害;三是各国应当积极参与国际环境司法事务,并通过环境领域的国际司法合作解决跨境环境问题;四是发达国家在国际环境司法合作中应当比发展中国家承担更大或更为主要的责任。②

---

① [美]罗伯特·基欧汉:《霸权之后:世界政治经济中的合作与纷争(增订版)》,苏长和等译,上海人民出版社2011年版,第62页。

② 王前军:《国际环境合作问题分析》,中国环境科学出版社2007年版,第122页。

3. 环境司法合作的内容侧重于程序公正

传统的国际合作的前提大多是彼此之间可以进行利益交换，合作内容侧重于强调合作各方的权利义务相对等，但在国际环境司法领域的合作中，在适用国际公约、条约、协定进行审判时，应当侧重于程序上的公正性与公平性。

（二）现有国际环境司法合作的典型——北美自由贸易区的环境司法合作

在现有的国际环境司法合作上，最典型的就是北美自由贸易区的环境司法合作。在北美自由贸易区，其所出台的《北美自由贸易协定》以及附属协定《北美环境合作协议》（North American Agreement on Environment Cooperation between the Government of Canada, the Government of the United Mexican States and the Government of the United States of America, NAAEC）中都详细规定了与环境相关的司法争端解决机制。该争端解决机制的设计不仅促进了北美自由贸易区贸易、投资与环境的协调，更创新了在国际司法领域环境争端的解决方式。

1. 环境争端司法解决途径

基于不同的解决争端程序设计理念（如解决政府间争端，要立足于其政治性，侧重于政府磋商；解决投资争端，则要立足于其法治性，侧重于运用仲裁进行裁决），北美自由贸易区针对不同类型的环境争端设计了不同的争端解决途径，具体包括：与环境相关的投资争端解决机制、与环境相关的政府间争端解决机制以及与环境相关的争端申诉程序。这种多样的、分类型的、具有针对性的解决争端方式能够有效提高环境司法合作的效率。

2 环境争端解决主体

以往的国际法领域只有主权国家才是适格主体，个体并不具有参与国际诉讼的资格，而随着国际环境法的不断完善，个人主体的权利地位越来越得到肯定。北美自由贸易区在环境争端解决机制设计中，就纳入了个体作为环境争端解决的主体，这不仅体现了尊重人权、注重个体利益的保护，更是推动了国际环境司法领域的主体范围创新。

3. 环境争端解决程序

《北美自由贸易协定》明文规定：第一，斡旋、调解、调停是介于协商与仲裁小组之间的必然、强制性适用程序，可以有效保障发达国家与发展中国家的有效司法合作；第二，第三方成员国在对该争端感兴趣的前提下，可以书面的形式提交请求参与到该争端的解决中;①第三,只要争端国要求或者仲裁小组认为十分必要,仲裁小组可以使用环境专家提供的专家证言,争端国在争端解决过程中对环境、健康、安全或其他科学事项的事实等提供书面报告。② 这就使争端解决中专业技术性问题的解决有了法定程序依据,并且这一规定比 WTO 在环境争端解决方面的规定更加完善。

综观整个环境争端解决机制的设计,北美自由贸易区在国际环境争端解决方面的设计是目前国际环境司法合作方面的一大亮点。

(三)国际环境司法合作的发展路径

环境法治的本质就是生态法治,国际环境诉讼实际上就是生态环境公益诉讼,其所保护的法益是生态环境利益,国际环境司法必然要经历从“人类中心主义”向“生态整体主义”转变。国际环境的保护和治理也需要运用司法合作手段进行保障,因此,在新生态安全观的背景之下,构建一个国际环境司法合作机制势在必行。

1. 建立国际环境法庭

联合国国际法院于 1993 年 7 月设立了环境事务庭以解决国际环境案件,而在此之前,国际法院也有关于环境保护方面的判决,典型的有 1949 年的科孚海峡案、1974 年的核试验案,这说明国际法院已经注意并接受国际环境案件而且作出了能够推动国际环境法发展与完善的重要判决。然而,对于国际法院来说,国际环境法是一个全新的法律领域,有专家指出,在国际社会可以尝试建立一个国际环境法庭,用以专门从事国际环境类案件的审判。该国际环境法庭应当拥有自己的独立原则和标准,能够为各成员国出现的各类环境问题提供咨询与建议,同时,也应当具有独立的违法行为调查权,有权协调成员国间的环境利益关系。当然,其最基础也是最核心的权力就是采取系列必要且具有强制力的措施惩治危害国际环境的犯罪行为,对跨境环境犯罪作出专业审判,惩治跨境环境犯罪。另外,面对国

---

① Article 2013: Third Party Participation

A Party that is not a disputing Party, on delivery of a written notice to the disputing Parties and to its Section of the Secretariat, shall be entitled to attend all hearings, to make written and oral submissions to the panel and to receive written submissions of the disputing Parties.

② Article 2014: Role of Experts

On request of a disputing Party, or on its own initiative, the panel may seek information and technical advice from any person or body that it deems appropriate, provided that the disputing Parties so agree and subject to such terms and conditions as such Parties may agree.

际社会的诸多国际性环境公约、条约、协定，该法庭的建立可以使签约各国、国际组织更加充分合理地发挥其应有的环境保护作用，避免出现公约、条约、协定履行不能的情况。

2. 签订针对国际环境司法合作的专门性多边/双边互惠条例

要想开展国际环境司法合作，就得基于一定的法律基础予以保障实施，而这一法律制度的构建不能采取高度统一的一元化法律形式，因为：一方面，所涵盖的主体复杂，既包括发达国家也包括发展中国家，既包括国家主体也包括国际组织；另一方面，各区域之间所面临的环境问题、环保科技水平不一，所以可以借鉴北美自由贸易区的环境合作法律制度，效仿北美自由贸易区，在诸如中国－东盟自由贸易区、亚马逊河流域、中日韩三国之间等区域签订专门的国际环境司法合作互惠条例。这些条例可以包括以下内容：一是以法律条文的形式规定环境司法合作的原则；二是明确签约各国在履行环境司法层面的权利和义务；三是要符合国际各环保法律法规的规定，并在国际环保合作的大框架中有序开展；四是要考虑到签约各成员国的国情差异，坚持“共同但有区别责任原则”，使其中的发达国家与发展中国家较为公平、有效地参与环境司法合作。

3. 构建专门性、区域性的环境司法合作平台

国际司法合作涉及面广，不可能面面俱到，然而生态安全问题的全球化、环境问题的普遍性为建立全球统一的环境司法国际保护机制、构建环境司法合作平台创造了可能性。由于世界各国及地区历史文化传统、法律制度和经济发展程度等方面的巨大差异，建立全球统一的国际司法合作平台会面临巨大挑战。因此，国情相似、区域相邻的国家就可以在司法合作层面建立多边或区域性的国际合作平台。另外，在未来，国际社会也可以就全球普遍关注的环境、人权、国际贸易、跨国犯罪等问题建立更多专门领域的国际司法合作平台。①

4. 建立跨境环境纠纷解决机制

绝大多数有法律约束力的国际环境协定都包含一个或多个正式的纠纷解决程序，规定了可供纠纷当事方选择的一系列正式且具有约束力的纠纷解决规则。在《联合国宪章》第 33 条中早已确立了国家负有和平解决国家间纠纷的国际义务，为国家列举了解决国际争端的方法清单，包括谈判、调查、调解、斡旋、仲裁、司法解决以及寻求区域机构的安排或解决，还有国家选择的其他和平解决方法。这

---

① 秦天宝：《从博鳌亚洲论坛环境司法分论坛谈环境司法的国际保护机制》，载《中国审判》2015 年第 7 期。

些纠纷解决模式大多包含这样的发展趋势：通过使纠纷渐渐经由更刚性且正式的争端解决机制得以化解而促进跨国纠纷的解决。[①] 然而，主权国家对于将其与其他国际法主体之间的环境纠纷交由仲裁或司法机构解决往往存在顾虑，对第三方解决机构的裁判存有颇多疑虑。且由于在事前预防纠纷发生和事后采取措施解决纠纷中，往往事前预防的成本更低，也更加有效。因此，国际环境司法合作的纠纷解决机制应当向更高效的方向发展，以更被普遍接受的预防为主的解决机制为主，而非发展出更具强制性的纠纷解决机制。跨境环境纠纷解决机制的设立，其目的是促进国家环境司法合作，在环境纠纷发生时明确纠纷产生缘由，在当事国之间增加信任，或在纠纷产生之前帮助当事国预防纠纷发生。[②]

---

① 王晓丽：《跨国环境纠纷的预防与解决：国际机制视角下的比较研究》，载《东南亚纵横》2015年第11期。

② 同上。

第六章　生态安全国际争端解决

第一节　生态安全国际争端

生态安全国际争端是国际争端的一种，主要体现为环境污染类争端和生态破坏类争端，两种争端分类方式概括了生态安全国际争端的常见纠纷类型。

一、生态安全国际争端的特点

(一)国际生态争端破坏力强

国际生态争端是有关全球环境的争端，而全球环境的特点就是牵一发而动全身，它是一个由无机环境和生物群落组成的完整的生态系统。地球生态系统就像一个物物相关的网络，任何一个部分发生了变化都可能对全局产生巨大的影响，如果超过了地球的环境承载能力，整个系统还会崩溃。即使这个生态安全争端产生于两个国家之间，也可能对全球环境都产生破坏的作用，因此，国际生态争端的破坏力强，影响范围较大。

(二)国际生态争端具有科学技术性

国际生态争端具有科学技术性，环境问题无论是环境争端的产生还是环境争端的化解，都涉及物理、生物、化学等方面的科学技术知识。国际生态争端包括了各种类型，跨界污染、资源的利用、对生态的破坏,国际环境条约的解释均离不开科学技术的支持。在国际生态环境争端中,会涉及污染物的排放标准,环境影响评价标准,环境的监测标准等技术性规范,因此规则的制定、法律的适用、争端的解决都离不开科学技术的帮助。国际环境争端的这种特点,对国际生态争端解决也提出了要求。

(三)国际生态争端具有不可逆性

生态安全国际争端常常是跨界污染、跨界生态破坏导致,而对环境的污染和破坏具有不可逆性。这一点不同于其他类型的争端,比如跨境贸易生态安全带来的争端,虽然在一段时间内影响两国的贸易生态安全,但是一旦两个国家友好协商,贸易关系恢复良好,那么贸易争端带来的影响就是可以消除的。国际生态争端带来的影响很多都是不可逆转的,虽然争端产生后,作为过错方的国家会尽量采取措施恢复原状或者是排除妨碍、消除危险,但是很多环境争端产生后就不可能恢复到以前的状态。以大气环境为例,如果有缔约国没有遵守《京都议定书》,使全球气候变暖,并因此引起全球问题,如淹没海岛和城市等,尽管缔约方会采取措施,但是气温还是很难恢复到以前的状态。因此,必须在争端中建立预防机制,使国际生态争端消除在萌芽之中,不然国际生态争端产生的后果很可能就不具有可逆性,严重危害全球的生态环境。

二、生态安全争端解决的现状

生态安全争端解决方法有多种,根据主权国家是否参与解决国际争端的情况,解决国际争端的方法可以分为:争端当事国面对面地讨论和商定对争端的解决;在争端当事国的同意下,由非争端当事国参与解决,即“第三方解决”。而按照解决国际争端的手段分类,可以分为和平解决方法和强迫解决方法。

(一)解决国际争端的传统方式

1. 强制方法

强制方法,是指争端一方为使他方同意其所要求的对争端的解决和处理,而单方面采用的带有一定强制性的措施和方法。这些措施包括战争与非战争的武装行为,平时封锁、干涉、反报和报复等。

(1)现代国际法确立了和平解决国际争端的基本原则,使用战争或武力解决争端是被禁止的。武力只能在符合《联合国宪章》的条件下才能使用。因此,战争不再成为解决争端的合法方式。

(2)平时封锁，是指和平时期一国的海军对另一国的海岸进行封锁，禁止有关船只的出入。由于平时封锁是一种以武力来实现的具有严重后果的强制性措施，其只能作为由安理会决定的，维持或恢复国际和平与安全必要时所采取的一种措施，而不能是一种国家解决争端采用的合法方式。

(3)干涉，是指第三方擅自或片面介入其他国家间的争端，并强迫按照干涉国的方式解决争端。这种方式在现代国际法中，也不能被认为是合法的，因为是违反国际法的国际不法行为。

(4)反报，是指一国对于他国的不礼貌、不友好但不违法的行为，采取相同或相似的不礼貌、不友好但不违法的行为予以回报。如一国对于本国公民或侨民在他国受到的不公平或歧视性待遇进行反报，一国在贸易、航运、关税等问题上在他国遭到不平等待遇的反报，一国对其外交官被驻在国驱逐的反报等。

(5)报复，是指一国对于他国的国际不法行为，采取与之相应的措施作为回应。报复以前主要被认为是一种迫使对方接受对其国际不法行为引起争端的解决，现在更多地被认为是一种对于不法行为的对抗，因而在符合必要和成比例以及其他国际法规则的前提下，仍然可以采用。报复可以采用多种方式，包括停止执行某些条约、扣押对方船只和财产、实行贸易禁运等。从对不法行为对抗的意义上，有人把自卫也作为一种报复，但自卫行为必须严格满足其要件及符合《联合国宪章》。反报和报复针对的是不友好或非法的行为，一旦行为国停止了其对抗的行为，则反报或报复应立即停止。但是二者的区别是反报与国际不法行为的实际存在无关，报复必须以另一国的国际不法行为的实际存在为本国行为的基础。①根据和平解决国际争端的国际法基本原则，反报和报复带有某种强制性，在作为争端解决方式上，是不被提倡或限制采用的。但这两种方法，在国际实践中仍经常可以看到，在不违背国际法原则和相关规则的条件下，国际法并未禁止其作为对抗措施。

2. 非强制方法

非强制方法，是指在争端各方自愿的基础上，解决国际争端的方法。它分为政治解决方法和法律解决方法。政治解决方法包括谈判、协商、斡旋、调停、调查、和解等。法律解决方法包括仲裁和法院解决。这类方法在现代国际法中又称为和平解决方法，是现代国际法所要求的解决国际争端的方法。

---

① 参见邵津主编：《国际法》(第5版)，北京大学出版社、高等教育出版社2014年版，第439页。

(二)政治方法和国际组织解决国际争端

1. 解决国际争端的政治(外交)方法

国际争端的政治解决方法是由有关国家通过外交途径进行的,因而也称为外交方法。这类方法充分尊重了当事国各方意愿,当事国始终拥有自由选择和裁量的权力。它适用于任何类型的争端解决,并且不影响当事国同时或今后采取其他解决争端的方法。

(1)谈判与协商。谈判,是指争端当事国就其争端直接进行交涉,交换意见以求解决的方式。谈判是解决国际争端的最基本方式。谈判形式多样,可以公开也可以秘密,可以口头也可以书面。协商曾被作为谈判的一个部分和步骤,但当代也常常将其作为一个独立的方法使用。谈判一般仅限于当事国之间,协商有时也可以邀请中立国参加。

实践中,谈判和协商往往是密切相连的,如在协商基础上开始或继续谈判、在谈判中不断进行协商、以协商一致的方式产生谈判结果等,它们往往很难严格区别开。谈判和协商可能达成协议,也可能破裂或无限期进行或延期。除非特别约定,一般地,谈判或协商的当事国没有达成有拘束力协议的义务。

(2)斡旋与调停。斡旋,是指争端以外的第三方为促成当事国进行谈判或争端解决,采取和提供某些协助活动。第三国本身不参加谈判,也不提出任何解决争端的方案。调停,是指第三方以调停人的身份,就争端的解决提出方案,并直接参加或主持谈判,以协助争端解决。调停国提出的方案本身没有拘束力,调停国对于进行调停或调停成败也不承担任何法律义务或后果。斡旋和调停一般是第三方出于善意主动进行的,也可以是应当事国一方或各方邀请进行的。争端当事方或第三方可以对有关行动加以拒绝,但不应将这种行为视为不友好。斡旋或调停者可以是国家、组织或个人。

(3)调查与和解。调查,是指在涉及事实性问题的争端中,有关当事方同意将有关事实真相的调查交由第三方进行,以解决争端。调查需要争端当事方对采用调查方式订立专门协议,成立调查委员会,并就委员会的调查内容、组成、期限、权限等方面作出约定。调查委员会的任务限于查明事实,向各当事国提交调查结果报告,不对争端的是非曲直作出判定。报告的拘束力性质由当事国所签订的协议决定,一般地,各国不必然承担对报告承认的义务。

和解又称调解,是指争端当事国通过协议或其他商定的方式,将争端提交一个委员会,该委员会在对争端进行调查和评价,包括与当事国间的不断讨论后,提出包括事实澄清、解决建议在内的报告,并在此基础上促成争端当事国达成进一步的协议,最后解决其争端。委员会可以是临时的,也可以是常设的。一般地,提交和解、接受和解报告及在委员会促成下达成最后解决协议,都是当事国自愿的行为,除非有特别规定或约定,对每个过程各国都没有必须进行的义务。

上述和平解决争端的方法,实践中通常是相互联系的,往往不是截然独立地采取某种方式,各种方式之间出现了越来越多的交叉重叠趋势。

2. 国际组织与国际争端的解决

运用国际组织解决国际争端,是 20 世纪特别是联合国成立以后发展起来的一种方法。至于国际组织对争端的解决是否导致有拘束力或强制性的解决方案,要根据争端国家与该国际组织的关系、争端本身的性质,以及有关国际组织的章程或争端国家与国际组织达成的一般或特别协议来判定。

传统上运用国际组织所解决的国际争端一般被认为是政治性的,因而也有人将此方式列为政治解决方式的一种特殊形式。但是应该看到,由于国际组织已渗透国际社会的各个方面,因此被运用来处理的也可能是政治性以外的争端,同时,根据其章程,某些国际组织完全有可能具有某种类似法律方式解决特定国家争端或特定问题的权限,并可能导致对争端国有拘束力的决定或决议。

因此,将国际组织方法作为解决争端的一类方法集中讨论,是鉴于国际组织在当今处理国际争端中的作用非常广泛、经常甚至制度化的趋势。实质上,从国际组织本身来说,它往往是兼具不同程度和范围的政治方法和法律方法,或者说,国际组织解决国际争端方法与传统上政治或法律解决方法是有交叉和重叠的。最重要的解决争端的国际组织是联合国。联合国在解决国际争端中的作用和方式,是根据《联合国宪章》的原则和有关规定进行的。除联合国国际法院外,解决争端的主要机构是联合国大会和联合国安理会。

(三)仲裁和司法判决

1. 仲裁解决国际争端

仲裁是争端当事国选任仲裁员,当事国之间达成了协议,将争端交给该仲裁员来裁判并且服从裁决的一种国际争端解决办法。仲裁具有自己的特点,属于争端当事国"自愿管辖"的性质,而且争端当事国有权选择仲裁所依据的法律,所以这些都不同于司法判决与政治解决办法。仲裁是一种广泛运用于解决严重国际争端的方法。仲裁当事国同意进行仲裁解决是进行仲裁的先决条件,同意一般采取订立仲裁条约或协定的方式,接受条约或国际公约中的争端解决条款或仲裁条款。仲裁争端的范围广泛,包含了法律性质的争端以及其他性质的争端。仲裁裁决是一裁终局,不得上诉,而且各争端当事国必须诚实地遵守和执行仲裁裁决。

仲裁不仅包括常设仲裁法院,还有临时仲裁的方式。常设仲裁法院是海牙《和平解决国际争端公约》的缔约方,于1990年在荷兰海牙建立,其目的是便利将不能用外交方法解决的国际争议立即提交仲裁。该法院随时受理案件进行仲裁。也有临时仲裁的方式,争端发生后,为解决特定争端而临时订立的协议,不由任何已设立的仲裁机构进行正规管理,而是由当事人双方对某个仲裁案自行创设自己的仲裁程序。这对于标的小、结案时间要求非常快且紧迫的案件有重要意义。

2. 司法判决解决国际争端

司法判决是一种解决国际争端的法律方法,当事国之间的争端交给事先成立的,由独立法官组成的国际法院或者国际法庭,其作出的判决对争端当事国是有拘束力的。

国际法院或法庭是事先固定组成的,不是由当事国选任的,在一段时间保持不变,而且适用国际法,不像仲裁那样具有随意性,对于不执行法院判决的国家,安理会可提出建议或决定应采取的方法从而执行判决。现在不仅有联合国建立的国际法院,还有区域性法院,比如欧洲共同体法院、欧洲人权法院;一些国际公约也建立自己的公约法院,如国际海洋法法庭等。司法判决国际争端公平公正,但是其判决也是终审判决,不得上诉。司法判决是十分有效的解决国际争端的方法。

第二节　生态安全国际争端案例分析

一、协商解决案例

在生态破坏这一块,笔者举例厄瓜多尔诉哥伦比亚飞机撒播除草剂案,本案的争议点在于哥伦比亚通过飞机撒播除草剂是不是国际不法行为,以及如果是国际不法行为,哥伦比亚如何承担责任的问题。除草剂里面含有草甘膦,而草甘膦已被科学家确定为有毒有害物质,不仅会对本国环境造成重大损害,而且会对厄瓜多尔这个邻国造成损害。但是,哥伦比亚依旧继续通过飞机撒播除草剂。所以在国际环境法的“损害预防原则”的前提下,哥伦比亚明知飞机撒播除草剂的行为存在环境损害风险,仍决定继续实施该行为,明显违反了环境损害预防的义务,构成国际不法行为,也应该为国际环境损害承担责任。①

---

① 张建伟主编:《环境资源典型案例分析》,人民法院出版社2017年版,第341页。

但是案件最后，两国达成了“解决厄瓜多尔与哥伦比亚全部诉求”的协议，国际法院没有继续审理该案件。协议明确在一定的禁区范围内，哥伦比亚将不再实施飞机撒播除草剂的行为，并且为禁区范围内的还原设定相应机制并且建立争端解决机制。尽管两国希望通过国际法院诉讼形式解决生态争端，但最终谈判协商解决了争端。这给我们带来的启示是，谈判协商确实是一种常见的争端解决方法，在司法解决中期，利用谈判协商不仅可以使双方的利益都得到满足，而且是一种很快解决生态安全争端的方式，相较于传统的诉讼解决方法，时间成本和金钱成本都比较小。但是，谈判协商只是两个争端国家自己来解决争端，其前提条件是它们的主观意愿非常明显且形成了谈判的合意，如此才能友好协商。

这个案子的启示是，争端当事国能达成协议的时候，就积极谈判协商达成协议，因为这样可以最大限度地保障双方的权益。但是谈判协商的强制力与威慑力不够，在谈判协商不能达成的时候，可以诉诸司法判决方式，利用司法的威慑力，在司法判决方式过程中依旧可以通过谈判协商达成协议。

二、仲裁与临时仲裁解决：特雷尔冶炼厂仲裁案

特雷尔冶炼厂（The Trail Smelter）是加拿大一家私人冶炼厂，从 1886 年开始冶炼锌和锡。由于提炼的矿物质中含有硫黄，烟雾喷入大气中成为二氧化硫。空气中大量的二氧化硫逐渐进入美国境内，造成美国华盛顿州严重污染。在华盛顿州私人多次向加拿大索赔未果的情况下，美国政府出面与加拿大政府交涉，最终在国际联合委员会的建议下达成协议，组成仲裁庭解决此项争端。① 1938 年 4 月，仲裁庭裁定 1932 ~ 1937 年冶炼厂造成的损害是 78,000 美元，并且指示了临时救济措施。1941 年 3 月，仲裁庭还引用了美国联邦最高法院关于空气污染的判决，以领土无害使用原则确定了加拿大对冶炼厂造成的污染负责，并且要求特雷尔冶炼厂停止损害，不得再造成烟雾污染。

这是一个典型的早期国家间关于空气污染所引发的环境责任的案件，因为可供援引的案例太少，所以依据的原则是从睦邻友好原则推演而来。思考一下案件本身，可以对解决其他环境纠纷提供广泛的借鉴意义。首先，本案的环境污染制造者比较容易确定，不是多个国家，并且特雷尔冶炼厂所在的国家明确——加拿大，所以责任承担者就比较清晰。其次，造成污染的其实是特雷尔冶炼厂这个私

---

① 黄河、吴雪：《环境与国际关系：一种区域性国际公共产品的视角》，载《国际展望》2011 年第 2 期。

人公司，但是其所属国没有拒绝为它承担责任。如果所有的环境案件都是国家承担责任，那么国家所受不利就太大了。在海洋法领域，虽然国家也有防止污染转移的义务，但是船舶产生的污染主要还是船主承担。最后，仲裁庭认为只有严重的污染有可信的、清楚的证据证明时，国家才承担责任，但很多气候变化、转基因生物以及核能带来的污染要找到证据就十分困难。本案的仲裁庭也认为环境损害必须造成严重的后果，才能使国家承担赔偿责任。

这是1941年临时仲裁的一项裁决，为特雷尔冶炼厂案的解决画了一个圆满的句号。临时仲裁的进行不依赖于任何一个指定机构或现有的仲裁规则，而仅仅是受当事人的仲裁协议及适用的国内仲裁法律的约束。临时仲裁不同于机构仲裁，机构仲裁主要是根据当事人在仲裁协议中约定的仲裁机构及其确定的仲裁规则实施仲裁活动，该仲裁机构负责仲裁庭的组成以及仲裁程序的进行，并以该机构名义作出仲裁裁决。机构仲裁减少了程序中断的风险以及在仲裁程序及裁决中存在的技术性缺陷的风险。相较于对此欠缺经验的国内法院的临时仲裁，机构仲裁的专门工作人员可以提供更好的服务。但是，临时仲裁更灵活且有可能比机构仲裁更有保密性。①

三、国际法院裁判解决：阿根廷诉乌拉圭河沿岸纸浆厂污染河流案

在阿根廷诉乌拉圭河沿岸纸浆厂污染河流案中，②阿根廷认为，乌拉圭在没有取得其同意之前擅自建立纸浆厂，违反了1975年《乌拉圭河规约》中规定的事先通知义务和全面环境影响评价，保护水生环境和防止污染，保护生物性以及共同合作以防止污染等义务。于是，阿根廷诉至国际法院，希望国际法院裁决乌拉圭对其进行赔偿。

2006年7月13日，国际法院作出裁决，认为阿根廷对乌拉圭在河界上修建纸浆厂将污染环境的指控缺乏有力的证据，但是法院裁决指出，如有任何证据支持阿根廷的指控，那么乌拉圭将承担由此产生的一切风险。2006年11月29日，乌拉圭也向国际法院提起诉讼，要求国际法院采取临时措施，令阿根廷撤销对大桥的封锁。

国际法院在听证后作出裁决，阿根廷封锁乌拉圭的桥梁也没有给乌拉圭造成不可挽回的风险，因此无须国际法院行使职权。同时，国际法院希望双方积极合

---

① 参见[美]加里·B.博恩：《国际仲裁——法律与实践》，百麟等译，商务印书馆2015年版，第38页。

② 参见张建伟主编：《环境资源典型案例分析》，人民法院出版社2017年版，第324页。

作与磋商。2007 年 1 月 23 日,国际法庭以 14 票对 1 票作出裁决,主张阿根廷和乌拉圭界河污染的纠纷,并没有严重到需要国际法院行使职权的地步。首先,在程序义务上,法院以 13 票对 1 票,认定乌拉圭的行为违反了事先通知的义务;其次,在实体义务上,法院以 11 票对 3 票,认定乌拉圭纸浆厂的建造及运营尚未构成对乌拉圭必须保护乌拉圭河及周边环境的实体义务的违反。这个案件,国际法院运用管辖权解决了阿根廷和乌拉圭关于污染环境的争端,国际法院对本案的处理,改变过去在环境问题上畏缩不前的状态,对案件作出了实质性的判决,标志着在环境案件的审理上迈出了重要一步。

其一,本案第一个争议点——事先通知义务。在水资源保护和利用领域,事先通知义务已经获得全球性和区域性条约以及许多软法和司法判例的确认和重申,国际实践表明,事先通知对各国都有约束力,所以本案确定事先通知义务的程序违法,但是对乌拉圭协商无果后的建造纸浆厂的行为,没有认定具有违法性。其二,本案第二个争议点——环境影响评价。针对阿根廷认为乌拉圭是根据国内法做的环评,不符合国际标准的诉求,国际法院认为一个国家对可能导致其他国家的环境及人民健康不良影响的开发,必须进行环评,此义务具有国际法上的地位,但是环评的范围与内涵,因为阿根廷与乌拉圭都不是《跨境环境影响评价公约》的缔约国,所以两国可以依据国内法律的环评程序进行环评。

这个案件运用司法方法解决了生态破坏的争端,国际法院很好地行使了自己的职权,从程序和实体上定分止争。它是公平公正的代表,可以作为最后一道防线保护各国利益。

四、WTO 争端解决:智利与欧共体箭鱼案

智利政府为了保护太平洋东南海域过度捕捞的箭鱼资源,在 1991 年颁布法令对本国船只的箭鱼捕捞数量加以限制。然而,国际市场对箭鱼的需求量依然旺盛,在利益驱动下,一些西班牙船只凭借欧共体委员会的补贴支持,将捕捞区域转至太平洋东海海域,捕捞箭鱼的船只不断增加,引起了智利政府很大的不满。虽然智利政府无法禁止外国船只在公海领域从事捕捞行为,但是根据智利《渔业法》第 169 条的规定,禁止不合法的捕捞行为在智利运转或停泊,从而使西班牙船只无法停在智利港口。尽管进行了谈判磋商,但是因为双方分歧太大,争端依旧没有解决。①

① 参见边永民编著:《国际公法案例选评》,对外经济贸易大学出版社 2015 年版,第 128 页。

2000年，欧共体在WTO框架下解决争端。欧共体认为，智利《渔业法》第169条违反了1994年《关税及贸易总协定》第5条关于国境自由的规定，以及第11条关于普遍取消数量限制的规定。智利则援引1994年《关税与贸易总协定》第20条一般例外中b款与g款来主张保护生物资源。

2000年，智利根据《联合国海洋法公约》第15部分关于争端解决的规定，将争端提交国际海洋法法庭。智利请求法庭裁定欧共体是否遵守公海生物资源保护等义务。但是，当国际海洋法法庭成立特别分庭，WTO的专家组和专案法庭也都启动了争端解决程序后，双方又谈判达成了协议。一是双方将恢复双边科学技术委员会框架下箭鱼储量问题的会谈；二是智利允许4艘欧共体船只在3个智利港口转船或停泊；三是双方同意建立东南太平洋箭鱼保持与管理机制。此后，智利与欧共体表示双方就争端达成了临时性安排，请求中止专案法庭程序。最后，智利与欧共体的箭鱼纠纷案还是没有通过争端解决机制来解决各自的诉求，而是通过谈判协商达成一致。

这个案子就是一个典型的国际争端解决机制的冲突，究其原因，是在两个或多个条约中，缔约方都约定将某种争端提交某个国际争端解决机构，但是每个条约所指的国家争端解决机构不同，所以，当事国向不同国际争端解决机构提起诉讼，就出现了“挑选法院”的现象。《联合国海洋法公约》争端解决机制最大的特点是选择具有自由性；而WTO争端解决机制，适用“反向一致”原则，对国际贸易的争端案件拥有强制管辖权。《联合国海洋法公约》主要解决保护海洋环境的争端，WTO的争端解决机制几乎涵盖了所有与贸易相关的争端。但是本案既涉及海洋环境也涉及自由贸易的因素，所以诉诸WTO争端解决机制或者国际海洋法法庭都是可行的。而关键在于，对拥有平行效力的国际公约的适用都没有制定规则，如果案件继续下去，WTO争端解决机构裁定智利的措施违反了其在GATT协议下的义务，应当废止；而国际海洋法专案法庭依据《联合国海洋法公约》，裁定该措施有效。因此，除了各当事国合作协商，应当完善国际争端解决机制的规则，开创环境与贸易争端解决机制的新形式。

本案就是两国关于生态破坏的争端解决，两国分别选择了WTO争端解决机制和国际海洋法法庭，尽管最后两国经过协商解决了争端，但是若案件继续下去，WTO争端解决机制和国际海洋法法庭都有争端管辖权，最后适用法律依据不一样，那么结果也完全不一样，所以需要建立一个解决争端解决机制的方式，缓解冲突。

第三节 生态安全国际争端解决机制新构想

2002 年 2 月 15 日,第三届联合国全球部长级环境论坛会议审议和分析了联合国环境规划署提出的创立一个新的国际环境管理模式的建议,这为国际生态安全新的管理体制的建立提供了新契机。由于两个原因,解决国际生态环境问题比解决国内生态环境问题更复杂:第一,没有一个制定并实施适当政策的权威机构。第二,解决方法必须平衡不同国家得失方面的巨大差异。① 有些国家可能存在更加紧迫的国内问题,而且缺乏资金来解决。但生态系统的整体性决定了单独的行动收效甚微,一个根本不采取环保行动的国家,其损失可能为其他国家所承担,而那些采取了最大行动的国家不一定能从这些政策中得到好处。为保证各国共同行动起来以达到保障生态安全的目的,发达国家就应援助贫穷、欠发达国家资金、技术等。当生态破坏、环境退化的影响越过国界时,政策的设计与实施所面临的问题就更为复杂化。与在单个国家内的情形不同,生态安全国际争端不可能依靠一个共同的法律框架、规章控制、经济鼓励措施,以及在可能的情况下,运用国家政权的强制力量来解决。解决国际生态安全、环境问题必须遵循主权国家之间合作的共同准则,采用劝说和谈判的方式。确定国际环境政策的优先目标也特别复杂。最重要的是,如何对贫穷国家和在政治上弱小国家的利益给予适当重视,这给世界上较有实力的国家增加了特别沉重的负担。对生态环境问题的日益关注促进了国际和国家的机构创新。联合国环境规划署发挥特殊的协调作用,它一直是为国际环境问题建立法律制度的中心。各国遵守有关环境的国际协定,是因为它们认为这类协定符合其利益,合作的收益可能是巨大的,但实施和监督国际协定会遇到许多困难。建立一种国际性共识通常既费时又费钱。即使在各国愿意采取环境行动时,它们常常缺乏相应的技术和管理能力。

现今国际争端的解决方式已然多种多样,如何促成建立以联合国环境规划署和国际非政府组织为主的国际环境管理机构,加强国际生态安全问题的调和、调停和监管,进而形成一个相对成功的,符合国际标准、透明和裁决公正公平的争端解决机制是亟须思考、探究的问题。我国目前正大力推进的“一带一路”倡议,其带来的紧迫课题是如何推动“一带一路”沿线国家生态安全争端的最优化解决。

① 叶兴平:《联合国与国际争端的和平解决》,载《武汉大学学报(哲学社会科学版)》1994 年第 2 期。

“一带一路”建设中,构建符合实际、互利共赢、高效公平的多元化生态安全争端解决机制,是事关我国长远利益且亟须解决的问题。多元化纠纷解决机制包含多种灵活方式,从纠纷解决的传统来看,诉讼、仲裁、调解一般为其三大支柱。而调解“以和为贵”的理念与丝绸之路所承载的和平共处、开放包容、互学互鉴、互利共赢精神是一脉相承的。如何发挥东方智慧的结晶——调解文化的优势,建立具有中国特色同时又符合国际需要的争端解决机制,值得各界予以重点关注。

一、“一带一路”背景下国际生态争端应对机制新发展

随着“一带一路”倡议的实施,我国与沿线国家的政治、经济、文化、生态安全往来日益频繁,除了涉及经济利益的生态安全风险问题等,其必然还将涉及沿线国家的生态争端,“一带一路”建设难免会产生争端。如不能有效解决这一问题,将阻碍合作的顺利开展,因而,生态争端解决机制的构建很有必要。如何建立一套公正、合理的争端解决机制,是“一带一路”法治化进程面临的一项重大课题。①我国作为“一带一路”倡议的发起国,应对“一带一路”倡议可能带来的沿线国家生态风险及争端等相关问题,既要不断致力于完善国内仲裁立法和对外签署的双边生态安全协定,以对接“一带一路”生态争端解决需求,确保生态争端仲裁裁决与和解协议的顺利有效执行等;同时,扩大可提交仲裁的争议范围,针对不同争端解决程序设计分类化透明度标准,优化仲裁员、调解员选任及其道德准则,通过与“一带一路”沿线国家签订双边或多边条约的形式固定下来。②

根据“一带一路”建设的内容和性质,设立合适的争端解决中心,需满足以下基础:一是通过多方合作建立,如涉及国家或政府的争端解决,最好以条约为基础;二是有公信力,设立的地点要有自由和开放的市场,同时公信力还建立在中立性基础上,这涉及机构、规则和程序等问题。此外,还要考虑法律文化因素,最好能同时掌握普通法系和大陆法系两种不同的法律制度。

与其他争端的解决机制一致,现有的“一带一路”倡议中的生态争端的解决机制也应是在依托现有双多边、区域安排的基础上,构建强制磋商、自愿性调解、仲裁和诉讼相互衔接的多元化争端解决机制。现有的争端解决机制遵循以仲裁为核心的运行模式,融入“一带一路”倡议共商共建、互利共赢理念后,磋商、调解等

① 刘敬东:《构建公正合理的“一带一路”争端解决机制》,载《太平洋学报》2017 年第 5 期。

② 石静霞、董暖:《“一带一路”倡议下投资争端解决机制的构建》,载《武大国际法评论》2018 年第 2 期。

替代性争端解决机制手段因其在提高争端解决效率、节约成本和达成双方可接受的解决方案上具有明显优势,因此在争端解决中的作用更为凸显。① 现有争端解决机制效率低、成本高,难以满足"一带一路"建设需求。"一带一路"框架下需要创设一个高效、低成本、可行的争端解决机制。

(一)构建以条约为基础的"一带一路"综合性争端解决机构

"一带一路"建设过程中既可能产生私主体之间的争议,也可能产生涉及国家的争议,国内司法体系和国际商事仲裁并非解决涉国家争议的最佳方案,需要通过国际争端解决机制提供途径。WTO 或 ICSID 等现有国际争端解决机制难以充分有效解决"一带一路"建设产生的相关争议,有必要构建一个以条约为基础的"一带一路"综合性争端解决机构。该新机构将遵循现有国际法律体系的规则和原则,不是为了取代现有任何争端解决机制,而是为更有效地解决相关争议。

通过仲裁方式解决生态安全问题引发者和东道国之间争端,成本高且耗时久,并非最好选择。于"一带一路"建设中可能出现的争端,首先应注重预防争端。联合"一带一路"沿线国家工商界,共同建立一个非政府间组织,开展国际争端预防和解决工作。"一带一路"参与方可共同协商可接受的争议解决方式。建议尽可能采用协商解决的方式,如协商不成,可以调解解决。"一带一路"建设中生态安全问题引发者与东道国之间的争端解决需要设立专门机构,这有利于政府和生态安全者达成调解。

(二)简化争端解决机制程序,推进和平解决

设立争端解决机制的核心要素就是要做到真正的简化,包括使用简单的语言、规则,适用简化的程序,避免创设各种复杂而脱离实际需要的程序、制度等。在程序设置上,要注重灵活性与适应性,例如,加强调解的作用,使争议得到有效、友好的解决;在解决涉及国家敏感利益的争议时,提倡在进入法律程序前,有效运用外交方式。具体来说,一是在"一带一路"沿线地区建立统一规则,促进低成本、高效的争议解决;二是将仲裁中心设在沿线各国,共同协作,方便争议解决;三是对案例进行编纂、发布;四是制定合同范本或标准文本;五是建立共享机制,了解文化制度的多样性,避免偏见;六是建立共同的培训机制。随着贸易交流增加,生态安全争议也会不断增加,各国需要加强法律合作,预防和解决这些争议。对于

① 王贵国:《"一带一路"战略争端解决机制》,载《中国法律评论》2016 年第 2 期。

生态安全问题引发者与东道国之间的争端问题,要提高调解解决的比例,确保公共资金不浪费在过多的繁文缛节事项上,让仲裁机构可以提出强制调解的要求。和平解决争端的手段,首先是调查、和解、调解、仲裁,其次才是诉讼。赞赏建立以条约为基础的综合性争端解决机构,这将有助于促进"一带一路"建设。

(三)健全预防为主的生态安全争端机制

国际仲裁方式存在成本较高、周期较长等许多缺陷,实践表明,通过仲裁的方式解决争端已经不是最佳解决方式。有关国家和国际组织正在探究更加高效、可预见的生态安全争端解决方式,比如,协商、调解、调停等替代性争议解决方法(Alternative Dispute Resolution,ADR)。尽管调解、协商等 ADR 方法可以友好解决生态安全者与东道国之间的争端,但是 ADR 方法可能失败,而且即使成功解决,仍然会耗费大量的人力和财力,且其结果尚未可知。因此,处理国家间生态安全争端的最好时机应当是在纠纷升级到争端之前提前采取有效的争端预防政策(Dispute Prevention Policies,DPPs)。建立生态安全争端预防机制,能够防止生态安全纠纷升级为生态安全协定下的生态安全争端,有效预防和处理生态安全问题引发者与东道国之间的争端。

DPPs 并非试图完全阻止生态安全争端的发生,而是及时发现潜在的争议,以便尽早进入解决通道,以避免争端升级。预防生态安全争端的产生或者升级为正式争端解决程序,是沿线国的共同利益所在,DPPs 有着其自身独特的优势。第一,DPPs 最大的优势就是通过争端预防政策,将沿线国家间的生态安全问题、不满或者冲突消灭在萌芽状态,防止其升级为生态安全争端,避免当事双方进入仲裁或者诉讼,保持良好关系,最终实现协调可持续发展。第二,与 ADR 相似,DPPs 还可涵盖除经济赔偿之外的议题。在许多生态安全争端案件中,赔偿之外的议题可能会更加重要。比如,及时采取措施恢复自然生态原状、转变发展方式以对生态环境造成最小损害。另外,DPPs 的实施和方案可以提升东道国对生态安全的整体管理水平。

二、生态安全争端的国际仲裁

仲裁,是指由双方当事人协议将争议提交具有公认地位的第三方,由该第三方对争议的是非曲直进行评判,并作出裁决的一种解决争议的方法。相比于诉讼,仲裁是一种相对私密、简洁的争议解决形式。在"一带一路"争端解决机制和机构的构建中,国际商事仲裁无疑处于极重要的地位:凭借程序上的自主性、灵活性、便利性、保密性以及裁决在国际范围内广泛的可执行性，国际商事仲裁往往是国际交往中当事人解决纠纷的首选方式，是妥善解决“一带一路”民商事纠纷的核心制度依托之一。在国内争议解决中，不论是劳动仲裁、还是商事仲裁，皆由依法设立的仲裁机构管理，如中国国际经济贸易仲裁委员会、北京仲裁委员会等；而在国际争议解决中，尤其是商事领域的争议，存在另一种同样常见、历史却更加悠久的仲裁形式——临时仲裁，本书认为，国际生态环境问题采取临时仲裁的形式更有利于争端解决、保障国际生态安全。

（一）机构仲裁和临时仲裁的对比

早期的商事仲裁多发生在同行业之内，商人之间发生纠纷后为了节省金钱和时间，不愿去法院诉讼，而愿在同行中选择他们信任的、有威信的人居间调解或裁断。这些被选作仲裁员的人，往往与指定他们的当事人是商业上的伙伴，或是有长期的生意往来。在很多情况下，纠纷的双方难以推举出共同的人选，只能各自选择他们信任的人做仲裁员，由两名仲裁员合作仲裁。如果两个仲裁员意见分歧，无法达成一致裁决，则须由他们共同推选一位“公断人”（Umpire），独立作出裁决。这种由两名仲裁员组成仲裁庭进行仲裁，由一名“公断人”作必要时补救的仲裁方式，在英国等有“临时仲裁”历史传统的国家中曾甚为流行。这种两名仲裁员仲裁的传统对英国的仲裁立法有很大的影响。英国1950年《仲裁法》中关于仲裁庭组成和裁决的规定，基本上是针对两名仲裁员外加一名“公断人”的仲裁程序而设置的，直到1979年该法修订时，才对由三名仲裁员组成仲裁庭的程序加以修补。在具有重大改革意义的1996年《仲裁法》中，英国仍然在作出部分改进的基础上，保留了两名仲裁员组成的仲裁庭和“公断人”制度。在中国，与仲裁相对应的词是“公断”，“仲裁”一词源于日本语。

我们对机构仲裁与临时仲裁作以简单对比总结：

其一，仲裁规则方面。机构仲裁通常有自身配套的仲裁规则，可以按部就班地开始仲裁程序，不需要在确定仲裁规则的环节浪费时间。而临时仲裁没有“天生的”规则，如处于争议中的双方当事人无法对仲裁程序达成合意，必然会浪费宝贵时间，故而时常用《联合国国际贸易法委员会仲裁规则》等适用于临时仲裁的仲裁规则开启程序。简言之，机构仲裁的仲裁规则确定性较强，没有临时仲裁灵活，效率不够高。

其二，仲裁员选择方面。机构仲裁有较为完整的仲裁员名册可供选择，可以在最大程度上满足各种仲裁案件需求；而临时仲裁的仲裁员选择范围不限于此。

其三,仲裁费用方面。机构仲裁的仲裁费用大多采取按案件标的比例计取,该费用已包含各种行政事务费用,也有少数仲裁机构仍坚持计时收费。而临时仲裁的费用主要是仲裁员的费用;有的复杂案件中,仲裁员会要求增加仲裁秘书处理行政事务。单从行政费用来看,临时仲裁的费用更少,但临时仲裁中的仲裁员需要负责仲裁庭的组织管理,仲裁费不一定比机构仲裁低。

临时仲裁与机构仲裁的区别在于有没有常设仲裁机构对仲裁程序进行管理。鉴于我国临时仲裁实践还没有成熟的制度支撑和牢固的观念基础,现阶段应发展机构介入下的临时仲裁,由常设仲裁机构对仲裁庭予以协助和支持,主要是协助当事人组成仲裁庭、提供可资适用的临时仲裁规则、提供必要的程序服务以及协助执行仲裁裁决等。因此,相比于机构仲裁,临时仲裁更适用于当事双方配合度高的、仲裁员把控能力强的、双方律师了解仲裁程序的案件。对于需要稳定且费用确定的仲裁当事人,我们建议选用机构仲裁。

(二)临时仲裁特点

临时仲裁(又称特别仲裁、随意仲裁、非机构仲裁)与机构仲裁(也称常设仲裁、制度性仲裁)相对,是指双方当事人根据仲裁协议,将其争议交给临时组成的仲裁庭进行居中审理并作出裁决的仲裁形式。临时仲裁可以不依赖常设仲裁机构而由仲裁庭独立组织裁决案件,仲裁庭成员由当事人协商选定,争议得到解决后仲裁庭即告解散。临时仲裁的字面表述很容易令不了解它的人误解,认为这种仲裁的效力比不上我们常见的机构仲裁,而这仅仅是文字表述的问题。其一,如果我们查询韦氏词典(Merriam-Webster),该词典对 ad hoc(临时)一词的解释更加强调特殊性而非过渡性。其二,“临时”二字描述的对象并非仲裁本身而是仲裁庭的非常设性,即“仲裁庭是临时的,但仲裁不是临时的”。因此,如果 ad hoc arbitration 的翻译是“专门仲裁”或“特别仲裁”,或许就容易理解。

在我们熟悉的机构仲裁中,双方将争议提交至仲裁机构,不论是事前约定,还是事后达成合意;不论当事人选择在 London Court of International Arbitration (LCIA),还是国际商会(International Chamber of Commerce,ICC)解决争议,都有成熟的仲裁规则,按部就班完成仲裁程序即可。因此,也有说法称,选择仲裁机构就是选择仲裁规则。而临时仲裁要求当事人“定制”自己的仲裁程序,除仲裁地、仲裁员数量、仲裁语言等“常规定制”之外,还可以对仲裁员的选定、各类期间、通知送达等诸多事项进行“深度定制”。这种深度定制灵活性虽强,却对当事双方的专业性与配合度要求较高,如双方对国际仲裁不够熟悉,则会拖慢仲裁进程。为了在效率和灵活之间寻求平衡，作为既定规则与定制规则的折中，临时仲裁常常适用《联合国国际贸易法委员会仲裁规则》（UNCITRAL Arbitration Rules）。以《联合国国际贸易法委员会仲裁规则》（2010 年修订）第 4 版为例，其正文部分用 4 个章节 43 条内容规定了仲裁的框架规则，包括绪则、组庭、仲裁程序与裁决四部分。争议双方在选择适用该仲裁规则的同时，还可以选择专业的仲裁机构作为本次仲裁的管理机构（administrating authority），将行政性事务与仲裁费暂存账户等周边配套工作交给专业的仲裁机构处理，将仲裁员从繁杂的工作中解脱出来。除行政性事务之外，选择管理机构可以同时完成《联合国国际贸易法委员会仲裁规则》（2010 年修订）第 6 条中选择"指定机构"（appointing authority）的要求。指定机构，作为该仲裁规则下的重要组织，承担选任仲裁员与受理关于仲裁员的替换申请等职能。

与机构仲裁相比，临时仲裁具有程序灵活便利、成本低、针对性强、效率高等特点，其本身非常符合国际生态争端解决的需要，但是我国 2017 年修正的《仲裁法》第 16 条、第 18 条明确规定，"仲裁协议应当具有……选定的仲裁委员会"，"仲裁协议对仲裁事项或者仲裁委员会没有约定或者约定不明确的，当事人可以补充协议；达不成补充协议的，仲裁协议无效"。可见，我国《仲裁法》并不认可在我国境内开展的临时仲裁的效力。从我国《仲裁法》实施 20 多年的实践来看，我国法院对仲裁协议的效力进行司法审查时，对约定在国内仲裁但未明确选定仲裁机构的仲裁协议，基本上认定无效，这意味着在我国作出的临时仲裁裁决不能得到国内法院的认可。但是，1958 年 6 月联合国国际商事仲裁会议通过的《承认及执行外国仲裁裁决公约》（《纽约公约》）第 1 款第 2 项规定，"'仲裁裁决'一词不仅指专案选派之仲裁员所作裁决，亦指当事人提请仲裁之常设仲裁机关所作裁决"，该条款肯定了临时仲裁和机构仲裁均属《纽约公约》认可的仲裁范畴。我国在加入《纽约公约》时并未对该条款提出任何保留，这说明我国认可国际性临时仲裁的效力。另外，依据我国加入的《关于解决国家和他国国民之间投资争端公约》，仲裁包括机构仲裁和临时仲裁。

（三）临时仲裁制度的优越性

临时仲裁作为当今国家间商业社会交流中最受欢迎的纠纷解决机制，其制度本身的优势，机构仲裁无法比拟。首先，适用临时仲裁解决争端，其成本相对机构仲裁要低。即使临时仲裁的当事人邀请的是收费颇高的仲裁员，由于没有机构仲裁中的各种行政步骤与繁文缛节，在时间成本的利用上也比机构仲裁更有成效。

其次，临时仲裁相对机构仲裁而言，其本身短平快的程序对于主体信息的保护性更强，保密性更明显。机构仲裁的组织庞杂，经手案件当事人材料的人不由当事人控制，因此当事人选择机构仲裁增加了资料的泄密风险性。而临时仲裁牵涉的人员除了少数一两个负责案件进程的人员之外，就只涉及具有保密义务的仲裁员，与机构仲裁相比，大大降低了当事人商业秘密泄露的可能性。最后，临时仲裁制度赋予主体无限的自由空间，也让它相对于机构仲裁程序而言更具吸引力。纠纷主体可以自己决定仲裁庭的组成、适用程序以及开庭或裁决的时间与地点，体现了更高程度的当事人的自主意志。

我国根据国际条约承认临时仲裁裁决的实践与国内立法中临时仲裁制度缺位相矛盾，这不利于在国际交往中贯彻对等、互惠原则，不利于保障我国生态安全应有权益。相关的生态安全争端需要得到及时、高效的解决，为此需要优质的法治环境和完善的争端解决机制。我国要适时建立生态安全争端临时仲裁制度，以扭转国内外临时仲裁裁决在承认和执行上的不对等局面。临时仲裁作为随时随地都能够满足当事人的纠纷解决需求的方式，其赋予当事人高度自主权，使当事人可以在最近的地域便捷地解决争端。

（四）生态安全争端的临时仲裁

1. 设置机构介入机制以监督和制约临时仲裁，保障裁决执行力

设置机构介入机制，应将机构介入作为当事人意思自治的补充，又通过机构介入对仲裁庭的独立性和权威性进行监督和制约。介入主体主要包括作为司法机构的法院和作为相对独立的民间性仲裁机构的常设仲裁委员会。司法机构介入临时仲裁，既对临时仲裁进行监督和制约，也为临时仲裁提供必要的协助和支持。前者称为积极介入，后者称为消极介入。① 司法机构以何种方式和程序对临时仲裁进行多大程度的协助和监督，应尊重当事人的意愿，只在仲裁当事人协议同意且需要时介入临时仲裁进行合法性监督。司法机构对临时仲裁最有力的支持和协助，体现在对临时仲裁裁决的承认与执行上。

临时仲裁具有高效、灵活、适应性强、所耗费的时间和金钱成本较低等优势，其当事人可以不接受既有仲裁规则，而根据案件特点自行决定仲裁员的选定、仲裁庭的组成方法和审理方式、仲裁庭开庭的时间和地点、仲裁所适用的法律、仲裁

---

① 张超汉、丁同民：《我国建立自由贸易试验区临时仲裁制度的意义及路径》，载《中州学刊》2017年第8期。

费用的承担方式等事项。临时仲裁程序具有较大的弹性、可变通性,仲裁结果的可预见性较低,因而可能产生道德风险。临时仲裁裁决效力的终局性与当事人权益保障之间也会发生矛盾。这些问题的解决需要通过仲裁机构的适时适度介入来增强临时仲裁程序的规范性。临时仲裁与机构仲裁的区别在于有没有常设仲裁机构对仲裁程序进行管理。鉴于我国临时仲裁实践还没有成熟的制度支撑和牢固的观念基础,现阶段应发展机构介入下的临时仲裁,由常设仲裁机构对仲裁庭予以协助和支持,主要是协助当事人组成仲裁庭、提供可资适用的临时仲裁规则、提供必要的程序服务以及协助执行仲裁裁决等。将机构仲裁的管理优势与临时仲裁高效灵活的特点相结合,是符合我国国情的制度设计。

但机构介入应遵循两个原则:第一,仲裁机构介入临时仲裁须遵循仲裁庭管辖权原则。允许仲裁机构介入临时仲裁并不意味着仲裁庭的程序性管理权要让渡给仲裁委员会,而是指在仲裁庭需要且当事人提出申请时,仲裁机构可以介入临时仲裁,提供一些基本服务。临时仲裁庭的管辖权并不受仲裁委员会制约,仲裁委员会无权对临时仲裁的程序性事项提出管理要求。第二,司法机构介入临时仲裁须遵循仲裁庭优先权规则。允许司法机构介入临时仲裁表明临时仲裁不排斥法院的司法管辖权,但法院行使司法管辖权应遵循仲裁优先的规则。在临时仲裁中,仲裁庭管辖权和法院司法管辖权往往呈现消极竞合的情形,当出现管辖权异议时,应给予仲裁庭优先权,让仲裁庭成为管辖权的首个裁定者。

2. 采用与仲裁机构相结合的临时仲裁模式

与仲裁机构相结合的临时仲裁模式,即临时仲裁借用起辅助支持作用的宣传协助型仲裁机构作为仲裁案件的管理平台,而仲裁庭的组成、案件的听证及仲裁庭的开庭地与仲裁地等程序性因素,都由当事人自行根据特殊需求进行约定。作为只承担协助作用的宣传临时仲裁制度的仲裁机构,则根据当事人指定的专门的临时仲裁程序为案件仲裁的开展提供最大限度的行政性服务,同时通过为临时仲裁的当事人提供便利性服务,促使当地商事主体信任与适用临时仲裁。作为宣传协助型的仲裁机构,作为帮助仲裁案件走完仲裁流程的组织机构,其承担的职能是向仲裁当事人以及仲裁员提供行政性服务,从特定的案件当事人的需求出发加速仲裁程序的进行。它们可以提供仲裁员名册,指派仲裁员,也可以提供听证的地点,但是仲裁程序开展的细节,都是由仲裁庭全权把控。

通常,以这类仲裁机构为平台作出的临时仲裁裁决,其发布也不是以这些仲裁机构为名进行,如伦敦海事仲裁院提供的仲裁服务就是典型的宣传协助型仲裁。它的官网上明确记录:我们不管理,亦不监督仲裁的开展,我们的成员保持中立，开展对于特定仲裁案件的审理。由此可见，即使伦敦海事仲裁院属于仲裁机构，虽然它在仲裁程序中也起到了一定的作用，但从我国的机构仲裁的角度出发，其开展的仲裁程序也不应该被归到机构仲裁一类。这一类宣传协助型仲裁之所以不被归到机构仲裁种类之下，是因为，如果将机构仲裁与临时仲裁进行严格区分，这一类仲裁介于严格的行政化的机构仲裁与纯粹的临时仲裁之间，但其宣传协助的仲裁形式从本质与精神上归属于临时仲裁。

三、生态安全国际争端调解机制

（一）国际争端调解

调解，一般是指当事人将争端提交双方信赖的独立第三方协助主持，根据合同、法律规定或国际惯例，就争端开展审查、评判与调解，帮助各方在互谅互让的基础上达成和解协议，最后由双方自行决定取舍。相对于传统的生态安全国际争端仲裁机制的“输赢对抗”模式，调解则是一种双方真正需要的，以利益为导向的“双赢互利”模式。调解被誉为“东方瑰宝”，蕴含着“以和为贵”的争端解决思想，与“一带一路”倡议的理念一脉相承。调解和磋商同为由争端方意愿所主导的协商性程序，不同之处在于，调解加入了第三方调解员的协助，经验丰富且被争端双方所信任的调解员可以通过协助安排程序、促进双方的有效沟通甚至提出可行的建议方案解决单纯磋商未能解决的争端。①

调解在一定程度上可以弥补生态安全仲裁公平性不足、效率低下、费用高昂等缺陷。

调解的优势主要体现在：

第一，节约争端解决时间，降低争端解决成本。对比之下，由于调解过程不完全是基于法律权利义务，因此律师在调解过程中的作用有限，双方可以不聘请律师或仅邀请律师给予一定的指导意见，这样可以节约巨额律师费用。此时，调解程序灵活、节约高效优势则体现出来。

第二，推动争端更彻底地解决。与仲裁以法律权利为基础的运作机制不同，调解更注重利益最大化的实现。中立第三方将案件的决定权交给当事人，允许其在调解过程中就法外利益进行协商，使其更充分地表达诉求，从而使双方对调解

---

① Jeswald W. Salacuse, *Is There a Better Way? Alternative Methods of Trea-ty-based, Investor-State Dispute Resolution*, 31 Fordham International Law Journal 160 – 162(2007).

结果更加满意的同时促进执行。解决争端时最主要的关注点应当是如何使利益最大化,而非法律上的权利义务和是非对错。

第三,良好的保密性优势。调解过程中,第三人对双方当事人之间的调解负有保密义务。调解的保密性包括调解程序保密和调解信息保密两方面。良好的保密性必然会促进双方就争议问题无保留地提出主张,进行辩论,从而也能推动争端彻底解决。

(二)国际调解优势及其拓展

在以仲裁为主导的传统争端解决机制中,调解多为口号式规定,实际投入使用的机会十分有限。如今,随着生态安全仲裁所存在的一系列先天缺陷和后天不足的逐渐暴露,各国和国际组织转而开始推动调解机制的发展,力争争端的最优解决。调解机制因此进入了新的春天。

1. 调解在国际争议解决中的传统地位

作为国际争议解决的重要方式,调解并不是一个新生事物,在各种国际争议类型的解决机制中十分常见。

(1)常设仲裁法院的调解规则

海牙常设仲裁法院(Permanent Court of Arbitration,PCA)也称海牙仲裁法院,在该法院中,争议双方可以请求对争端进行仲裁、调解或者仅仅是事实调查。PCA在1962年就实施了《调解选择规则》,适用于国家为一方当事人的争议。该规则于1996年进行了修订。

通常情况下,争议由一个调解员进行调解。PCA也于2001年制定了有关自然资源和环境的任择性调解规则,并且在2014年调解了一起涉及《联合国气候变化框架公约》下的调解案件。该案涉及《联合国气候变化框架公约》下的清洁发展机制,适用的是PCA有关自然资源和环境争端解决的任择性规则。①

(2)ICSID机制中的调解规则

于1966年生效的《华盛顿公约》第三章规定的"调解"以及第五章规定的"调解员和仲裁院的更换及取消资格",将调解与仲裁并列,作为两种平行的生态安全者与东道国争端解决方式。

(3)ICC的《国际商会调解与仲裁规则》

国际商会也制定了一系列调解规则。1975年6月1日,《国际商会调解与仲

---

① 漆彤等:《调解在国际争端解决中的发展与应用》,载《武汉国际法评论》2020年第2期。

裁规则》开始生效,分为任择性调解和仲裁两个部分。该规则规定,双方当事人向国际商会提出调解的申请后,由国际商会主席任命三人组成调解委员会,进行调解。调解委员会审查案情后,在可能情况下,听取当事人的陈述后,可向双方当事人提出和解条件。1988 年 1 月 1 日,《国际商会调解与仲裁规则》生效,其中的任择性调解规则部分对调解作出了 11 条的规定。

2001 年,国际商会对该规则进行了修改,公布了《国际商会友好争议解决规则》(The ICC Amicable Dispute Resolution Rules,ICCADR 规则)。ICCADR 规则最大限度实现了当事人的意思自治,赋予了当事人极大的自主权,详细规定了中间人选任方面的问题,规定的程序灵活便捷。

(4)联合国国际贸易法委员会(UNCITRAL)的相关调解规则

1980 年 12 月 4 日的第 35/52 号决议,联合国大会通过了《UNCITRAL 调解规则》,在国际社会产生了较大影响。其主要内容包括:规则的适用、调解程序的开始、调解员的任命等。当事人随时可以约定、排除或变更本规则中的任一规定。

2002 年 11 月 19 日第 57/18 号决议,UNCITRAL 通过了《国际商事调解示范法》。《国际商事调解示范法》是在《UNCITRAL 调解规则》的基础上制定的。《国际商事调解示范法》在当事人意思自治、证据在其他程序中的可采性、调解员在其他程序中的作用、调解结果的执行问题等方面作出了新的规定,旨在协助各国利用中立的第三方进行调解或调停,以便以友好方式解决国际商业过程中可能出现的纠纷,通过鼓励使用调解方法来提高国际贸易的效益,以此有效地解决国际商事纠纷。①

2. 调解领域的新规则

在新的时代背景下,由于现有争端解决机制在使争端得到最优化解决上面临困境,各国与国际组织开始重新把目光投向调解,陆续制定出了一系列调解领域的新规则,因此调解制度在争端解决机制中焕发出了新的光芒。

(1)ICSID 关于调解的新动态

2011 年 ICSID 第一次单独任命了 10 名调解员并写入调解员名册,而以往 ICSID 的仲裁员名册和调解员名册是相同的。这表明 ICSID 越来越重视调解在解决生态安全国际争端中的作用。但是,从实践来看,其调解成功率并不高,且在 ICSID 注册的调解案件少。ICSID 的调解案件数量少,主要原因是提交 ICSID 进行调解的审查标准与提交仲裁案件几乎相同,其耗费的时间和成本与完整的仲裁

---

① 黄河主编:《中国商事调解理论与实务》,中国民主法制出版社 2002 年版,第 56 页。

几乎相当,调解程序与仲裁程序太过相似,优势还没有完全发挥。

(2)国际律师协会的调解规则

2012 年 10 月 4 日,世界上规模和影响最大的国际律师组织国际律师协会(International Bar Association, IBA),在都柏林正式公布了由其国家调解小组委员会制定的《国际律师协会投资争端调解规则》(The IBA's Investor-State Mediation Rules,IBA 规则),以独立完整的结构和较为详细的内容对调解解决投资者与国家争端作出制度设计,标志着国际投资争端调解制度新时代的到来。① IBA 规则一共 12 条,明确了两个目标:一是保持灵活性;二是除了制定应当遵守的程序性规定之外,还应当帮助当事人理解什么是调解,以及调解如何在投资争端解决中的具体适用。尽管 IBA 规则针对的是投资争端,不是典型的环境争端或者生态安全争端,但是多数的投资争端往往都与东道国国家安全、环境污染或者生态破坏、跨境资源开发利用等问题休戚相关,进而成为投资争端解决的争议焦点。因此,IBA 规则在实际应用过程中不可避免地将其调解规则应用于与投资有关的环境争端之中,并产生了生态环境保护的实施效果。

(3)ICC 的新调解规则

ICC 于 2014 年发布的《国际商事调解规则》取代了 2001 年的《国际商会友好争议解决规则》。新调解规则通过 10 个条文,最大限度地实现调解规则性与灵活性的统一。

(4)UNCITRAL 最新发布的《新加坡调解公约(草案)》

UNCITRAL 第二工作组(仲裁和调解/争议解决小组),于 2011 年发布《生态安全国际争端:预防及国际生态安全仲裁的替代方式》报告,探讨多元化纠纷解决机制,特别是调解机制在生态安全国际争端解决领域的适用。自 2015 年到 2018 年,从第 61 届到第 68 届每年两次的委员会会议,议题多围绕调解、和解相关问题而展开,如关于国际商事调解/调停所产生和解协议的可执行性等。

在 2018 年 6 月 25 日至 7 月 13 日召开的第 51 届会议中,UNCITRAL 通过了《联合国关于调解所产生的国际和解协议公约》(Conventionon the Enforcement of International Settlement Agreements,又称《新加坡调解公约》),这是世界上第一个以调解方式解决商业纠纷的多边条约。《新加坡调解公约》旨在促进调解在跨境交易的争议解决中获得广泛使用,并为跨国企业通过调解机制解决跨境商业纠纷

① 漆彤、范晓宇:《国际投资争端调解机制的发展与制度困境》,载《中南大学学报(社会科学版)》2020 年第 5 期。

提供执行保障,推动国际商事争议解决的良性发展。《新加坡调解公约》的重要意义在于,首次推动了国际商事调解协议的执行,这类协议以往无法得到执行。2019 年 8 月 17 日,该公约在新加坡接受各国签署加入,在 3 个以上成员国签署后生效。中国作为 UNCITRAL 成员之一,参与了《新加坡调解公约》的制定,并加入该公约。

(三)中国有关调解的国内以及国际实践

调解在中国具有悠久历史,经历了不同的发展阶段。中国如今的调解体系,大致由 5 个部分构成,包括人民调解、行政调解、法院调解、调解机构调解和仲裁机构调解。但称得上商事意义上的调解,则只有法院调解、调解机构调解和仲裁机构调解。

1. 国内实践

(1)法院调解

我国《民事诉讼法》在第 9 条基本原则中作出了明确规定,并在第八章对调解作出了详细规定。另在六类案件上突破了调解自愿原则,采用强制调解制度,如劳务合同纠纷。《民事诉讼法》第 93 条规定:"人民法院审理民事案件,根据当事人自愿的原则,在事实清楚的基础上,分清是非,进行调解。"这表明法院调解是将厘清当事人的法律权利义务和是非对错作为调解的首要目的,利益协商仅仅是权利义务明确后责任分配的补充。

(2)调解机构调解

在生态安全国际争端领域的调解制度上,我国在 1987 年成立了中国国际贸易促进委员会(以下简称贸促会)调解中心,这是以调解等 ADR 方式,独立、公正地帮助中外当事人解决民商事纠纷的专业机构。该调解中心通过建立调解员名册制度,选聘德才兼备的专业人士,有效地化解商事纠纷,为中外当事人提供优质高效的法律服务。为了推动调解的进一步发展,从 1992 年开始,贸促会在全国陆续建立各分会调解中心,如今已经形成以 42 家调解中心为框架,由 300 余名调解员构成的庞大调解网络系统。各调解中心使用统一的调解规则,在业务上受总会调解中心的指导。为适应调解的国际发展形势和调解国际化的趋向,贸促会调解中心积极开展与其他国家调解机构的交流与合作。调解中心已经先后与英、美、德、韩等多个国家和地区的相关机构签署了合作协议,建立了合作关系。2004 年年初,调解中心又与美国公共资源中心共同组建了中美联合商事调解中心。

(3)仲裁机构调解

根据我国《仲裁法》第 51 条的规定,“仲裁庭在作出裁决前,可以先行调解。当事人自愿调解的,仲裁庭应当调解。调解不成的,应当及时作出裁决”。第 51 条的规定,是仲裁机构进行调解的法律权源。

(4)争端解决机构调解

在 2012 年签署的《海峡两岸生态安全保障协定》第 13 条规定,生态安全者与生态安全所在地一方的生态安全补偿争端,可由生态安全者提交两岸生态安全争端解决机构通过调解方式解决,附件中也对“生态安全补偿争端调解程序”作出了规定。2017 年 6 月生效的《内地与中国香港特别行政区关于建立更紧密经贸关系的安排生态安全协议》(CEPA 生态安全协定)沿用了《海峡两岸生态安全保障协定》的规定,再次将调解作为解决生态安全争端的方式。总体来看,调解在我国生态安全争端解决机制中越来越受到重视。

2. 国际实践

从中国对外签订的 BITs 可以看出,调解逐渐成为和仲裁并列的争端解决机制。如 2006 年中国与印度的 BITs 第 9 条中规定,如果争议双方当事人同意,可以根据《UNCITRAL 调解规则》进行国际调解。在 2008 年中国与新西兰的 BITs 第 153 条第 1 款中,明确规定“生态安全者可选择将争端提交 ICSID 进行调解或仲裁”。

(四)生态安全调解机制的建立构想

一般而言,调解制度、调解程序较为灵活,可以根据双方当事人的要求进行,建议“一带一路”调解机构公布可选择适用的调解规则,同时允许双方对部分条款进行修改。调解规则虽在商事领域认可度高且运用广泛,但适用于生态安全争端应从以下几个方面进行改造和优化:

第一,构建常设的生态安全争端解决机构。以更友好地解决地区、国家或经济体之间的生态安全争端为目标,以帮助争议各方找到一个共同接受的争端解决办法为任务,建立一个新的、常设的地区或全球生态安全争端解决组织,将提供调解服务,并为调解提供后勤支持。调解员在调解过程中起到了至关重要的作用,这也是调解与友好谈判和磋商等争端解决方式的本质区别。生态安全国际争端中,调解员选聘应从该常设机构中选任。在调解制度中,调解员不会作出决定性裁决,而仅仅是依据其调解方式(如评价式或促进式)为争议双方提供建议和参考。因此,在对调解员的利益冲突和回避制度审查方面可以适当放宽。但是,正是由于调解员对于调解程序的推进和和解的达成具有重要的作用,调解员的选定必须有一定的标准。调解员应当:(1)熟悉生态安全国际争端解决程序、争议焦点;(2)在争端解决特别是调解、谈判方面有丰富经验;(3)熟悉与生态安全争端相关的司法程序;(4)具有语言等方面的优势,了解争议的经济、社会、文化背景。

第二,调解与其他争端解决方式的衔接与结合。调解与诉讼、调解与仲裁相结合是多元化纠纷解决机制的应有之义。在生态安全争端解决中,调解与其他生态安全争端解决方式的衔接可以从以下三个途径进行:首先,调解程序可以在争端初现时作为单独的程序,由争端双方共同提出或者由一方提出;其次,调解程序可以在双方已经开始国际生态安全仲裁程序后启动,与仲裁程序同时进行,如果双方能够在调解程序中达成和解,则仲裁程序终止;最后,调解程序也可以适用于仲裁庭公布仲裁裁决之后对裁决的履行期限、方式等方面。

第三,调解申请程序。调解申请可由争议一方提起,也可由双方共同提起。在一方提起调解申请的情况下,由调解机构负责询问另一方意见,如果另一方同意调解,则调解程序即可启动。不同于生态安全仲裁的申请条件,调解规则不宜对调解申请程序做过多限制,争议双方可以在任何时间点向调解机构提交申请。诉诸调解并不会剥夺生态安全者在调解失败后提交国际仲裁或诉诸国内法院的可能。如果生态安全者将争端提交调解但双方最终未达成和解,生态安全者并不因此被剥夺诉诸国际仲裁的权利。

第四,前置调解程序。调解程序往往基于争议双方的同意而展开,但也要建立在调解前置程序的实践上。最高人民法院《关于人民法院进一步深化多元化纠纷解决机制改革的意见》提出,探索建立调解前置程序以及适用调解前置程序的纠纷范围和案件类型,这一探索也可以适用于生态安全争端解决中。对于一些实践中较易调解的案件,如双方仍希望继续维持生态安全关系、对于争端解决要求低成本高效率、双方争端的主要事实和原则性问题没有争议的,可以设置调解前置程序,强制要求双方在提交国际生态安全仲裁之前先进行调解。但为了节约双方的时间,可以对强制调解设置一定的期限,如果在该期限内,双方无法达成和解,且都不愿意再延长调解期限的,则终止调解。

第五,调解协议执行程序。现阶段,调解协议虽然无法在国际法上给予强制执行力,但是因为调解是在双方诚实信用的前提下进行的,调解达成的结果往往得到双方认可,因此,调解的执行无须依靠强制力,可以被双方自觉执行。此外,随着调解在国际商事领域应用率的提升,保障调解协议的强制执行成为UNCITRAL

近期的重点工作之一。[①] UNCITRAL 第二工作组专门就调解协议执行机制进行研究，探索以《纽约公约》为蓝本，在全球构建调解协议强制执行的全球性公约。在该公约实施之前，也可以考虑与已达成共识的部分国家签订区域性调解执行协定，推动生态安全调解协议的执行。

---

① 杨建红：《论调解协议的法律效力》，载《仲裁与法律》2002 年第 4 期。

参考文献

一、著作类

1. 马维野主编:《全球化时代的国家安全》,湖北教育出版社 2003 年版。

2. 乔晓阳主编:《中华人民共和国国家安全法释义》,法律出版社 2016 年版。

3. 蒋明君编著:《生态安全管理学导论》,世界知识出版社 2014 年版。

4. 蔡晓明编著:《生态系统生态学》,科学出版社 2000 年版。

5. 陈茂云、马骧聪:《生态法学》,陕西人民教育出版社 2000 年版。

6. 陈泉生:《环境法原理》,法律出版社 1997 年版。

7. 陈泉生:《可持续发展与法律变革》,法律出版社 2000 年版。

8. 陈天乙编著:《生态学基础教程》,南开大学出版社 1995 年版。

9. 李龙主编:《法理学》,武汉大学出版社 1996 年版。

10. 田兴军主编:《生物多样性及其保护生物学》,化学工业出版社 2005 年版。

11. 张辉:《生物安全法律规制研究——经济法视域的解读》,厦门大学出版社 2009 年版。

12. 林灿铃:《国际环境法》,人民出版社 2004 年版。

13. 苏长和:《全球公共问题与国际合作:一种制度的分析》,上海人民出版社2000年版。

14. 蔡守秋、常纪文主编:《国际环境法学》,法律出版社2004年版。

15. 彭宾编著:《亚太区域环境合作政策与实践》,中国环境出版社2016年版。

16. 黄锡生、曾文革:《国际环境法新论》,重庆大学出版社2005年版。

17. 周敬宣主编:《环境与可持续发展》,华中科技大学出版社2009年版。

18. 李一平、刘稚主编:《东南亚地区研究学术研讨会论文集》,厦门大学出版社2011年版。

19. 张海滨:《环境与国际关系——全球环境问题的理性思考》,上海人民出版社2008年版。

20. 杨树明主编:《生态环境保护法制研究——兼论重庆市生态法制建设》,西南师范大学出版社2006年版。

21. 刘恩媛:《跨境环境损害防治的国际法律问题研究》,知识产权出版社2018年版。

22. 中国人民大学重阳金融研究院、中国人民大学生态金融研究中心:《绿色金融与"一带一路"》,中国金融出版社2017年版。

23. 王前军:《国际环境合作问题分析》,中国环境科学出版社2007年版。

24. 蔡守秋主编:《欧盟环境政策法律研究》,武汉大学出版社2002年版。

25. 马骏、李治国等:《PM2.5减排的经济政策》,中国经济出版社2014年版。

26. 金瑞林主编:《环境法学》,北京大学出版社2004年版。

27. 佘群芝等:《对华环境援助的减污效应与政策研究》,人民出版社2015年版。

28. 邵津主编:《国际法》(第5版),北京大学出版社2014年版。

29. [美]加里·B. 博恩:《国际仲裁——法律与实践》,百麟等译,商务印书馆2015年版。

30. 张建伟主编:《环境资源典型案例分析》,人民法院出版社2017年版。

31. 边永民编著:《国际公法案例选评》,对外经济贸易大学出版社2015年版。

32. 黄河主编:《中国商事调解理论与实务》,中国民主法制出版社2002年版。

33. 马骏主编:《国际绿色金融发展与案例研究》,中国金融出版社2017年版。

二、论文类

1. 王贵国:《"一带一路"战略争端解决机制》,载《中国法律评论》2016年第

2 期。

2. 钟开斌:《中国国家安全观的历史演进与战略选择》,载《中国软科学》2018 年第 10 期。

3. 林宏宇:《新国家安全观四大内核》,载人民网,http://theory. people. com. cn/n/2014/0604/c112851 – 25101821. html。

4. 刘江永等:《从国际战略视角解读可持续安全真谛》,载《国际观察》2014 年第 6 期。

5. 靳国胜、王文旭:《全球化背景下我国生态安全问题及应对措施》,载《攀登》2008 年第 5 期。

6. 吴柏海等:《生态安全的基础概念和理论体系》,载《林业经济》2016 年第 7 期。

7. 方世南:《生态安全是国家安全体系重要基石》,载《中国社会科学报》2018 年 8 月 9 日。

8. 吕星等:《非政府组织在国际环境问题中的作用——以大湄公河次区域为例》,载李一平、刘稚主编:《东南亚地区研究学术研讨会论文集》,厦门大学出版社 2011 年版。

9. 林惠雅:《法律的正义与秩序——反思聂树斌案》,载《群文天地》2012 年第 10 期。

10. 王彦志:《非政府组织参与全球环境治理——一个国际法学与国际关系理论的跨学科视角》,载《当代法学》2012 年第 1 期。

11. 刘晓曼:《环境非政府组织的基本作用与发展策略再探讨》,载《法制与社会》2018 年第 9 期。

12. 王定力、张亮:《非政府组织在国际环境保护中的地位和作用》,载《社会科学家》2018 年第 2 期。

13. 郑苗壮等:《南海生态环境保护与国际合作问题研究》,载《生态经济》2014 年第 6 期。

14. 相京佐等:《中日韩民间渔业安全作业协议书对依法治渔的影响》,载《沈阳农业大学学报(社会科学版)》2019 年第 2 期。

15. 荀洪标:《〈巴塞尔公约〉框架下危险废物越境转移研究》,辽宁大学 2015 年硕士学位论文。

16. 张进秋:《危险废物越境转移的国际法管制》,中国政法大学 2009 年硕士学位论文。

17. 李建等:《濒危物种跨境非法贸易防控国际机制研究》,载《法制与社会》2018 年第 6 期。

18. 曲扬:《欧盟废物管理法律制度的特点及启示》,载《法制与社会》2014 年第 9 期。

19. 褚晓琳:《CITES 和国际环境非政府组织》,载《中国人口 · 资源与环境》2013 年 S2 期。

20. 罗鹏:《从美国克莱顿集团诉加拿大案看东道国对外资的环境执法》,载《国际法研究》2019 年第 2 期。

21. 王晓丽:《跨国环境纠纷的预防与解决:国际机制视角下的比较研究》,载《东南亚纵横》2015 年第 11 期。

22. 万融:《欧盟的环境政策及其局限性分析》,载《山西财经大学学报》2003 年第 2 期。

23. 肖主安:《试论欧盟环境政策的发展》,载《欧洲研究》2002 年第 3 期。

24. 谢晓光:《东北亚区域环境合作及前景展望》,载《兰州学刊》2010 年第 4 期。

25. 陈英姿:《东北亚区域环境合作与东北振兴》,载《东北亚论坛》2006 年第 1 期。

26. 刘再辉:《中国与中亚国家能源合作的若干法律问题》,载《新疆社会科学》2009 年第 2 期。

27. 吕忠梅、杨诗鸣:《控制环境与健康风险:美国环境标准制度功能借鉴》,载《中国环境管理》2017 年第 1 期。

28. 王轩萱:《中美水环境标准制度比较研究》,载《今日湖北》2013 年第 7 期。

29. 姜渊:《美国〈清洁空气法〉中的环境质量达标制度研究——以联邦与地方的权限为视角》,载《中国环境管理》2018 年第 4 期。

30. 胡必彬:《欧洲联盟环境标准体系及其分析》,载《化工环保》2005 年第 3 期。

31. 冯丹阳:《环境标准制定过程中的政府责任与科学家角色——以四日市公害为例》,载《科学与社会》2014 年第 4 期。

32. 牛忠志、华洪波:《国际条约中 PPMs 标准带来的挑战与应对策略》,载《温州大学学报(自然科学版)》2010 年第 4 期。

33. 郑鹏程、刘长云:《论环境标准的国际外部性及其内在化》,载《吉首大学学报(社会科学版)》2006 年第 6 期。

34. 孙巍、于淼淼:《中美环境影响评价法律制度比较与借鉴研究》,载《北方经贸》2017 年第 11 期。

35. 黄锡生、黄猛:《公众参与原则理论基础初探》,载《2004 年中国环境资源法学研讨会(年会)论文集》(第 3 册)。

36. 卫欢:《公众参与:基本内涵及理论基础》,载《农村经济与科技》2016 年第 12 期。

37. 张辉:《美国环境公众参与理论及其对中国的启示》,载《现代法学》2015 年第 4 期。

38. 朱源:《借鉴国际组织经验,完善环境公众参与制度》,载《团结》2015 年第 2 期。

39. 吕忠梅:《论环境使用权交易制度》,载《政法论坛》2000 年第 4 期。

40. 杨荇:《碳交易市场发展现状、前景及对商业银行的影响分析》,载《上海证券报》2017 年 9 月。

41. 施平、李长楚:《碳排放交易国际比较与借鉴》,载《财会通讯》2016 年第 19 期。

42. 林芳惠、苏祖鹏:《美国环境责任保险制度及对我国的启示》,载《水土保持科技情报》2005 年第 5 期。

43. 吕黄生、张亦萌:《中国企业如何面对国际绿色贸易壁垒》,载《环境保护》2001 年第 6 期。

44. 朱晓勤:《WTO 与绿色壁垒:若干法律问题分析》,载《厦门大学学报(哲学社会科学版)》2001 年第 4 期。

45. 莫神星:《国际贸易中的环境标志》,载《对外经贸实务》2005 年第 5 期。

46. 武力超:《绿色贸易壁垒的国际比较及对我国的借鉴意义》,载《理论与现代化》2010 年第 1 期。

47. 何爱红:《绿色贸易壁垒及我国的对策》,载《西北民族学院学报(哲学社会科学版・汉文)》2000 年第 2 期。

48. 都亳:《绿色贸易壁垒的法律分析及应对策略》,载《当代法学》2006 年第 1 期。

49. 王莉:《中国应对新贸易保护主义的策略研究》,载《云南财经大学学报》2014 年第 2 期。

50. 闫争楠:《欧盟绿色贸易壁垒对我国木质家具出口的影响——基于引力模型的实证分析》,载《对外经贸》2016 年第 5 期。

51. 冷宇:《浅谈绿色贸易壁垒的两重性》,载《怀化学院学报》2008 年第 11 期。

52. 孔翔、杨宏玲:《浅析绿色贸易壁垒与全球生态环境保护》,载《世界地理研究》2010 年第 3 期。

53. 欧阳志云等:《我国生态安全面临的挑战与对策》,载《科学与社会》2015 年第 1 期。

54. 尹晓波:《国际贸易与我国生态安全研究》,载《辽宁工学院学报(社会科学版)》2005 年第 1 期。

55. 林俊贤、明秀琴:《构建我国绿色贸易壁垒法律制度的理论基础》,载《中国公证》2009 年第 4 期。

56. 夏庆杰、曹峥:《国际绿色援助的发展及其中国对策》,载《学习与探索》2015 年第 11 期。

57. 陈亚芸:《转基因食品国际援助法律问题研究——兼论发展中国家的应对措施》,载《太平洋报》2014 年第 3 期。

58. 李小瑞:《对外援助的国际法律规范分析》,载《国际关系学院学报》2012 年第 2 期。

59. 何霁赠、李庆四:《新时代中国对外援助面临的挑战及改革路径》,载《中共中央党校(国家行政学院)学报》2019 年第 3 期。

60. 丁晓迪:《国际绿色技术转让制度的缺陷及完善》,载《湖北警官学院学报》2014 年第 2 期。

61. 刘芳雄:《国际司法体系面临的新挑战》,载《江海学刊》2005 年第 2 期。

62. 叶兴平:《联合国与国际争端的和平解决》,载《武汉大学学报(哲学社会科学版)》1994 年第 2 期。

63. 刘敬东:《构建公正合理的"一带一路"争端解决机制》,载《太平洋学报》2017 年第 5 期。

64. 杨建红:《论调解协议的法律效力》,载《仲裁与法律》2002 年第 4 期。